Springer-Lehrbuch

Matthias Schumann • Thomas Hess
Svenja Hagenhoff

Grundfragen der Medienwirtschaft

Eine betriebswirtschaftliche Einführung

5., überarbeitete Auflage 2014

Matthias Schumann
Wirtschaftswissenschaftliche Fakultät
Georg-August-Universität Göttingen
Göttingen
Deutschland

Svenja Hagenhoff
Professur für Buchwissenschaft,
insb. E-Publishing und Digitale Märkte
Friedrich-Alexander-Universität
Erlangen-Nürnberg
Erlangen
Deutschland

Thomas Hess
Institut für Wirtschaftsinformatik
und Neue Medien
Ludwig-Maximilians-Universität München
München
Deutschland

ISSN 0937-7433
ISBN 978-3-642-37863-8   ISBN 978-3-642-37864-5 (eBook)
DOI 10.1007/978-3-642-37864-5

Die Deutsche Nationalbibliothek verzeichnet diese Publikation in der Deutschen Nationalbibliografie; detaillierte
bibliografische Daten sind im Internet über http://dnb.d-nb.de abrufbar.

Springer Gabler
© Springer-Verlag Berlin Heidelberg 2000, 2002, 2006, 2009, 2014

Springer Gabler ist eine Marke von Springer DE. Springer DE ist Teil der Fachverlagsgruppe Springer
Science+Business Media
www.springer-gabler.de

Vorwort zur 5. Auflage

Von der vierten zur fünften Auflage dieses Buches sind fünf Jahre vergangen. In der digitalen Welt ist dieses ein Zeitraum, der durch vielfältige Veränderungen gekennzeichnet ist. Entsprechendes gilt auch für diese vollständig überarbeitete Neuauflage.

Trotz vielfältiger Veränderungen in den Inhalten hat das Buch seine bewährte Grundkonzeption beibehalten. Ziel ist es, Nebenfachstudierenden sowohl die Grundlagen der Betriebswirtschaftslehre als auch die damit einhergehenden Spezifika von Medienunternehmen kompakt zu vermitteln.

Das gesamte Werk wurde an die aktuellen Entwicklungen in der Medienbranche angepasst. Die digitalen Angebote, die einen immer wichtigeren Stellenwert einnehmen, spielen dabei eine besondere Rolle. So müssen nicht mehr nur klassische Medienprodukte sondern auch digitale Mediendienstleistungen betrachtet werden. Insbesondere die Kapitel zur produktorientierten und zur ressourcenorientierten Perspektive wurden grundlegend überarbeitet.

In den Autorenkreis wurde Frau Prof. Dr. Svenja Hagenhoff aufgenommen. Sie bringt weitere Expertise aus der Lehre in Studiengängen mit geistes- oder kulturwissenschaftlichem Fokus ein und steuert in Beispielen das Betrachtungsobjekt „Buch" als Medium bei, das in vielen Lehrbüchern vernachlässigt wird.

Aus Gründen der besseren Lesbarkeit haben wir uns entschieden, im Text nur die männliche Form zu verwenden. Selbstverständlich sind immer beide Geschlechter angesprochen.

Unser Dank gilt unserem Team, das diese Arbeiten unterstützt hat. In Göttingen war dieses Christian Tornack, M. Sc. und in München Benedikt Berger, M. Sc. Unseren Leserinnen und Lesern sind wir im Voraus für sämtliche Rückmeldungen zu den Erfahrungen bei der Nutzung dieses Lehrbuchs dankbar.

Göttingen, München und Erlangen im April 2014
Matthias Schumann
Thomas Hess
Svenja Hagenhoff

Inhaltsverzeichnis

Abkürzungsverzeichnis

AC	Assessment-Center
AG	Aktiengesellschaft
AK	Anschaffungskosten
AktG	Aktiengesetz
AOL	America Online
ARD	Arbeitsgemeinschaft der öffentlich-rechtlichen Rundfunkanstalten
AWA	Allensbacher Werbeträger-Analyse
B2B	Business-to-Business
BAB	Betriebsabrechnungsbogen
BGB	Bürgerliches Gesetzbuch
BilMoG	Bilanzmodernisierungsgesetz
BIP	Bruttoinlandsprodukt
BK	Betriebskosten
BW	Barwert
BWL	Betriebswirtschaftslehre
CD	Compact Disc
CMS	Content Management System
CPR	Cost per Registration
DAB	Digital Audio Broadcasting
DAX	Deutscher Aktienindex
DB	Deckungsbeitrag
DRMS	Digital Rights Management Systeme
DVD	Digital Video Disc/Digital Versatile Disc
E-Commerce	Electronic Commerce
E-Mail	Electronic Mail
EBIT	Earnings Before Interest and Taxes
EBITDA	Earnings Before Interest, Taxes, Amortization and Depreciation
EDI	Electronic Data Interchange
EW	Endwert
FAZ	Frankfurter Allgemeine Zeitung
GE	Geldeinheiten

GEMA	Gesellschaft für musikalische Aufführungs- und mechanische Vervielfältigungsrechte
GfK	Gesellschaft für Konsumforschung
GM	Gartenmagazin
GmbH	Gesellschaft mit beschränkter Haftung
GmbHG	GmbH-Gesetz
GoB	Grundsätze ordnungsmäßiger Buchführung
GuV	Gewinn- und Verlustrechnung
HD	High Definition
HGB	Handelsgesetzbuch
HTML	Hypertext Markup Language
IFRS	International Financial Reporting Standards
IPO	Initial Public Offering
IPTV	Internet Protocol Television
ISBN	International Standard Book Number
IT	Informationstechnologie
IVW	Informationsgemeinschaft zur Feststellung der Verbreitung von Werbeträgern
KG	Kommanditgesellschaft
KM	Kochmagazin
KW	Kapitalwert
LAN	Local Area Network
LP	Langspielplatte
MA	Media-Analyse
MDAX	Mid-Cap-DAX
MP3	ISO MPEG Audio Layer 3
MTV	Music Television
OHG	Offene Handelsgesellschaft
P2P	Peer to Peer
PC	Personal Computer
PDF	Portable Document Format
SDAX	Small-Cap-DAX
SGF	Strategisches Geschäftsfeld
SMS	Short Message Service
TecDAX	Technology DAX
TKK	Tausender-Kontakt-Kosten
TKP	Tausender-Kontakt-Preis
TV	Television
URL	Uniform Resource Locator
USB	Universal Serial Bus
VC	Venture Capital
VG	Wort Verwertungsgesellschaft Wort
VHS	Video Home System

VWL	Volkswirtschaftslehre
WACC	Weighted Average Costs of Capital
WAN	Wide Area Network
XETRA	Exchange Electronic Trading
XML	Extensible Markup Language

Fallbeispiele

Abbildungsverzeichnis

Tabellenverzeichnis

Grundlagen

1.1 Beispiele für betriebswirtschaftliche Fragestellungen in Medienunternehmen

Traditionell stehen in Medienunternehmen publizistische Fragen (wie z. B. zur redaktionellen Aufbereitung von Nachrichten) oder technische Aspekte (wie z. B. die Produktion eines Fernsehsignals) im Mittelpunkt. Mit dem vorliegenden Buch soll der Blick auf betriebswirtschaftliche Fragen gelenkt werden. Die folgenden Beispiele sollen einen ersten Eindruck derartiger Fragen geben:

1. Ein Zeitungsverlag gibt bisher sehr erfolgreich an Werktagen eine Regionalzeitung heraus. Ist es aus wirtschaftlicher Sicht sinnvoll, wenn dieser Verlag seine Inhalte jetzt auch über eine App für Tablet-PCs anbietet?
2. Ein Start-Up möchte im Internet einen elektronischen Markt für Kleinanzeigen anbieten. Wie attraktiv ist der Markt für diesen neuen Anbieter?
3. Ein eingespieltes Team von Regisseuren, Technikern und Spezialisten möchte ein Unternehmen gründen, das sich ganz auf Dokumentarfilme spezialisiert. Welcher rechtliche Rahmen ist zu wählen?
4. Ein Radiosender möchte seine leitenden Mitarbeiter am Erfolg des Senders beteiligen. Welche konkreten Möglichkeiten gibt es dafür?
5. Ein Zeitungsverlag erwartet von seinen Anzeigenkunden, dass die Kleinanzeigen für die Samstagsausgabe bereits am vorausgehenden Dienstag im Verlag aufgegeben werden. Der Konkurrent nimmt Kleinanzeigen bis Donnerstag an. Was könnten die organisatorischen Ursachen dafür sein?
6. Ein etablierter Anbieter von Branchenverzeichnissen überlegt, einen „Restaurant-Finder" anzubieten. Die dafür erforderliche Lokalisierung des Nutzers kann aber nur ein Telekommunikationsunternehmen anbieten. Wie könnte eine Kooperation aussehen?

© Springer-Verlag Berlin Heidelberg 2014

M. Schumann et al., *Grundfragen der Medienwirtschaft,* Springer-Lehrbuch,
DOI 10.1007/978-3-642-37864-5_1

7. Die Eigentümer einer Druckerei planen, eine Gruppe ausländischer Investoren zu beteiligen. Mit welchen Inhalten soll der Investorengruppe die wirtschaftliche Situation des Unternehmens dargestellt werden?

8. Ein Medienkonzern verfügt über Filmstudios und Fernsehsender. Wäre durch den Erwerb eines Buchverlages mit positiven Auswirkungen auf den Erfolg der Filmstudios und der Fernsehsender zu rechnen?

9. Eine politische Partei gründet einen Buchverlag, um Einfluss auf die Meinungsbildung zu nehmen. In welcher Form sind für diesen Verlag trotzdem ökonomische Ziele relevant?

10. Ein Buchverlag möchte die deutsche Ausgabe eines amerikanischen Bestsellers herausgeben. Dazu sind umfangreiche Vorauszahlungen an den amerikanischen Rechteinhaber zu leisten. Wie können die dafür erforderlichen Finanzmittel beschafft werden?

11. Ein wissenschaftlicher Zeitschriftenverlag möchte die publizierten Artikel seiner Autoren zusätzlich zum Download bereitstellen. Welcher Preis ist für den Download eines Artikels angemessen?

12. Ein Buchverlag beabsichtigt, neben belletristischer Literatur zukünftig auch Sachbücher anzubieten. Wie sollte sich seine Organisation ändern?

Derartige Fragen stehen im Mittelpunkt dieses Lehrbuches, gleichwohl können wegen des einführenden Charakters des Buches häufig nur erste und nicht abschließende Antworten gegeben werden. Vor einer detaillierten Behandlung solcher Fragen sollen nachfolgend zunächst die wichtigsten Grundlagen gelegt werden.

1.2 Unternehmen in einer Marktwirtschaft

Der Begriff des *Wirtschaftens* betrifft den Bereich menschlicher Tätigkeiten, der auf die Bedürfnisbefriedigung gerichtet ist. Gemeint sind hierbei nur solche menschlichen Bedürfnisse, die durch die Wirtschaft – als Anbieter von Gütern und Dienstleistungen – befriedigt werden können. Zu diesen Bedürfnissen zählen Existenz-, Grund- und Luxusbedürfnisse. Während die Existenzbedürfnisse zur Selbsterhaltung notwendig sind, gehen Grund- und Luxusbedürfnisse darüber hinaus.

Wirtschaften liegt in einem Spannungsverhältnis zwischen dem Bedarf an Produkten bzw. Dienstleistungen und dem Angebot zu deren Befriedigung begründet: Menschliche Bedürfnisse sind i. d. R. unbegrenzt, hingegen sind die Güter und Dienstleistungen von Natur aus knapp. Die relative Knappheit der Güter und Dienstleistungen in Bezug auf die menschlichen Bedürfnisse erfordert einen Mechanismus, der unter den gegebenen Bedingungen den Bedarf an knappen Gütern und Dienstleistungen bestmöglich deckt. Dieser Allokationsmechanismus kann als „Wirtschaften" beschrieben werden. Wirtschaften lässt sich daher zusammenfassend als die Gesamtheit aller Tätigkeiten verstehen, die zur Befriedigung menschlicher Bedürfnisse mit Hilfe von knappen Gütern und Dienstleistungen dienen. Eines dieser menschlichen Bedürfnisse ist die Versorgung mit Informationen und Unterhaltung; genau dies ist die Aufgabe von Medienunternehmen.

In engem Zusammenhang mit dem Begriff des Wirtschaftens steht das *ökonomische Prinzip*, das auch als *Wirtschaftlichkeitsprinzip* bezeichnet wird. Es fordert, so zu handeln, dass ein bestmögliches Verhältnis zwischen Güterverbrauch (Input) und Güterentstehung (Output) erreicht wird. Es lassen sich zwei Ausprägungen des ökonomischen Prinzips unterscheiden, wobei durchgängig unterstellt wird, dass der Mensch als „homo oeconomicus" rational handelt und sich nach folgenden Prinzipien richtet:

- *Maximalprinzip*: Mit einem gegebenen Güterverbrauch soll eine maximale Güterentstehung erzielt werden. Sind Anzahl und Qualifikation der Redakteure für eine Zeitung vorgegeben, wird ein Verlag anstreben, von diesen Redakteuren möglichst viele gute Beiträge erstellen zu lassen.
- *Minimalprinzip*: Eine bestimmte Güterentstehung soll mit möglichst geringem Güterverbrauch erreicht werden. In diesem Sinne wird eine Druckerei für das Drucken einer Zeitschrift möglichst wenig Maschinen und Mitarbeiter einsetzen.

Zentrales Merkmal einer marktwirtschaftlichen Ordnung ist die Koordination des Wirtschaftens über Märkte. Märkte lassen sich verstehen als Orte, an denen Angebot und Nachfrage zusammentreffen, sich also Anbieter und Nachfrager praktisch „gegenüberstehen". Preise dienen auf Märkten als Indikatoren für die Knappheit der gehandelten Güter und veranlassen damit Anbieter und Nachfrager, ihre Vorstellungen an die Marktverhältnisse anzupassen.

Abbildung 1.1 skizziert den Mechanismus der Preisbildung durch Märkte am Beispiel eines Marktes für eine bestimmte Film-DVD. Die eingezeichnete Nachfragefunktion stellt dar, welche Mengen dieser DVD bei welchen Preisen nachgefragt werden. Genauso zeigt die Angebotsfunktion, welche Mengen dieser DVD die Anbieter bei alternativen Preisen anbieten. Bei freier Festlegung der Preise durch die Anbieter ergibt sich auch auf diesem Markt ein sog. Gleichgewichtspreis, bei dem die Überdeckung zwischen Angebot und Nachfrage möglichst groß ist. Ein relativ zum Gleichgewichtspreis höherer Preis würde

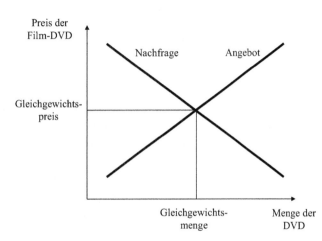

Abb. 1.1 Grundmechanismus der Preisbildung in einem Markt am Beispiel einer Film-DVD

zu einem Angebotsüberschuss führen – und umgekehrt. Erst beim Gleichgewichtspreis stimmen Angebots- und Nachfragemengen überein. Keiner der Anbieter und Nachfrager hat ein Interesse daran, diesen Preis zu ändern.

Auch in marktwirtschaftlichen Systemen wird gelegentlich in die Preisbildung eingegriffen. Meist liegen die Gründe im sozialpolitischen Bereich, so z. B. bei einem gesetzlich fixierten Mindestlohn pro Arbeitsstunde. Aber auch kulturpolitische Gründe können zu Eingriffen in die Preisbildung führen. Bekanntestes Beispiel hierfür ist die in Deutschland gültige Preisbindung für Bücher. Danach sind zurzeit z. B. die Buchhändler an den vom Verlag vorgegebenen Verkaufspreis gebunden.

In planwirtschaftlichen Systemen wird dagegen auf eine Abstimmung von Angebot und Nachfrage über Märkte verzichtet. Vielmehr werden in diesem Fall Angebot und Nachfrage über staatlich vorgegebene Pläne koordiniert. Die Praxis hat gezeigt, dass derartige Systeme in der Regel sehr ineffektiv und ineffizient sind.

Wesentliche Triebkraft für die wirtschaftliche Entwicklung in einer Marktwirtschaft sind die Unternehmen. Ein *Unternehmen* beschafft sich Personal, Material und andere sog. Produktionsfaktoren auf seinen Gütermärkten und kombiniert diese nach dem ökonomischen Prinzip, um Produkte auf seinen Absatzmärkten bereitzustellen. Das Risiko des Unternehmens besteht insbesondere in der Unsicherheit der Nachfrage, d. h. ein Unternehmen kann nie sicher sein, für seine Marktleistungen auch Abnehmer zu gewinnen. So könnte der potenzielle Kunde kein Interesse mehr an den angebotenen Gütern haben – entweder, weil er seinen Bedarf anders decken kann (dies ist z. B. aktuell im Musikbereich bezüglich Musik-CDs zu beobachten) oder aber auch, weil er zu wenig Geld zur Verfügung hat (etwa wenn sich sein verfügbares Einkommen reduziert hat). Genauso könnte ein anderer Anbieter das gleiche Gut günstiger anbieten. Daneben ist zu beachten, dass ein Unternehmen erst Geld erhält, wenn es seine Produkte verkauft hat. Um Ressourcen beschaffen zu können, muss es sich daher vorab Mittel auf dem Kapitalmarkt beschaffen und im Gegenzug Zahlungsverpflichtungen eingehen bzw. Anteile nach außen geben. Sobald das Unternehmen Geld vom Kunden erhalten hat, kann es dann seinen Zahlungsverpflichtungen nachkommen. Der danach noch im Unternehmen verbleibende überschüssige Betrag ist der Gewinn des Unternehmens, der ggf. später noch an die Anteilseigner ausgeschüttet werden kann. Abbildung 1.2 zeigt diesen grundlegenden Zusammenhang am Beispiel eines Zeitungsverlages, wobei die Nummerierung die oben beschriebene Reihenfolge kennzeichnet. Vereinfachend wurde insbesondere angenommen, dass der Verlag keine Werbeerlöse erzielt und nur die Eigentümer als Kapitalgeber in Frage kommen.

Ein Unternehmen ist einerseits bemüht, bestehende Produkte effizient zu produzieren und bereitzustellen. Andererseits ist es aber immer auf der Suche nach neuen Produkten, um sich neue Gewinnchancen zu erschließen. Gelegentlich wird dieser Prozess auch als „schöpferische Zerstörung" (vgl. Schumpeter 1950, S. 138) bezeichnet. Seit einigen Jahren wird gerade die Medienbranche von einer Vielzahl derartiger Veränderungen tangiert. Lange am Markt aktive Unternehmen stehen zunehmend in Konkurrenz mit neuen Unternehmen. Wichtigster Auslöser sind zurzeit Innovationen in der Informations- und Kommunikationstechnologie, aber auch Verhaltensänderungen bei den Nachfragern und Veränderungen im regulativen Rahmen der Staaten.

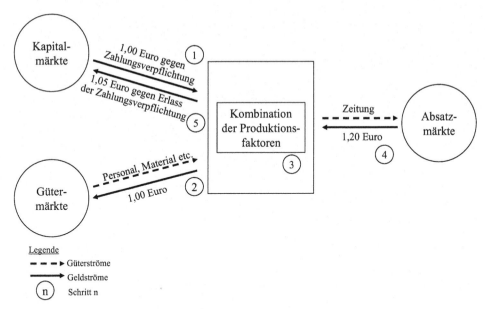

Abb. 1.2 Funktionsweise eines Unternehmens am stark vereinfachten Beispiel eines Zeitungsverlages

An der Spitze eines Unternehmens steht häufig ein *Unternehmer*. Ein Unternehmer trägt persönlich das finanzielle Risiko eines Unternehmens und führt das Unternehmen selbst. Gerade in der Medienbranche haben Unternehmer immer wieder eine herausragende Bedeutung. Stellvertretend sei auf Reinhard Mohn, Hubert Burda und Rupert Murdoch verwiesen. Daneben kann ein Unternehmen auch im Besitz vieler Anteilseigner sein und die Führung auf *angestellte Manager* übertragen werden. Diese Konstellation findet sich z. B. beim Medienkonzern Axel Springer, der heute von angestellten Managern geleitet wird. In den Gründungs- und Aufbaujahren dieses Verlages agierte dagegen Axel Springer als Unternehmer.

Neben den Unternehmen existieren in einer Marktwirtschaft auch öffentliche Betriebe und Verwaltungen. Insbesondere durch die öffentlich-rechtlichen Rundfunkanstalten haben derartige Institutionen in vielen Ländern in Teilen der Medienbranche eine historisch gewachsene Bedeutung. Öffentliche Betriebe und Verwaltungen und damit auch öffentlich-rechtliche Rundfunkanstalten werden vom Staat getragen. Ihr Ziel ist die Deckung eines bestimmten Bedarfs (z. B. die Versorgung einer Region mit aktuellen Informationen). Gleichwohl müssen sie bei der Bedarfsdeckung auch Fragen der Wirtschaftlichkeit berücksichtigen. Folgt man der gängigen Klassifikation, wäre auch in der Medienbranche zwischen Unternehmen einerseits sowie öffentlichen Betrieben bzw. Verwaltungen andererseits zu unterscheiden. Eine derartige Systematik hat sich aber zumindest in der Praxis nicht durchgesetzt. Aus diesen Gründen sei nachfolgend der Begriff der Medienunternehmen als Oberbegriff verwendet. Falls notwendig, wird entsprechend der Ziele und Besitzverhältnisse differenziert.

1.3 Medienunternehmen als Betrachtungsgegenstand

1.3.1 Medienunternehmen und öffentliche Kommunikation

Vor dem Einzug des Internets war es einfach: Medienunternehmen beschäftigten sich mit Medien – dies war gleichzusetzen mit dem Erstellen und dem Verbreiten von Inhalten an ein größeres Publikum, denn nur dies konnten Medien bis zu diesem Zeitpunkt leisten. Mit dem Internet hat sich dies geändert. Über das Internet lassen sich weiterhin Inhalte verteilen, genauso aber auch Telefongespräche führen, Fahrräder kaufen oder Bankgeschäfte abwickeln. Allerdings haben die genannten neuen Dinge wenig miteinander zu tun. Hier wird daher dem traditionellen Verständnis gefolgt: Medienunternehmen werden als jene Klasse von Unternehmen verstanden, die medial gestützt öffentliche Kommunikation organisieren (vgl. Hess 2014).

Um dieses Konstrukt zu verstehen, müssen drei Konzepte näher beleuchtet werden. *Kommunikation* bedeutet ganz allgemein den Austausch von Inhalten zwischen Personen (vgl. Anding und Hess 2003). Inhalte besitzen eine Zweckorientierung. Sie können unter anderem der Information, der Unterhaltung oder der Weiterbildung dienen. Charakteristisch für öffentliche Kommunikation (vgl. Maletzke 1963) ist es, dass der Kreis der Rezipienten weder begrenzt noch klar definiert ist. Privat ist Kommunikation dagegen immer dann, wenn der Kreis der Rezipienten klar begrenzt und klar definiert ist. Letzteres gilt beispielsweise für Kommunikation über E-Mail. Kommunikation ist *medial gestützt*, wenn sie über ein Medium erfolgt. Ein *Medium* ist Träger und Übermittler von Inhalten (vgl. Hiebel 1998, S. 12). Mit seiner Hilfe erfolgt die Kommunikation zwischen Sender und Empfänger nicht direkt, sondern indirekt über das *Medium* als vermittelnde Instanz.

Papier, Rundfunk, Speichermedien sowie das Internet (als das mit Abstand wichtigste Online-Medium) sind heute die wichtigsten Medien. Papier ermöglicht die Übertragung von Text und Bild sowie einseitige Kommunikation vom Sender zum Empfänger. An das Medium Papier gebundene Inhalte sind ohne zeitliche Beschränkung für den Nutzer verfügbar. Papier unterliegt keiner technisch bedingten Beschränkung hinsichtlich der Reichweite. Der Rundfunk nutzt als Medium für den Transport terrestrische Frequenzen, Satelliten und Kabelnetze. Über den Rundfunk verbreitete Inhalte sind, sieht man von Aufzeichnungsgeräten bei den Konsumenten ab, nur im Zeitpunkt ihrer Ausstrahlung verfügbar. In seiner bisherigen Ausprägung ist auch beim Rundfunk keine Rückkopplung vom Konsumenten zum Anbieter möglich. Hinsichtlich Kommunikationsrichtung und Verfügbarkeit kombinieren Speichermedien die Möglichkeiten von Papier und Rundfunk: ein Speichermedium ermöglicht nur die einseitige Kommunikation, erlaubt aber die Inhalte beliebig häufig zu reproduzieren.

Genauso wie über Speichermedien lassen sich über das Internet Texte und Bilder sowie Audio-und Video-Sequenzen verteilen, weshalb das Internet gelegentlich auch als multimedial bezeichnet wird. Über das Internet bereitgestellte Inhalte sind über einen längeren Zeitraum („downloading") oder einmalig („streaming") verfügbar. Im Gegensatz zum Datenträger erlaubt das Internet eine Rückkopplung vom Nutzer zum Anbieter, wodurch

Tab. 1.1 Wichtige Medien und ihre Charakteristika

Medium	Papier	Rundfunk	Speichermedien	Internet
Mögliche Darstellungstypen	Text und Bild	Video bzw. Audio	i. d. R. Text, Bild, Audio und Video	Text, Bild, Audio und Video
Kommunikations-richtung	Einseitig	Einseitig	Einseitig	Mehrseitig
Verfügbarkeit für den Rezipienten	Kontinuierlich	Einmalig	Kontinuierlich	Kontinuierlich oder einmalig

Nutzer erstmals in nennenswertem Umfang in die Bereitstellung von Inhalten eingebunden werden. Abhängig vom übertragbaren Datenvolumen sind Schmal- und Breitband-Netzwerke zu unterscheiden. Die Tabelle 1.1 stellt die vier genannten Medien mit ihren wichtigsten Eigenschaften und ihrer Verfügbarkeit dar.

Die technologische Weiterentwicklung und die damit einhergehende Diffusion neuer Medien haben dazu geführt, dass Inhalte auf immer neue Art und Weise aufbereitet werden konnten. Dies führte dazu, dass sich unterschiedliche *Formate* zur Darstellung von Inhalten herausgebildet haben. Ein Format beschreibt in diesem Kontext die Regeln für die Aufbereitung von Inhalten im Rahmen der technologischen Möglichkeiten eines Mediums. In diesem Sinne hat Gutenbergs Entwicklung der beweglichen Lettern neue Formate, wie z. B. die periodische Presse, ermöglicht sowie die Kosten für die Produktion bekannter Formate, wie z. B. der Bücher, deutlich reduziert.

Formate können gemäß ihres Abstraktionsgrades hierarchisch untergliedert werden. So lassen sich im Rundfunk auf oberster Ebene die Formate Radio und Fernsehen unterscheiden. Für das Format Fernsehen wiederum gibt es zahlreiche Sub-Formate wie z. B. eine Nachrichtensendung.

Formate entwickeln sich fortwährend weiter. Dies ist insbesondere dann zu beobachten, wenn ein neues Medium verfügbar wird. So hat die periodische Presse im 17. Jahrhundert die Flugblätter als Formate für die Verteilung von Nachrichten verdrängt. Nicht selten orientierten sich die ersten Formate für ein neues Medium an bekannten Formaten. So orientierte sich das Fernsehen z. B. stark an den bestehenden Radio-Formaten – es wurde hauptsächlich geredet. In der Folge entstanden Formate, die die technischen Möglichkeiten des Fernsehens besser ausschöpften.

Wesentliche Formate für die Aufbereitung von Inhalten auf Papier sind *Zeitungen*, *Zeitschriften* und *Bücher*. Zeitungen und Zeitschriften sind regelmäßig erscheinende Druckschriften, die sich schon durch ihre äußere Erscheinung und ihre Periodizität gegeneinander abgrenzen lassen. Der Rundfunk spaltet sich, wie bereits erwähnt in die Formate Radio und Fernsehen auf. Während das *Radio* auf Audio als Darstellungsform beschränkt ist, kommen beim *Fernsehen* noch Bewegtbilder (Videos) hinzu.

Klassische Beispiele für Speichermedien sind die auf analoger Technologie basierenden *Video-Kassetten* sowie die digitale Aufzeichnungstechnologien nutzenden *Compact Discs* (CDs), *Digital Versatile Discs* (DVDs) und Blu-Ray Discs sowie Flashspeicher wie *Universal Serial Bus* (USB) Sticks. Die analogen Speichermedien werden nach und nach durch die digitalen Technologien ersetzt. Typische Formate für solche Speichermedien bleiben die Zusammenstellung von Musiktiteln oder ein einzelner Spielfim. Neu hinzugekommen sind Spiele.

Über das Medium Internet werden sowohl die digitalen Varianten klassischer Formate (so z. B. E-Books oder Filme) als auch neue Formate bereitgestellt. Zu letzterem zählen z. B. soziale Netzwerke, Produktbewertungen oder auch Spiele.

Explizit sei schon an dieser Stelle darauf hingewiesen, dass die integrierte Betrachtung mehrerer Formate über die Grenzen von Medien hinweg an Bedeutung gewinnt. So bieten heute viele Verlage Nachrichten und Hintergrundberichte sowohl über das klassische Format der Zeitung als auch – abgestimmt mit dem alten Format und an das neue Medium angepasst – über Nachrichtenportale an. Auch ist eine fortschreitende Konvergenz von Rundfunk und Internet zu beobachten, wodurch eine trennscharfe Abgrenzung zwischen beiden Medien zunemend erschwert wird. Zum einen bieten Radio- und Fernsehsender immer häufiger ihr Programm zusätzlich in Form von Live-Streamings (z. B. Tagesschau) oder Webarchiven (z. B. ZDFmediathek) über das Internet an. Zum anderen nutzen sie das Internet als Übertragungsmedium für klassische Fernsehformate.

Allerdings reicht der alleinige Blick auf die Medien, mit ihrer technischen Leistungsfähigkeit und deren Verbreitung, insbesondere bei digitalen Medien, nicht mehr aus. Sowohl für die Akzeptanz beim Nutzer als auch für die Herstellung von Inhalten ist auch das Endgerät entscheidend. Sowohl bei stationären als auch bei mobilen Endgeräten mit Zugriff auf das Internet bzw. zur Nutzung digitaler Datenträger ist in letzter Zeit wiederum eine weitere Ausdifferenzierung nach Nutzungssituationen zu beobachten. Exemplarisch sei auf Smartphones verwiesen, die neben der Sprachkommunikation auch den Abruf von E-Mail und Kalenderinformationen sowie von Filmen und Texten ermöglichen.

1.3.2 Zwei Typen von Medienunternehmen

Traditionell übernehmen Medienunternehmen sowohl das Erstellen als auch das zielgruppengerechte Zusammenstellen und gelegentlich auch das Verteilen von Inhalten. Ihre traditionelle Kompetenz liegt daher in der Bearbeitung von Inhalten – aktuell immer mehr durch Technik unterstützt (vgl. Shapiro und Varian 1998). Mit der breiten Verfügbarkeit des Internets hat sich dies geändert. Erstmals können Privatpersonen und Organisationen außerhalb der Medienbranche selbst Inhalte erstellen, ohne große Hürden überwinden zu müssen. Medienunternehmen konzentrieren sich heute teilweise auf das zielgruppengerechte Zusammenstellen von Inhalten mittels IT-basierter Plattformen und überlassen das Erstellen mancher Inhalte ganz den Nutzern. Die Aufgaben eines Betreibers einer derartigen Plattform liegen darin die Plattform bereitzustellen sowie attraktive Inhalte zu attrahieren und zu strukturieren. Während klassische Medienunternehmen (sog. *Publisher* bzw. *Broadcaster*) also vornehmlich „*Producer Generated Content*" publizieren, steht für *Plattformbetreiber* die Verwaltung und Bereitstellung von „*User Generated Content*" im Zentrum. In Tabelle 1.2 sind die beiden grundlegenden Typen von Medienunternehmen gegenübergestellt.

Tab. 1.2 Zwei Typen von Medienunternehmen im Vergleich. (Vgl. Hess 2014)

	Publisher/Broadcaster ("Medienunternehmen 1.0")	Plattformbetreiber ("Medienunternehmen 2.0")
Abgedeckte Inhalte	Klassische Inhalte, d. h. Inhalte, die über analoge Medien schon immer bereitgestellt werden konnten	Vorrangig Inhalte, die bisher nicht Gegenstand öffentlicher Kommunikation sein konnten, aber auch klassische Inhalte
Bediente Medien	Alle	Internet
Primäre Kompetenzen	Journalistisch-künstlerische Kompetenzen für das Erstellen, Bündeln und ggf. Verteilen von Inhalten	Kompetenz für den Umgang mit großen Datenmengen, technologische Kompetenz für Entwicklung und Betrieb von IT- basierten Plattformen
Aktuelle Beispiele	Zeitungs-, Magazin- und Buchverlage, Rundfunk- und Fernsehsender, Plattenlabel – alle ggf. auch mit Online-Angebot	Betreiber von Meinungsplattformen, Suchmaschinen und sozialen Netzwerken

Das mit dem Internet möglich gewordene Modell des Plattformbetreibers ermöglicht bisher unbekannte Formate, man denke z. B. nur an die Inhalte, die über soziale Netzwerke oder Bewertungsplattformen bereitgestellt werden. Noch unklar ist, ob das neue Produktionsmodell nicht auch für manche klassischen Formate besser geeignet ist. Diesbezüglich sei auf Wikipedia verwiesen. Schon immer gab es Lexika. Wikipedia als Plattformbetreiber organisiert einen neuen Weg der Produktion von Inhalten, der womöglich dem klassischen Ansatz der redaktionellen Erstellung von Lexikonbeiträgen überlegen ist. Inwieweit dies auch für andere Formate der Fall ist, wird nach wie vor erprobt (vgl. Stöckl et al. 2006). In der Nachrichtenproduktion stehen sich beispielsweise das nutzerintegrierte Modell der Huffington Post und klassische Nachrichtenanbieter gegenüber.

1.4 Rahmenentscheidungen in Medienunternehmen

Versucht man, die am Anfang von Kap. 1.1 exemplarisch aufgeworfenen Fragen in eine logische Reihung zu bringen, wird unmittelbar klar, dass zwei Fragen vor allen anderen zu beantworten sind: nach den Zielen (siehe Frage 9) und nach der Rechtsform (siehe Frage 3). Aus diesem Grund werden beide Bereiche nachfolgend vorab – vor allen anderen Fragen, vom Produktprogramm über die Finanzierung bis hin zur Organisationsstruktur – kurz behandelt.

1.4.1 Festlegen der Unternehmensziele

Das Handeln in einem Unternehmen folgt Zielen. Aus inhaltlicher Perspektive sind Sach- und Formalziele zu unterscheiden.

Sachziele beschreiben den Gegenstandsbereich des Wirtschaftens in einem Unternehmen, d. h. das *WAS*. Sie beziehen sich insbesondere auf Art und Umfang der im Markt abzusetzenden Produkte. Definitionsgemäß lassen sich die konkreten Sachziele von Medienunternehmen immer auf das Erzeugen, Bündeln oder Distribuieren von Informationen oder Unterhaltung mittels eines Massenmediums zurückführen. Gelegentlich werden die Sachziele eines Unternehmens unter dem Begriff des Unternehmenszwecks zusammengefasst.

In *Formalzielen* von Medienunternehmen dokumentieren sich die mit den Sachzielen verfolgten Zwecke, d. h. das *WARUM*. In Medienunternehmen können Formalziele insbesondere betriebswirtschaftlichen oder publizistischen bzw. künstlerischen Ursprungs sein.

Das Spektrum betriebswirtschaftlicher Ziele lässt sich eingrenzen. Die wichtigste Variante eines betriebswirtschaftlichen Formalziels ist die Gewinnmaximierung, wie sie in Abbildung 1.2 bereits angedeutet wurde. Der *Gewinn* eines Unternehmens ist – in einer einfachen Definition – die Differenz zwischen dessen Umsatz und Kosten. Der *Umsatz* errechnet sich aus der Summe der verkauften Produkte oder Dienstleistungen multipliziert mit deren Preis. *Kosten* sind der finanziell bewertete Ressoruceneinsatz.

Publizistische bzw. künstlerische Ziele von Medienunternehmen liegen darin, mit der Leistung des Unternehmens zur Meinungsbildung, Gesellschaftsformung, Bildung und Kulturentwicklung beizutragen. Journalisten berichten beispielsweise über politische Geschehnisse und erzeugen darüber öffentliche Reaktionen, die wiederum das weitere Geschehen beeiflussen können.

Betriebswirtschaftliche sowie publizistische Ziele können zueinander in unterschiedlichem Verhältnis stehen:

- Medienunternehmen vom Typ A stellen ökonomische Ziele in den Mittelpunkt und betrachten publizistische/künstlerische Basisziele als Nebenbedingung.
- Medienunternehmen vom Typ B stellen die publizistischen/künstlerischen Ziele ins Zentrum. Ökonomische Ziele stellen Nebenbedingungen dar (i. d. R. Einhaltung eines vorgegeben Budgets).
- Medienunternehmen vom Typ C verfolgen gleichermaßen ökonomische sowie publizistische/künstlerische Ziele.

1.4.2 Wahl der Rechtsform

Mit der Wahl einer Rechtsform werden rechtliche Beziehungen innerhalb des Unternehmens und zu seiner Umwelt grundlegend geregelt. In Bezug auf die Eigentumsverhältnisse sind zunächst privatrechtliche Unternehmen von öffentlich-rechtlichen Unternehmen zu unterscheiden. Erstgenannte befinden sich überwiegend im privaten Besitz, letztere gehören ganz oder mehrheitlich der öffentlichen Hand. Von weiterer Bedeutung zur Unterscheidung der Rechtsform sind die Mindestanzahl an Gründern, die Verteilung der Leitungsbefugnis und der Haftung sowie die Finanzierungsmöglichkeiten.

1.4.2.1 Privatrechtliche Formen

Grundtypen privatrechtlicher Unternehmensformen sind Einzelunternehmen, Personengesellschaften (mit den Varianten OHG und KG in Deutschland), Kapitalgesellschaften (mit
den Varianten GmbH und AG in Deutschland) und Genossenschaften. Etwa 75 % aller
deutschen Unternehmen haben zurzeit die Einzelgesellschaft als Rechtsform gewählt, gefolgt von der Personengesellschaft und den Kapitalgesellschaften mit jeweils etwa 10 %.
Diese Klassen und ihre wichtigsten Vertreter seien nachfolgend etwas näher beschrieben.
Auf Genossenschaften sowie auf Mischformen (wie z. B. die GmbH & Co. KG) sei nicht
näher eingegangen.

Einzelunternehmen

Die gesetzliche Grundlage der *Einzelunternehmen* ist das Handelsgesetzbuch (HGB) mit
den §§ 1–104. Ein Einzelunternehmen wird nur durch eine Person gegründet, den künftigen Inhaber. Er hat die Leitungsbefugnis inne und haftet unbeschränkt mit seinem Unter-
nehmens- und Privatvermögen für Verbindlichkeiten aus seiner Unternehmertätigkeit. Die
Möglichkeiten der Zuführung von Haftungskapital des Einzelunternehmers sind natur-
gemäß beschränkt, die Kreditwürdigkeit aber aufgrund der unbeschränkten Haftung der
Eigentümer relativ groß.

Offene Handelsgesellschaft

Gesetzliche Grundlage von Personengesellschaften sind die §§ 105–160 HGB. Für die
Gründung einer *Offenen Handelsgesellschaft* (OHG) sind mindestens zwei Gesellschafter erforderlich. Haftungskapital ist bei Gründung von Personengesellschaften allgemein
und von OHGs im Besonderen nicht vorgeschrieben. Die Gesellschafter der OHG haften
i. d. R. – wie bei allen Personengesellschaften üblich – unbeschränkt mit ihrem Privatvermögen. Mit dem Privatvermögen und der Zahl der Gesellschafter ist das Haftungskapital
beschränkt. Die Kreditwürdigkeit ist bei der OHG ähnlich wie bei Einzelunternehmen
relativ groß. Die Leitung einer OHG obliegt je nach Gesellschaftervertrag allen oder einzelnen Gesellschaftern.

Kommanditgesellschaft

Im Unterschied zur OHG hat die *Kommanditgesellschaft* (KG) zwei Typen von Gesellschaftern: Komplementäre, die unbeschränkt persönlich haften und Kommanditisten, deren Haftung auf ihre Kapitaleinlage beschränkt ist. Dementsprechend liegt die Geschäftsführung ausschließlich bei den Komplementären. Durch Aufnahme zusätzlicher Kommanditisten und durch Kredite kann die Kapitalbasis erweitert werden. Die Kreditwürdigkeit ist abhängig vom Privatvermögen des unbeschränkt haftenden Komplementärs. Die
gesetzliche Grundlage bilden die §§ 161–177 HGB. Eine KG wird durch mindestens zwei
Personen gebildet: mindestens einem Kommanditisten und mindestens einem Komple-
mentär.

Gesellschaft mit beschränkter Haftung

Rechtliche Grundlage der *Gesellschaft mit beschränkter Haftung* (GmbH) ist das GmbH-Gesetz (GmbHG). Die GmbH ist eine Rechtsform mit weniger Rechnungslegungsvorschriften als die AG. Daher entscheiden sich Unternehmen, die die strengen Vorschriften der AG umgehen wollen, für die Form der GmbH. Zur Gründung ist mindestens ein Gesellschafter notwendig. Weiterhin sind bei Gründung 25.000 € Haftungskapital – Stammkapital bzw. Gezeichnetes Kapital – vorgeschrieben, davon mindestens die Hälfte in eingezahlter Form. Die Gesellschafter sind mit ihren Einlagen an dem in Geschäftsanteile zerlegten Stammkapital beteiligt, ohne persönlich für die Geschäftstätigkeit zu haften. Aufgrund der beschränkten Haftung ist die Kreditwürdigkeit relativ gering. Neben einem oder mehreren Geschäftsführern gehört die Gesellschafterversammlung zu den gesetzlich vorgeschriebenen Organen der GmbH. Ab 500 Beschäftigten ist die Bestellung eines Aufsichtsrats notwendig.

Aktiengesellschaft

Die *Aktiengesellschaft* (AG) unterliegt im Gegensatz zur GmbH strengeren gesetzlichen Regelungen, die im Aktiengesetz (AktG) zu finden sind. Bei Gründung ist mindestens ein Gesellschafter vorgeschrieben und es wird ein Haftungskapital – Grundkapital bzw. Gezeichnetes Kapital – in Höhe von mindestens 50.000 € verlangt.

Die Gesellschafter sind darüber hinaus mit Einlagen an dem in Aktien gestückelten Grundkapital beteiligt, ohne persönlich für die Verbindlichkeiten ihrer Geschäftstätigkeit zu haften. Eine AG eröffnet spezielle Finanzierungsformen. So ist die Kapitalerhöhung eine bedeutende Form der Finanzierung. Durch Ausgabe neuer Aktien an bisherige oder neue Aktionäre wird das Grundkapital erhöht. Auch die Fremdkapitalbeschaffung weist zusätzliche Potenziale auf, da die Kreditwürdigkeit aufgrund der strengen Prüfungs- und Publizitätspflicht als weniger risikoreich angesehen wird. Im AktG werden drei Organe der AG vorgeschrieben: Vorstand, Aufsichtsrat und Hauptversammlung. Die Geschäftsführung der AG wird durch den Vorstand ausgeübt, der aus einer oder mehreren Personen besteht. Der Aufsichtsrat bestellt und überwacht den Vorstand. Oberstes Organ der AG ist die Hauptversammlung, in ihr vertreten die Aktionäre ihre Interessen. Sie umfassen u. a. die Wahl der Aktionärsvertreter, die Verwendung des Bilanzgewinns und Satzungsänderungen.

In Abbildung 1.3 sind die skizzierten Unternehmensformen zusammenfassend dargestellt.

1.4.2.2 Öffentlich-rechtliche Formen

Über alle Branchen hinweg betrachtet sind öffentlich-rechtliche Unternehmen von geringer Bedeutung. Lediglich 0,2 % aller deutschen Unternehmen haben eine öffentlich-rechtliche Rechtsform. Jedoch gilt dies nicht für die Medienbranche. So existieren im Bereich des Rundfunks mit den öffentlich-rechtlichen Rundfunkanstalten wie dem Bayerischen Rundfunk oder dem ZDF bedeutende Unternehmen mit öffentlich-rechtlicher Rechtsform.

Öffentlich-rechtliche Unternehmensformen können unterteilt werden in Betriebe *mit eigener Rechtspersönlichkeit* und Betriebe *ohne eigene Rechtspersönlichkeit*. Zu den erst-

Rechtsform \\ Merkmale		Einzelunternehmen	Personengesellschaften		Kapitalgesellschaften	
			OHG	KG	GmbH	AG
(1) Bezeichnung der (Mit-) Eigentümer		Inhaber	Gesellschafter	Komplementäre, Kommanditisten	Gesellschafter	Aktionäre
(2) Mindestanzahl bei Gründung		1	2	2 (je 1 Komplementär und Kommanditist)	1	1
(3) Leitungsbefugnis		liegt allein beim Inhaber	je nach Vertrag bei allen oder einzelnen Gesellschaftern	liegt beim Komplementär (i.Allg. nicht bei Kommanditisten)	je nach Vertrag bei allen oder einzelnen Gesellschaftern	Vorstand, Aufsichtsrat, Hauptversammlung
(4) Haftung		unbeschränkt persönlich	unbeschränkt persönlich und solidarisch	Komplementäre: unbeschränkt persönlich Kommanditisten: beschränkt auf Kapitaleinlage	beschränkt auf die Kapitaleinlage; es kann aber eine Nachschusspflicht vereinbart sein	beschränkt auf die Kapitaleinlage
(5) Finanzierungsmöglichkeiten	Zuführung von Haftungskapital	begrenzt durch Privatvermögen, allenfalls Aufnahme stiller Gesellschafter	begrenzt durch die (notwendigerweise geringe) Zahl der Gesellschafter und ihr Privatvermögen	begünstigt durch Haftungsbeschränkung beim Kommanditkapital	vergleichsweise wie bei der KG; teilweise etwas besser wegen der stärkeren Rechtsstellung der Gesellschafter	relativ die günstigsten Voraussetzungen durch Emmissionsfähigkeit der AG, hoher Fungibilität
	Kreditaufnahme	Kreditwürdigkeit relativ groß durch die unbeschränkte Haftung der (Mit-)Eigentümer		Kreditwürdigkeit relativ gering aufgrund der beschränkten Haftung (bei KG abhängig vom Privatvermögen des Komplementärs)		Kreditwürdigkeit größer wegen des verbesserten Gläubigerschutzes

Abb. 1.3 Überblick über bedeutendste privatrechtliche Formen in Deutschland. (In Anlehnung an Schierenbeck und Wöhle 2012, S. 38–39)

genannten gehören Körperschaften des öffentlichen Rechts (z. B. Gemeindeverbände), Anstalten des öffentlichen Rechts und öffentlich-rechtliche Stiftungen. Bekannte Beispiele für Anstalten aus dem Bereich der Medien sind die genannten Rundfunkanstalten. Öffentlich-rechtliche Stiftungen sind grundsätzlich auf das Gemeinwohl ausgerichtet. Ein bekanntes Beispiel für eine Stiftung des öffentlichen Rechts ist die Stiftung Preußischer Kulturbesitz.

1.5   Medienunternehmen als Betrachtungsgegenstand der Betriebswirtschaftslehre

Innerhalb der Wirtschaftswissenschaften lassen sich Betriebswirtschaftslehre und Volkswirtschaftslehre als wichtigste Disziplinen unterscheiden. Beide beschäftigen sich mit dem wirtschaftlichen Handeln im eingangs definierten Sinne, allerdings aus unterschiedlichen Perspektiven. Die Volkswirtschaftslehre (VWL, engl. „Economics") beschäftigt sich mit gesamtwirtschaftlichen Fragestellungen und bezieht einzelne Betriebe bzw. Unternehmen als Elemente auf einer höheren Aggregationsebene in diese Gesamtbetrachtung mit ein. Dagegen bezieht sich die Betriebswirtschaftslehre (BWL, engl. „Business Admi-

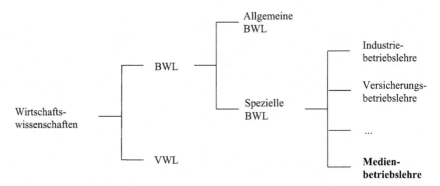

Abb. 1.4 Einordnung der Medienbetriebslehre in die Wirtschaftswissenschaften

nistration" bzw. „Management Studies") in ihren Untersuchungen auf einzelne Betriebe
bzw. Unternehmen und berücksichtigt dabei neben ökonomischen Grundlagen z. B. auch
verhaltenswissenschaftliche, technische und rechtliche Aspekte.

Im deutschsprachigen Raum ist die Gliederung der Betriebswirtschaftslehre in die Allgemeine Betriebswirtschaftslehre und die Speziellen Betriebswirtschaftslehren etabliert
(vgl. Schierenbeck und Wöhle 2012, S. 13). Die Allgemeine Betriebswirtschaftslehre beschäftigt sich mit Fragestellungen, die für alle Betriebe gleichermaßen von zentraler Bedeutung sind. Als wichtige Teilgebiete der Allgemeinen Betriebswirtschaftslehre werden
heute insbesondere Absatz und Produktion, Finanzierung und Investition, Rechnungswesen und Unternehmensführung angesehen. In den Speziellen Betriebswirtschaftslehren
werden Spezialfragen untersucht, die nicht mehr für alle Unternehmen in gleichem Maße
zentral sind. Der bedeutendste Teil der Speziellen Betriebswirtschaftslehren ist auf einzelne Branchen fokussiert. Prominenteste Vertreter sind bis heute Industrie-, Handels- und
Bankbetriebslehre. Als neuere Entwicklung ist die Entstehung einer *Medienbetriebslehre*
(*Medienwirtschaftslehre*) zu erkennen. Abbildung 1.4 zeigt die Einordnung einer so definierten Medienbetriebslehre in die Gliederung der Betriebswirtschaftslehre.

Analog hat sich in der Volkswirtschaftslehre ein Forschungs- und Lehrgebiet herausgebildet, das sich mit medienspezifischen Fragen, wie etwa der Regulierung von Medienmärkten, beschäftigt. Medienökonmische Fragestellungen stehen nicht im Zentrum dieses
Buches. Stellvertretend sei daher auf die medienökonomischen Standardlehrbücher von
Heinrich (Medienökonomie Band 1/2, 2010) und Picard (Media Economics 1989) verwiesen.

Anders als Industrie-, Handels- und Bankbetriebe standen spezifische Probleme der
Medienbetriebe bis zum Ende des letzten Jahrtausends nicht im Zentrum der betriebswirtschaftlichen Forschung und Lehre (vgl. Hess und Schumann 1999). In den letzten Jahren
ist diesbezüglich eine leichte Veränderung zu beobachten. Zunächst in Folge der Deregu-
lierung der Rundfunkmärkte, später durch das Internet als neues Medium gewannen Medienunternehmen als eigenständiges Betrachtungsobjekt an Bedeutung. Dies spiegelt sich
auch im Stellenwert medienwirtschaftlicher Lehre und Forschung an deutschsprachigen

Universitäten sukzessive wieder. Einige Universitäten im deutschsprachigen Raum haben mittlerweile Lehr- und Forschungsschwerpunkte mit medienwirtschaftlicher Ausrichtung eingerichtet; ihre Zahl ist mit der Zahl von Professuren für die Versicherungswirtschaft an deutschsprachigen Universitäten mittlerweile vergleichbar. Eine noch größere Zahl an Professuren an Universitäten beschäftigt sich auch (aber nicht nur) mit spezifischen betriebswirtschaftlichen Fragen der Medienbranche, z. B. aus dem Marketing, der Wirtschaftsinformatik oder der Strategielehre. An (Fach-) Hochschulen und Kunstakademien sowie an Berufsakademien/dualen Hochschulen finden sich ebenfalls Professuren für Medienwirtschaft. Auch konnten sich sowohl auf nationaler Ebene (z. B. die „Medienwirtschaft", siehe www. medienwirtschaft-online.de) als auch auf internationaler Ebene (z. B. das „International Journal on Media Management", siehe www.mediajournal.org) Zeitschriften etablieren, die medienwirtschaftliche Fragen adressieren.

1.6   Aufbau dieses Lehrbuches

Mit den vorausgehenden Ausführungen wurden die Grundlagen für eine betriebswirtschaftliche Sicht auf Medienunternehmen gelegt. Diese Grundlagen sind aus vier unterschiedlichen Perspektiven zu vertiefen, die sich an typischen Aufgabenfeldern in Medienunternehmen orientieren (vgl. Abb. 1.5):

- Zeitungen, Bücher, Online-Angebote und andere Marktleistungen müssen hergestellt und vermarktet werden. In Kap. 2 ist ein Medienunternehmen daher ausgehend vom Produkt bzw. vom Service dargestellt. Dabei werden Spezifika von Märkten ebenfalls aufgegriffen.
- Produktion und Absatz basieren auf dem Einsatz von Ressourcen. Zentrale Fragen der Bewirtschaftung der wichtigsten Ressourcen von Medienunternehmen sind in Kap. 3 dargestellt.
- Produktion und Absatz sowie der Einsatz kritischer Ressourcen sind aus betriebswirtschaftlicher Sicht zu bewerten. Auch ist die Liquidität eines Unternehmens möglichst

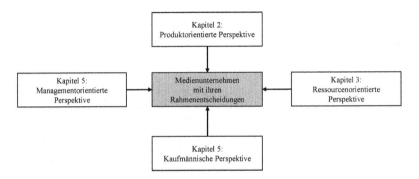

Abb. 1.5 Betrachtungsperspektiven des Buches

kostengünstig aufrecht zu erhalten. Beide Fragestellungen sind typisch für den kauf-
männischen Bereich und werden in Kap. 4 diskutiert.
- Alle drei genannten Felder müssen entsprechend der Ziele eines Unternehmens aus-
gestaltet werden. Bei einer arbeitsteiligen Organisation ist dies keineswegs „automatisch" der Fall. Mit Kap. 5 werden Funktionen des Managements und Elemente eines
Managementsystems beschrieben.

Bei der Darstellung dieser Bereiche sind allgemeine Inhalte mit besonderer Relevanz für
Medienunternehmen mit spezifischen Inhalten für Medienunternehmen zu verbinden.
Zu den relevanten allgemeinen Inhalten gehört z. B. die Frage der Wahl einer adäquaten
Rechtsform für ein Medienunternehmen, während Verfahren der Lagerhaltung in Medien-
unternehmen, wie sie für Industrieunternehmen sehr wichtig sind, nur eine sehr geringe
Bedeutung haben. Spezifische Inhalte finden sich in allen Bereichen, so z. B. bei den
Kostenstrukturen oder bei den Erlösquellen.

Die Darstellung in diesem Buch will Studierenden mit Schwerpunkten aus den verschiedenen Medienwissenschaften ein betriebswirtschaftliches Grundlagenwissen im
konkreten Anwendungsfeld vermitteln. Theoretische Begründungen und Formalisierun-
gen, wie sie für Studierende mit Hauptfach Betriebswirtschaftslehre wichtig sind, wurden stark begrenzt, aber bewusst auch nicht ganz vernachlässigt. Betriebswirtschaftliche
Vorkenntnisse sind zum Verständnis des Stoffes nicht erforderlich; das Buch ist als Ein-
stiegslektüre gedacht. Einer einführenden Betrachtung angemessen wurde kein inhaltlicher Schwerpunkt oder ein besonderer theoretischer Zugang gewählt. Gleichwohl wird
der Veränderung der Medienunternehmen durch digitale Technologien ein besonderer
Stellenwert zugemessen soweit dies in einem einführenden Werk möglich ist.

Keineswegs lässt sich der Anspruch erheben, mit Hilfe eines einführenden Lehrbuches
alle relevanten Fragen erschöpfend zu behandeln. Auf die detaillierte Darstellung von
Teilbranchen sowie einzelner Unternehmenstypen wurde bewusst verzichtet. Derartige
Informationen finden sich in einer Vielzahl weiterführender Bücher, so z. B. bei Wirtz
(vgl. Wirtz 2013). Im Mittelpunkt dieses Buchs stehen vielmehr grundlegende betriebswirtschaftliche Aspekte sowie das Denken in betriebswirtschaftlichen Kategorien. Ziel ist
es, einen Überblick über die wichtigsten Themengebiete zu geben und einzelne Fragen
exemplarisch zu vertiefen.

1.7 Aufgaben zu Kap. 1

1. Was charakterisiert ein Medienunternehmen?
2. Welche Typen von Medienunternehmen gibt es und wie unterscheiden sich diese
voneinander?
3. Klassifizieren Sie die wichtigsten Rechtsformen und charakterisieren Sie die Einzelunternehmen, die OHG, die KG, die GmbH und die AG anhand der wichtigsten
Merkmale.

4. Umreißen Sie mögliche Formal- und Sachziele für ein Musiklabel.

5. Beschreiben Sie das ökonomische Prinzip mit seinen beiden Ausprägungen. Illustrieren Sie am Beispiel der Herstellung einer Lern-CD die beiden Ausprägungen dieses Prinzips.

6. Welche Bedeutung haben Non-Profit-Unternehmen heute im Mediensegement?

7. Warum muss z. B. ein Rundfunk-Sender auf Absatz- und Kapitalmärkten gleichermaßen agieren?

8. Auf einem Markt für Musik-Downloads bestehe ein Angebotsüberschuss. Erklären Sie an diesem Beispiel den grundlegenden Mechanismus der Preisbildung. Veranschaulichen Sie Ihre Erläuterungen mittels einer Abbildung.

9. Müssen Inhalte, die heute unter dem Format der „Zeitung" zusammengefasst werden, immer im Publishing-Broadcasting-Ansatz erstellt werden?

10. Skizzieren sie die gegenseitigen Abhängigkeiten von Medien-, Telekom- und IT-Unternehmen am Beispiel eines vernetzten Haushalts.

Literatur

Anding, M., & Hess, T. (2003). Was ist Content? Zur Definition und Systematisierung von Medieninhalten, Arbeitspapiere des Instituts für Wirtschaftsinformatik und Neue Medien, LMU München, Nr. 5/03, München.

Heinrich, J. (2010). *Medienökonomie Bd. 1: Mediensystem, Zeitung, Zeitschrift, Anzeigenblatt* (3. Aufl.). Wiesbaden: VS Verlag für Sozialwissenschaften.

Hess, T. (2014). What is a Media Company? A Reconceptualization for the Online World. *International Journal on Media Management 16* (1), (S. 3–8).

Hess, T., & Schumann, M. (1999). Das Fach Medienökonomie an deutschen Universitäten, Arbeitsbericht Nr. 4/1999 der Abteilung Wirtschaftsinformatik II der Universität Göttingen, Göttingen.

Hiebel, H. H. (1998). Vorwort. In H. H. Hiebel, H. Hiebler, K. Kogler, & H. Waltisch (Hrsg.), *Die Medien, Logik – Leistung – Geschichte* (S. 9–29). München: Fink.

Maletzke, G. (1963). *Psychologie der Massenkommunikation: Theorie und Systematik.* Hamburg: Hans Bredow-Institut.

Picard, R. G. (1989). *Media economics.* Newbury Park: Sage Publications.

Schierenbeck, H., & Wöhle, C. B. (2012). *Grundzüge der Betriebswirtschaftslehre* (18. Aufl.). München: Oldenbourg.

Schumpeter, J. (1950). *Kapitalismus, Sozialismus und Demokratie* (2. Aufl.). Bern: A. Francke.

Shapiro, C., & Varian, H. R. (1998). *Information rules: A strategic guide to the network economy.* Boston: Harvard Business School Press.

Stöckl, R., Grau, C., & Hess, T. (2006). User generated content. *MedienWirtschaft: Zeitschrift für Medienmanagement und Kommunikationsökonomie, 3* (4), (S. 46–50).

Wirtz, B. (2013). *Medien- und Internetmanagement* (8. Aufl.). Wiesbaden: Gabler.

Die produktorientierte Perspektive

2

2.1 Rahmenbedingungen für Absatz und Produktion in Medienunternehmen

2.1.1 Nutzen von Mediengütern

Medienunternehmen bieten Mediengüter als Produkt oder Dienstleistung an. Diese Marktleistungen zeichnen sich im Vergleich zu anderen Produkten (bspw. Fahrzeugen oder Lebensmitteln) durch eine grundlegende Besonderheit aus. Ein Medienprodukt bzw. ein Mediendienst weist i. d. R. nicht nur für eine Kundengruppe, sondern meist gleichzeitig für zwei Kundengruppen einen (jeweils andersartigen) Nutzen auf. *Rezipienten* bzw. Nutzer als direkte Konsumenten von Mediengütern ziehen einen Nutzen aus dem Informations-, Bildungs- und Unterhaltungswert des Produktes. Der Nutzen für die *werbetreibende Wirtschaft* liegt in der generierten Konsumentenaufmerksamkeit, welche für die Vermittlung von Werbebotschaften genutzt wird. Diese beiden Aspekte werden im Folgenden näher beleuchtet.

2.1.1.1 Nutzen aus Rezipientensicht

Medienprodukte und Mediendienste befriedigen das Bedürfnis von Rezipienten nach Information, Bildung oder Unterhaltung. Sie beanspruchen dafür Zeit und Geld. Freizeit- und Konsumbudget sind somit die zwei wichtigsten Determinanten für die private Mediennutzung. Die beobachteten bzw. sich abzeichnenden Veränderungen des privaten Zeitbudgets für die Mediennutzung der Haushalte sind in Abbildung 2.1 dargestellt. Dabei ist zu erkennen, dass die auf die Mediennutzung täglich investierte Zeit insgesamt stetig steigt und gleichzeitig deutliche Unterschiede zwischen den Medien zu verzeichnen bzw. zu erwarten sind. Zu beachten ist dabei allerdings auch, dass in der Kategorie „Internet" die Zeit berücksichtigt wird, die für Inhalte-ferne Dienste wie E-Mailing oder E-Banking aufgebracht wird.

© Springer-Verlag Berlin Heidelberg 2014
M. Schumann et al., *Grundfragen der Medienwirtschaft,* Springer-Lehrbuch,
DOI 10.1007/978-3-642-37864-5_2

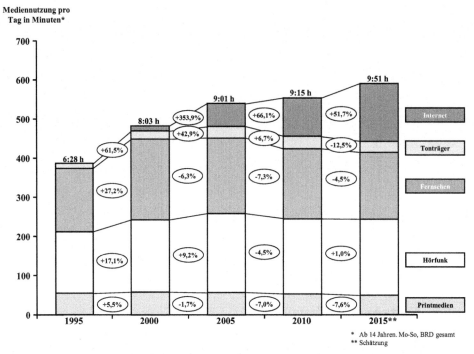

Abb. 2.1 Veränderungen des privaten Zeitbudgets für die Mediennutzung. (Vgl. Wirtz 2013, S. 56)

Die Frage, aus welchen Abwägungen heraus Rezipienten einzelne Medien nutzen, wird häufig anhand des *Uses and gratifications-Ansatzes* (vgl. Katz et al. 1974) beantwortet. Dieser geht von einer rationalen Entscheidung der Rezipienten für oder gegen die aktive Nutzung eines Mediums aus. Diese Entscheidung basiert auf der Erwartung sog. Gratifikationen für die Nutzung von Medien durch den Rezipienten, die im wirtschaftswissenschaftlichen Sinne eine Art der Bedürfnisbefriedigung darstellen. Es existiert eine Vielzahl an möglichen Gratifikationen, die im Wesentlichen in die drei Gratifikationsarten Information, Unterhaltung und soziale Bedürfnisse eingeteilt werden können. Nachfolgend werden einige Beispiele zu diesen Gratifikationsarten vorgestellt.

Informationsorientierte Mediengüter dienen dem Konsumenten neben der reinen Aufnahme der Informationen zusätzlich bei der Meinungsbildung. Sie helfen dem Rezipienten, Entscheidungen in privaten oder beruflichen Bereichen zu treffen, so z. B. beim Kauf von Konsumgütern oder bei Wahlen. Die zu publizierenden Inhalte werden durch die Verlage, Sender bzw. Broker selektiert, aufbereitet und zu überschaubaren Einheiten gebündelt. Der Nutzen für den Rezipienten geht also über die reine Bereitstellung der Informationen hinaus, gleichzeitig werden die für ihn besonders relevanten Inhalte aus der Menge der verfügbaren Inhalte herausgefiltert und in einer Form zur Verfügung gestellt, die ihm eine möglichst einfache oder angenehme Aufnahme ermöglichen soll. Im Unterhaltungsbereich dient die Nutzung von Medien meist der Entspannung und der Loslösung vom Alltag. Ferner bieten speziell die unterhaltungsorientierten Angebote der Medien-industrie Gesprächsstoff für die Kommunikation mit Freunden und Bekannten. Gelegent-lich ist auch zu beobachten, dass die Zugehörigkeit zu einer bestimmten sozialen Gruppe durch Kauf oder Nutzung bestimmter Medienprodukte und -dienste betont oder suggeriert werden soll. Dazu kann sowohl die Nutzung von Internet-Angeboten gehören (Mitte bis Ende der neunziger Jahre war diese mit der Idee des „fortschrittlichen", „modernen" Men-schen verbunden) als auch das dekorative Sammeln klassischer Werke z. B. der Literatur. Voraussichtlich werden neue Medien veränderte Formen der Gratifikation bringen. Hier sei insbesondere auf die Möglichkeiten der Plattformbetreiber hingewiesen, die es ihren Nutzern erlauben, selbst Inhalte zu veröffentlichen.

Unsere bisherigen Überlegungen haben sich auf den Rezipienten im privaten Kontext fokussiert. Natürlich werden die Produkte der Medienindustrie auch in Unternehmen ge-nutzt. Für die Verwendung innerhalb von Unternehmen liegen keine vergleichbar kon-kreten Untersuchungen vor. Tendenziell steigt aber auch hier die Nachfrage, sowohl im Hinblick auf die eingesetzte Zeit als auch auf das bereitgestellte Budget. Die wesentliche Ursache liegt in der steigenden Bedeutung der Information als Basis der Leistungserstel-lung in vielen Branchen. Diese Informationen werden nicht immer selbst erstellt, sondern auch zugekauft. Daraus ergibt sich zunehmend die Anforderung, derartige Inhalte elek-tronisch bereitzustellen, damit sie direkt in die Anwendungssysteme der Nutzer (z. B. ein Intranet) eingestellt werden können.

2.1.1.2   Nutzen aus Sicht der werbetreibenden Wirtschaft

Unter Werbung werden alle Maßnahmen eines Unternehmens verstanden, die der zwang-losen Beeinflussung von Personen dienen und damit zu bestimmten, erwünschten Ver-haltensweisen führen sollen. Typischerweise soll die Werbung zum Kauf von Gütern oder Dienstleistungen anregen, es sind grundsätzlich aber auch andere Werbeziele denkbar (wie z. B. in politischen Wahlkämpfen). Aufgrund ihrer Bedeutung für einige Medien-gattungen seien an dieser Stelle auch die nicht-gewerblichen Anzeigen (z. B. Rubrikan-zeigen) erwähnt.

Werbung treibende Unternehmen stehen vor dem Problem, wie sie ihre Werbebotschaf-ten zu den potenziellen Kundengruppen transportieren sollen. Eine besondere Schwierig-keit liegt hierbei in der Tatsache begründet, dass die angestrebten Zielgruppen die Wer-beinhalte und Produktinformationen i. d. R. nicht aus eigenem Antrieb beschaffen. Im Gegenteil, die Werbung wird von einigen Konsumenten sogar als überflüssig, lästig oder gar störend empfunden.

Vor diesem Hintergrund bieten Medienunternehmen eine wichtige Dienstleistung an, indem sie Werbebotschaften an (redaktionelle) Inhalte koppeln. Medien sind daher aus der Sicht der Werbekunden im Wesentlichen als Werbeträger zu charakterisieren. Es ergeben sich drei wichtige Nutzeffekte für die Werbetreibenden (vgl. Heinrich 2010, S. 167–168):

- *Verbreitung:* Die Distribution der Werbebotschaften an die Zielgruppen wird durch das Medienunternehmen vorgenommen oder koordiniert, z. B. in Form des Verkaufs von Zeitschriften (die auch Anzeigen enthalten) über den Einzelhandel, in Form von Werbespots im Fernsehen oder durch Bereitstellen von Platz auf Plattformen, z. B. in Form von Bannern. Die zur Distribution nötige technische und logistische Infrastruktur muss daher von den werbetreibenden Unternehmen nicht selbst aufgebaut und betrieben werden.

- *Erhöhung der Wirkungswahrscheinlichkeit*: Werbung wird von den potenziellen Kunden in den meisten Fällen nicht um ihrer selbst Willen rezipiert. Es ist deshalb wichtig, ein geeignetes Werbeumfeld zu finden, in das die Werbeinhalte eingebettet werden können, um so die Aufmerksamkeit der Zielgruppe auf sich zu ziehen. Die Inhalte von Medienprodukten und -diensten bieten ein solches Werbeumfeld.
- *Produktion*: In einigen Sektoren übernehmen die Medienunternehmen auch Teile der Werbemittelproduktion, beispielsweise den Druck von Anzeigen in Printmedien.

Die Leistungsfähigkeit von Medienprodukten und Mediendiensten wird üblicherweise über medienspezifische Merkmale erfasst (zur Nutzung von Kennzahlen vgl. Kap. 5.3.1.2). Diese sog. *Mediadaten* werden den Werbetreibenden von den Medienunternehmen selbst oder von spezialisierten Dienstleistern, wie etwa der „Gesellschaft für Konsumforschung" (GfK) oder der „Informationsgemeinschaft zur Feststellung der Verbreitung von Werbeträgern" (IVW), zur Verfügung gestellt.

Die systematische Erfassung und Aufbereitung der Mediadaten wird als *Mediaforschung* bezeichnet. Es muss allerdings berücksichtigt werden, dass die Erhebung dieser Daten nicht immer unproblematisch ist und zum Teil auf statistischen Verfahren basiert. Dies gilt insbesondere im Bereich des Rundfunks, in dem sog. Panel-Verfahren zum Einsatz kommen. Hierbei wird für eine Stichprobe der Fernsehkonsum von Haushalten über einen längeren Zeitraum protokolliert und anschließend auf die Grundgesamtheit hochgerechnet.

Generell streben werbetreibende Unternehmen an, ihre Werbebotschaften so genau wie möglich an ihre Zielgruppe weiterzugeben. Dabei verfolgen sie zwei Ziele:

- *Minimierung von Streuverlusten*: Streuverluste entstehen, wenn Werbung in Mediengütern platziert wird, die von der Zielgruppe gar nicht konsumiert werden.
- *Maximierung der Zielgruppenabdeckung*: Die Zielgruppenabdeckung ist maximal, wenn die Werbung alle Personen einer definierten Zielgruppe mit Hilfe von Werbeträgern erreicht.

Eine entscheidende Rolle spielt deshalb die inhaltliche Ausgestaltung der Werbebotschaft. Wenn es z. B. einer Zeitschrift gelingt, einen für bestimmte Unternehmen attraktiven Leserkreis zu etablieren, so kann sich die Zeitschrift auch als hochwertiger Werbeträger im Werbemarkt positionieren. Eine in absoluten Zahlen gemessene große Reichweite ist in diesem Fall nicht mehr entscheidend. Medienprodukte und Mediendienste mit einer ver-

Tab. 2.1 Typische Mediadaten im Überblick

Medium	Kennzahl	Definition
Zeitungen, Zeitschriften	Verkaufte Auflage	Anzahl der an den Endverbraucher abgesetzten Exemplare einer Ausgabe (Verkauf und Abonnement)
	Reichweite	Anzahl der Leser einer Zeitung oder Zeitschrift (im Allgemeinen deutlich höher als die verkaufte Auflage)
	Verbreitung	Relative oder absolute Absatzmenge in verschiedenen geografischen Regionen
Rundfunk	Reichweite	Anzahl der Zuschauer, die in einem bestimmten Zeitintervall erreicht werden
	Einschaltquote	Anteil an der gesamten Zuschaueranzahl in einem bestimmten Zeitintervall
Internet	Unique User	Anzahl der Personen, die ein Online-Angebot mindestens einmal besucht haben
	Visits	Anzahl der „Benutzerbesuche" eines Online-Angebotes
	PageImpressions	Anzahl der Zugriffe auf eine Web-Site
	AdClicks	Anzahl der angeklickten Werbebanner
	Click-Through-Rate	AdClicks / PageImpressions

gleichsweise unspezifischen Zielgruppe, wie etwa Tageszeitungen, sind dagegen auf möglichst hohe Leserzahlen angewiesen. Weitere Kennzahlen, die Zielgrößen werbetreibender Unternehmen sein können, sind in Tabelle 2.1 dargestellt.

Für werbetreibende Unternehmen ist es nicht immer einfach zu bestimmen, mit welchen Mediengütern sie ihre Zielgruppen am besten erreichen. Aus diesem Grund gibt es ergänzend zu quantitativen Erfassungen auch Untersuchungen durch neutrale Institute, die regelmäßig eine Zielgruppenanalyse verschiedener Mediengüter mit Hilfe von Konsumentenbefragungen durchführen. Hierbei wird in einigen Studien auch erfasst, wie viel Zeit die Rezipienten mit bestimmten Medien verbringen (vgl. Abb. 2.2) oder wie ihre Einstellung gegenüber diesen Produkten ist. Zu den wichtigsten dieser Media-Untersuchungen gehören in Deutschland die „Allensbacher Werbeträger Analyse" (AWA) und die „Media-Analyse" (MA).

Für werbetreibende Unternehmen stellt sich insbesondere die Frage, wie sie konkurrierende Werbeträger mit gleicher Zielgruppe anhand ihres Kosten-Nutzen-Verhältnisses bewerten sollen. In der Praxis hat sich dazu das Konzept des *Tausender-Kontakt-Preises* (TKP) durchgesetzt. Der TKP wird allgemein wie folgt definiert:

$$TKP = \frac{Werbegrundpreis}{Reichweite} * 1000$$

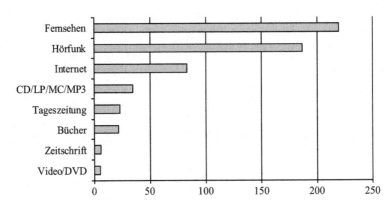

Abb. 2.2 Durchschnittliche Mediennutzungsdauer pro Tag in Deutschland in Minuten. (Vgl. van Eimeren und Ridder 2011)

Zur Erläuterung werden zwei Fernsehsender TV-X und TV-Y betrachtet. Beide bieten ihren Werbekunden die Ausstrahlung von Werbespots für unterschiedliche Preise an, die Zielgruppen seien homogen. TV-X verlangt für einen 30-Sekunden-Spot einen Grundpreis von 40.000 € bei einer voraussichtlichen Reichweite von 2,0 Mio. Zuschauern. TV-Y verlangt dagegen nur 32.500 €, allerdings bei einer geschätzten Reichweite von 1,3 Mio. Zuschauern. Ein werbeschaltendes Unternehmen steht also vor der Fragestellung, welcher Anbieter für den 30-Sekunden-Spot der günstigere ist. Für diesen Vergleich bietet sich die Anwendung des TKP an:

$$TKP_X = \frac{40.000\,€}{2.000.000} * 1000 = 20\,€, \quad TKP_Y = \frac{32.500\,€}{1.300.000} * 1000 = 25\,€$$

Trotz des absolut höheren Preises bei TV-X ist der TKP von TV-X aufgrund der höheren Zuschauerzahlen günstiger als bei TV-Y.

Wichtig ist an dieser Stelle allerdings, dass ein direkter Vergleich der TKP nur bei gleicher Zielgruppe sinnvoll ist. Andernfalls bietet sich die Verwendung gewichteter TKP an, die die unterschiedliche Attraktivität der erreichten Rezipientengruppe bei der Bewertung durch entsprechende Gewichtungsfaktoren berücksichtigen.

Ebenso wie auf dem Rezipientenmarkt beginnen Medienunternehmen auch auf dem Werbemarkt damit, weitergehende, durch den technologischen Fortschritt verbesserte Leistungen anzubieten. Im Mittelpunkt stehen hier bislang die zielgruppengenaue Ansprache potenzieller Kunden und eine zuverlässige Erfolgskontrolle der Werbemaßnahmen (vgl. Silberer 1999, S. 183–186). Zukünftig könnten Medienunternehmen den werbetreibenden Unternehmen auch einen direkten Zugang zu ihrer Zielgruppe anbieten:

- *Zielgruppenspezifische Ansprache*: Im Internet oder auch beim digitalen Fernsehen („IPTV") ist es Medienunternehmen möglich, dem Kunden auf seine Interessen abgestimmte Inhalte anzubieten (Personalisierung). Dies setzt voraus, dass das Unternehmen über möglichst weitgehende Interessenprofile seiner Kunden verfügt. Diese Art von Profilen kann auch dazu verwendet werden, um in Abhängigkeit der Kundeninteressen bestimmte Werbeeinblendungen vorzunehmen. In den letzten Jahren sind unzählige Internetseiten entstanden, auf denen die Nutzer ihre Profildaten angeben und dadurch noch genauer vom werbetreibenden Unternehmen angesprochen werden könn(t)en.

- *Zuverlässige Erfolgskontrolle*: Im Gegensatz zu den klassischen Medien ist es bei Online-Angeboten aus technischer Sicht relativ unproblematisch, eine genaue Erfassung der Kundenkontakte durchzuführen. Falls darüber hinaus eine Werbemaßnahme (beispielsweise ein Internet-Banner) direkt zu einer Online-Bestellung führt, kann dieser Zusammenhang protokolliert und ausgewertet werden.

- *Direkter Kundenzugang*: Durch die Entwicklung digitaler Online-Medien können Medienunternehmen Produkte auch direkt zum Kauf anbieten. Ein Konsument könnte z. B. einen in einem Online-HiFi-Magazin getesteten CD-Player direkt über das Internet beim Hersteller bestellen. Dieser Ansatz unterscheidet sich offensichtlich grundlegend vom bisherigen Modell, in dem die Werbekunden lediglich Anzeigen oder Spots schalten konnten. Medienunternehmen haben daher das Potenzial, einen alternativen Absatzkanal zu etablierten Handelsunternehmen zu bieten.

2.1.2   Bereitstellungsformen für Mediengüter

Die Formen der Bereitstellung von Mediengütern unterscheiden sich insbesondere hinsichtlich der Frage, ob der Kunde ein Eigentumsrecht erwirbt oder ob die Übertragung der Inhalte die Leistung des Unternehmens ist. Besonders deutlich wird diese Unterscheidung am Beispiel des digitalen Musikvertriebs. Um ein bestimmtes Lied abzuspielen, kann der Hörer entweder eine Kopie herunterladen („to own") oder einen Musikstreamingdienst („as a Service") nutzen. Im Falle des Downloads kann der Nutzer im Rahmen der Nutzungsrechte über das von ihm erworbene Produkt verfügen. Dies gilt im Falle des Streamings nicht. Die Daten werden beim Streaming lediglich aus technischen Gründen zur Wiedergabe auf dem Endgerät des Nutzers zwischengespeichert, während die Eigentumsrechte beim Anbieter verbleiben.

Als zweite Dimension ist die Bereistellung von Mediengütern in analoger oder in digitaler Form zu unterscheiden – auch dies ist entscheidend für die Bereitstellung und die Nutzung und damit auch für die Entstehung von Märkten. Über das Internet übertragene Inhalte sind per se digital, auf Papier präsentierte Inhalte sind definitionsgemäß analog. Im Rundfunk sowie bei den Speichermedien werden analoge Medien nach und nach durch digitale Medien abgelöst. So verdrängte beispielsweise die DVD die Videokassette. Das analoge Antennen- und Satellitenfernsehen wurde ebenfalls durch digitale Signale ersetzt. Lediglich über Kabel ist das analoge Signal zusätzlich zum digitalen weiterhin zu empfangen. Auch im Hörfunk existiert neben dem digitalen Standard DAB+ (Digital Audio Broadcasting) weiterhin das analoge Signal.

Tab. 2.2 Klassifikation von Marktleistungen

	Produkt	Dienstleistung
Analoge Medien	Buch, Videokassette	Hörfunk, Lesezirkel für Zeitschriften
Digitale Medien	Blue Ray-Disc für Videos, Musikdownloads	Digitalfernsehen, soziale Netzwerke

Die beiden Dimensionen lassen sich kombinieren. Tabelle 2.2 zeigt einige Beispiele für Kombinationen aus Inhalten und Medien und damit Formate (entsprechend unserer Formatdefinition in Kap. 1.3.1) wie sie früher bzw. heute am Markt in Deutschland angeboten werden. Zu beachten ist dabei, dass nicht jede technisch mögliche Kombination auch vom Nutzer gewünscht bzw. zu einem vom Nutzer tolerierten Preis herstellbar ist.

2.1.3 Spezifika von Mediengütern

Im vorangegangenen Kapitel wurde beschrieben, welche Arten von Nutzen Mediengüter für verschiedene Zielgruppen stiften können. Neben diesem Produktnutzen besitzen Medienprodukte und -dienste weitere spezifische Eigenschaften, die für Vermarktung und Produktion in Medienunternehmen ebenfalls in Betracht gezogen werden müssen. Die wichtigsten dieser Spezifika werden im Folgenden kurz vorgestellt. Sie sind aus der Theorie digitaler Güter abgeleitet.

2.1.3.1 Zweifache Wirkung von Mediengütern

Mediengüter entfalten ihre Wirkung in zwei Bereichen. Zunächst dienen Mediengüter der Befriedigung individueller Bedürfnisse der Rezipienten sowie in manchen Fällen auch der Zielerreichung einzelner werbetreibender Unternehmen (vgl. Kap. 2.1.1.2). Daneben haben die meisten Medienprodukte und Mediendienste gleichzeitig auch eine Wirkung auf Meinungsbildung, Kulturentwicklung sowie Bildung der gesamten Bevölkerung. Sie deswegen nachzufragen gilt als gesellschaftlich wünschenswert. In diesem Zusammenhang werden Mediengüter als meritorische Güter klassifiziert. Diese zeichnen sich dadurch aus, dass Nachfrager verzerrte Präferenzen gemessen am gesellschaftlich erwünschten Versorgungsgrad (Merit Wants) haben können (vgl. Musgrave 1959, S. 13–14).

Für einige Medienunternehmen sind der mögliche Einfluss auf Meinungsbildung oder Kulturentwicklung der zentrale Grund ihrer Existenz (vgl. Kap. 1.4.1). Ebenfalls aufgrund dieser Wirkungsart greift der Staat in vielen Ländern in einige Medienmärkte ein. Dies geschieht häufig durch Regulierungen (wie z. B. durch das Teledienste-Datenschutzgesetz, das den Datenschutz für Online-Inhalte regelt) oder auch durch die Etablierung eigener Betriebe (wie z. B. die Arbeitsgemeinschaft der öffentlich-rechtlichen Rundfunkanstalten der Bundesrepublik Deutschland ARD, die neben der Unterhaltung auch der Bildung der Bürger über Radio und Fernsehen dient).

2.1.3.2 Erfahrungsgutcharakter von Mediengütern

Eine weitere Besonderheit von Mediengütern liegt in deren Charakter als *Erfahrungsgut*. Als Erfahrungsgüter werden jene Güter bezeichnet, deren Qualität vom Konsumenten ex ante nicht beurteilt werden kann, deren Qualität sich also erst während des Konsums offenbart. In diesem Sinne lässt sich der Wert einer Zeitungsmeldung erst bewerten, wenn sie vollständig gelesen wurde. Hier zeigt sich ein deutlicher Unterschied im Vergleich zum Kauf eines Autos. Allein schon durch Besichtigung und einfache Tests kann man sich vor dem Kauf ein einigermaßen umfassendes Bild über die Qualität eines Wagens machen.

Das skizzierte Problem mit der ex-ante-Bewertung von Mediengütern führt zu erheblichen Herausforderungen im Vertrieb von solchen Gütern, die auch unter dem Begriff des *Informationsparadoxons* bekannt sind (vgl. Arrow 1971, S. 152). Das Informationsparadoxon beschreibt im Kern die Schwierigkeit, Informationen gegen Entgelt an Nachfrager zu verkaufen. So haben Nachfrager bei Unkenntnis einer Information und damit auch ihres etwaigen wirtschaftlichen Nutzens typischerweise eine geringe Zahlungsbereitschaft (Man denke an einen „Insidertipp" bei Börsenspekulationen, wenn der Tippgeber nicht bekannt ist). Kennt der Nachfrager hingegen die Information und kann somit auch ihren Nutzen abschätzen, hat er wiederum nur eine geringe (bzw. gar keine) Zahlungsbereitschaft, da die Information bereits bekannt und ihr Erwerb nicht mehr notwendig ist.

In der Praxis begegnen Inhalteanbieter diesem Problem mit dem Aufbau von Marken, welche als Indiz für die Informationsqualität gelten sollen und dem Nachfrager eine Wertabschätzung ex ante erleichtern. Außerdem ermöglichen Internettechnologien die Bewertung von Informationsprodukten über interaktive Foren bzw. Virtual Communities. Diese können durch Rezipienten als Informationsquelle über die Qualität von Mediengütern genutzt werden.

2.1.3.3 Doppelter Absatzmarkt für Mediengüter

Mediengüter werden häufig auch als „*Verbundgüter*" bezeichnet, die – je nach Medium in unterschiedlicher Relation – einerseits eine Informations-/Unterhaltungsleistung sowie andererseits eine Werbeleistung bieten (siehe Abschn. 2.1.1). Damit sind sie einerseits Träger von Unterhaltung, Bildung oder Information für den Rezipienten. Andererseits haben sie die Funktion, Werbebotschaften für die Werbetreibenden zu verbreiten. Für viele Medienprodukte und -dienste gilt daher, dass für ihren Absatz zwei Märkte anzusprechen sind, auf denen auch jeweils Erlöse generiert werden können.

Jedoch sind Medienunternehmen nicht in allen Fällen auf einen doppelten Markt angewiesen. Wichtige Ausnahmen bilden Bücher, Pay-TV und Musik-CDs. Mit diesen Medien werden i. d. R. keine Werbebotschaften verbunden, sondern Erlöse direkt aus deren Verkauf an Rezipienten erzielt. Viele andere Medien werden ganz oder zumindest anteilig über Werbeerlöse finanziert. Abbildung 2.3 zeigt ausgewählte Beispiele.

Wird ein Format ganz oder teilweise über Werbung finanziert, entstehen spezifische Beziehungen zwischen *Inhalteanbieter*, *Werbekunden* und *Rezipienten*. Das werbetreibende Unternehmen sucht über das Medium den Zugang zu den Rezipienten und letztendlich ihre Aufmerksamkeit. Rezipienten nehmen dessen Werbung wahr und werden dadurch

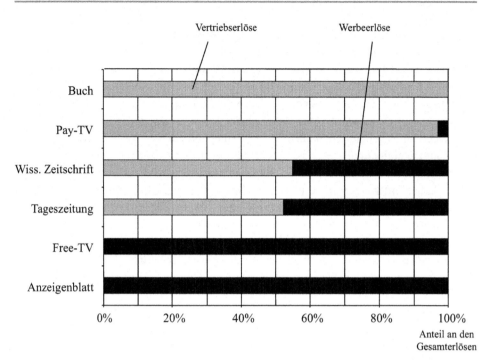

Abb. 2.3 Vertriebs- und Werbeerlöse für einzelne Formate. (Aktualisierte Darstellung in Anlehnung an Ludwig 1996, S. 85)

ggf. in ihrer Kaufentscheidung beeinflusst. Die Beziehung zwischen Inhalteanbieter und Rezipienten nimmt direkten Einfluss auf die Erlöspotenziale des Inhalteanbieters.

2.1.3.4 Mediengüter als potentiell öffentliche Güter

Güter, deren Konsum nicht-rival ist und von deren Konsum Konsumenten nicht ausgeschlossen werden können, bezeichnet man als öffentliche Güter. Für die Bereitstellung öffentlicher Güter lassen sich keine Erlöse generieren. Mediengüter können – müssen aber nicht – diese Eigenschaften erfüllen. Nachfolgend wird dabei untersucht, wann dies der Fall ist. Beide Eigenschaften sind in Abbildung 2.4 graphisch veranschaulicht.

Nicht-Rivalität im Konsum bedeutet, dass ein Gut von einem Konsumenten genutzt werden kann, ohne dass damit der Nutzen für andere Konsumenten abnimmt (vgl. Fehl und Oberender 2002, S. 498). In diesem Sinne verliert eine VHS-Videokassette für einen Konsumenten B zunächst nicht an Wert, nur weil sie vom Konsumenten A bereits abgespielt wurde. Jedoch kann nach einer Vielzahl von Abspielungen die Qualität der Kassette leiden, wodurch langfristig Rivalität entsteht. Diese Form der Rivalität durch Qualitätsminderung tritt jedoch bei digitalen Trägermedien (CD, DVD, Blue Ray-Disc) in viel geringerem Ausmaß auf. Bei „klassischen" Industriegütern hingegen ist die Nicht-Rivalität eher unbekannt. Benutzt ein Konsument ein Auto, ist es gleichzeitig von keinem anderen Konsumenten zu nutzen und verliert darüber hinaus für den nachfolgenden Fahrer an Wert.

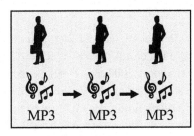 

Nicht-Rivalität im Konsum   Nicht-Ausschließbarkeit vom Konsum

Abb. 2.4 Nicht-Rivalität und Nicht-Ausschließbarkeit vom Konsum

Bezüglich der Rivalität im Konsum sind zwei Aspekte relevant. Einerseits kann eine Rivalität – wie beschrieben – bei sequentieller Verwendung auftreten, wenn sich die Qualität des genutzten Produktes durch die Nutzung verringert. Andererseits ist eine Rivalität bei der gleichzeitigen Nutzung eines Produktes möglich, die entsteht, wenn ein Produkt nur an einem einzigen Ort gleichzeitig von einer Person oder Personengruppe konsumiert werden kann. Dies ist bei allen an ein physisches Trägermedium gebundenen Medienprodukten (Buch, Zeitung, CD, DVD, etc.) gegeben, tritt allerdings bei Mediendiensten (Rundfunk: TV/Radio, Internet) nicht auf. Somit können verschiedene Medienformen hinsichtlich der durch sie erzeugten Rivalität differenziert werden, wobei klassische Trägermedien eine sehr hohe, digitale Trägermedien eine mittlere und nicht-physische Übertragungsmedien keine Rivalität, das heißt maximale „Nicht-Rivalität" im Konsum, aufweisen.

Nicht-Ausschließbarkeit vom Konsum liegt dann vor, wenn es dem Anbieter eines Produktes nicht möglich ist, bestimmte Nutzer (d. h. jene, die kein Entgelt entrichten) vom Konsum dieses Produktes auszuschließen (vgl. Fehl und Oberender 2002, S. 499–503). So ist es einem Radiosender nicht möglich, bestimmte Haushalte am Empfang seiner Sendungen zu hindern. Demgegenüber kann ein Zeitungsverlag nicht-zahlende Rezipienten vom Konsum ausschließen, indem bspw. eine Zustellung im Abonnement eingestellt oder eine Zeitung am Kiosk nicht herausgegeben wird. Gleiches gilt für Broadcaster und Plattformbetreiber im Internet.

Nicht-Rivalität und Nicht-Ausschließbarkeit lassen sich getrennt betrachten, sind allerdings, wie an den Beispielen deutlich wird, nicht unabhängig voneinander. So wird die Nicht-Ausschließbarkeit vom Konsum begünstigt, wenn bei einem Gut eine hohe Nicht-Rivalität im Konsum auftritt. Im Internet hängt die Nicht-Ausschließbarkeit im Wesentlichen davon ab, ob Inhalte in Form eines Produktes oder einer Dienstleistung an den Rezipienten übertragen werden. So weisen Musikinhalte digitaler Form (etwa als MP3-Datei) eine hohe Nicht-Rivalität im Konsum auf und können ohne Qualitätsverlust kopiert und weitergegeben werden. Auch durch den Einsatz von Digital Rights Management-Systemen (DRMS) ist es nur bedingt möglich, nicht-zahlende Konsumenten vom Konsum ausschließen (vgl. Kap. 3.3.1.3). Musikstreamingdienstleister können die Nutzung ihrer Dienste durch Nicht-Kunden hingegen ohne Probleme unterbinden, da die Eigentumsrechte an den Inhalten beim Anbieter verbleiben.

2.1.3.5 Mediengüter als Netzeffektgüter

Als weitere Besonderheit zeigt sich bei einigen Mediengütern, dass ihr Wert unter besonderen Umständen nicht auf Knappheit der Güter (wie in der mikroökonomischen Theorie im Normalfall angenommen wird, vgl. Fehl und Oberender 2002, S. 47–49), sondern auf Masse beruht und für Konsumenten in dem Maße steigt, in dem die Verbreitung des Gutes zunimmt. Dieser Effekt, der auf dem durch die Verbreitung des Gutes entstehenden Konsumenten-„Netz" beruht, wird als Netzeffekt und die Güter werden entsprechend als *Netzeffektgüter* bezeichnet (vgl. Katz und Shapiro 1985).

Bei *direkten Netzeffekten* entsteht der Nutzen für Konsumenten direkt durch die Verbreitung des Gutes auf dem Markt. Beispiele finden sich in sozialen Netzwerken wie Facebook oder Xing. Abbildung 2.5 verdeutlicht dies am Beispiel des Kommunikationsdienstes WhatsApp.

Der Wert von WhatsApp für einen Nutzer hängt direkt von der Anzahl der Nutzer insgesamt ab. Nutzen zunächst nur drei Teilnehmer A, B und C den Messenger, so beschränkt sich der kommunikative Austausch auf eben diese drei Personen. Kommt eine vierte Person D hinzu, erhöht sich die Kommunikationsbasis (d. h. die möglichen Kommunikationsverbindungen) im Messenger und damit dessen Wert für den einzelnen Nutzer. In einer einfachen Näherung („MetCalfe's Law", vgl. Gilder 1993) kann der aus direkten Netzeffekten resultierende Wert eines Netzeffektproduktes anhand der vorhandenen Teilnehmer n wie folgt bestimmt werden:

$$Netznutzen \sim \frac{n*(n-1)}{2}$$

Der Netznutzen ergibt sich aus der Anzahl der möglichen Kommunikationsverbindungen und steigt mit zunehmender Anzahl exponentiell. Voraussetzung dafür ist es, dass jeder Teilnehmer grundsätzlich Interesse an der Kommunikation mit jedem anderen Teilnehmer hat.

Abb. 2.5 Beispiel für die Entstehung direkter Netzeffekte

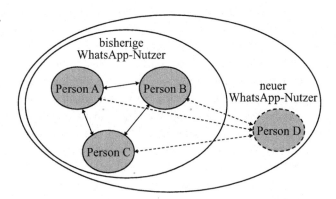

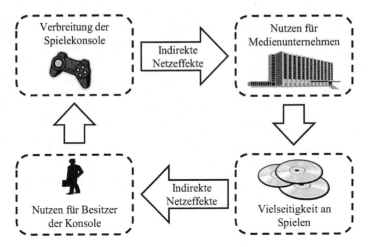

Abb. 2.6 Beispiel für eine Wachstumsspirale auf Basis indirekter Netzeffekte

Indirekte Netzeffekte entstehen dann, wenn der Nutzen des Produkts nicht direkt von dessen Verbreitung sondern vom Angebot an Komplementärprodukten bestimmt wird. Ein typisches Beispiel für eine derartige Konstellation ist eine Spielekonsole. So wird der Nutzen einer Spielekonsole nicht durch die Anzahl der auf dem Markt befindlichen Geräte, sondern vielmehr durch die Vielseitigkeit der für diese Konsole verfügbaren Spiele bestimmt. Das Angebot an Spielen hängt wiederum von der Anzahl der Nutzer der Konsole ab, da Spieleentwickler ihre Produkte auf den Plattformen veröffentlichen, die den höchsten Absatz versprechen (vgl. Kap. 3.3.1.1). Die Nachfrage der Spielekonsole und das Angebot an Spielen sind also gegenseitig voneinander abhängig. Gelingt es dem Hersteller seine Plattform sowohl für Entwickler als auch für Kunden attraktiv zu machen, führt dies zu einer Wachstumsspirale, welche in Abbildung 2.6 dargestellt ist. Finden jedoch nicht genügend Akteure zusammen, kommt die Spirale nicht zum Laufen und die Plattform scheitert. Im Erfolgsfall kann der Hersteller neben dem Verkauf von zusätzlichen Geräten auch von seiner Position als sog. Gatekeeper profitieren indem er für Geschäfte, die über seine Plattform abgewickelt werden, Provisionen verlangt. Dies ist z. B. auf den Plattformen iTunes, AppStore und iBookStore der Firma Apple der Fall.

Bei genauerer Betrachtung wird klar, dass indirekte Netzeffekte besonders stark sind, wenn viele miteinander kompatible Basis- und Nutzungskomponenten existieren, was wiederum Standards zum Austausch von Inhalten zwischen diesen beiden Komponenten voraussetzt. Herrschen konkurrierende Standards vor, so kommt die skizzierte Wachstumsspirale kaum in Schwung und die angestrebten Netzeffekte treten wesentlich weniger auf. Sobald sich am Markt jedoch ein Standard etabliert hat, vefügen kompatible Produkte aufgrund des Nutzens durch indirekte Netzeffekte über einen deutlichen Wettbewerbsvorteil gegenüber nicht-kompatiblen Produkten. Einige Märkte werden auf diese Weise

schließlich einem einzigen Standard unterworfen. So setzte sich die Blue Ray-Disc gegenüber der HD-DVD als Datenträger für hochauflösende Videoinhalte durch.

2.1.3.6   Starke Stückkostendegression bei Mediengütern

Charakteristisch für Medienunternehmen ist ein besonders hoher Anteil fixer (d. h. von
der Ausbringungsmenge kurzfristig unabhängiger) und ein relativ geringer Anteil variabler (d. h. von der Ausbringungsmenge kurzfristig abhängiger) Kosten an den Gesamtkosten. Erklären läßt sich dies durch die Wertschöpfungsstruktur im Mediensektor. Dazu
unterscheidet man zwischen dem Erstellen (E), dem Bündeln (B) und dem Distribuieren
(D) eines Mediengutes. Die Gesamtkosten für die Bereitstellung eines Medienprodukts
ergeben sich daher wie folgt:

$$K = K_E + K_B + K_D$$

Die Kosten für die Distribution eines einmal erstellten Gutes (der sog. First (Product)Copy)
erhöhen sich mit jedem zusätzlich verkauften Produkt (etwa durch die Materialkosten für
eine DVD) bzw. mit jedem zusätzlich abgerufenen Dienst (z. B. durch Entgelte an Netz-
betreiber). Keinen Einfluss hat diese Ausbringungsmenge dagegen auf die Kosten für das
Erstellen und das Bündeln. Formal läßt sich dies wie folgt ausdrücken, wobei x für die
Ausbringungsmenge und $k_{D,V}$ für die variablen Kosten pro Stück bzw. pro Abruf stehen:

$$K_s = (K_E + K_B + K_D)/x = (K_E + K_B + x * + k_{D,V})/x = (K_E + K_B)/x + k_{D,V}$$

Mit steigender Ausbringungsmenge verteilen sich die Kosten für das Erstellen und das
Bündeln auf die einzelnen hervorgebrachten Exemplare und werden damit pro Stück immer kleiner. Die Kosten für die Distribution einer zusätzlichen Einheit bleiben dagegen
gleich. Sind nun die Gesamtkosten für das Erstellen und das Bündeln im Vergleich zu den
Gesamtkosten für die Distribution hoch, dann kommt es zu einer starken Stückkostendegression – genau dies ist im Mediensegment häufig der Fall, sowohl im klassischen
Publishing-Broadcasting-Modell als auch bei Plattformbetreibern. Abbildung 2.7 zeigt
diese Degression der Stückkosten für das Nachrichtenmagazin DER SPIEGEL. Der auch
in diesem Beispiel zu beobachtende Effekt einer starken Stückkostendegression wird als
„First Copy Cost-Effekt" bezeichnet (vgl. Kruse 1996, S. 37; Grau und Hess 2007).
    Empirische Untersuchungen zeigen, dass rund 50 % der Kosten eines Zeitungsanbie-
ters und rund 65 % der Kosten eines Zeitschriftenverlages mit angeschlossener Druckerei unabhängig von der Ausbringungsmenge sind (vgl. Zerdick et al. 2001, S. 165–166).
Bereits dies führt zu einer beachtlichen Stückkostendegression. In noch verstärkter Form
findet sich eine derartige Stückkostendegression bei Rundfunk- und Internet-Anbietern.
Über ein Jahr betrachtet sind nur ca. 10 % der Kosten eines typischen Senders abhängig
von der Ausbringungsmenge.

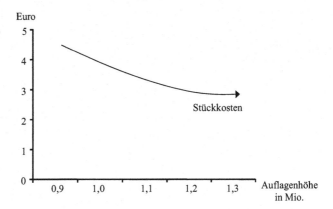

Abb. 2.7 Stückkostendegression am Beispiel des Nachrichtenmagazins DER SPIEGEL. (Vgl. Ludwig 2002, S. 131)

2.1.4 Medienmärkte

2.1.4.1 Volumen und Struktur der deutschen Medienmärkte

Im Jahr 2012 erwirtschafteten die wesentlichen Wirtschaftszweige des Mediensektors in Deutschland 50,7 Mrd. € (vgl. PricewaterhouseCoopers 2013, S. 31–36), allerdings mit einer gewissen Unsicherheit über den vollständigen Einbezug der Umsätze von Plattformbetreibern. Mit diesem Volumen sind ca. 1,9 % des Bruttoinlandsproduktes, d. h. der Gesamtleistung der Volkswirtschaft, der Medienindustrie i. e. S. direkt zuzurechnen. Im Vergleich zum Jahr 2008 (2,0 %) hat sich dieser Anteil kaum verändert. Durch den Einfluss der Medienindustrie auf Meinungsbildung und Kulturentwicklung ist die Bedeutung der Branche aber überproportional hoch.

Vom genannten Gesamtumsatz entfielen 2012 rund 23,6 Mrd. € (47 %) auf Printmedien und 27,1 Mrd. € (53 %) auf die sog. elektronischen Medien (Rundfunk, Film, Musik, Spiele und Internet). Innerhalb des Print-Geschäfts entfielen 8,4 Mrd. € (36 %) auf Zeitungen und 5,7 Mrd. € (24 %) auf Zeitschriften. Ergänzend ist festzuhalten, dass vom Gesamtvolumen von 50,7 Mrd. € im Jahr 2012 35,3 Mrd. € auf Vertriebserlöse und 15,3 Mrd. € auf Werbeerlöse entfielen. Abbildung 2.8 illustriert zusammenfassend die Aufteilung des Medienmarktes in Deutschland.

Ein Rückblick zeigt deutliche Entwicklungsunterschiede zwischen den Teilbranchen der deutschen Medienindustrie (vgl. Abb. 2.9). Während der Markt für elektronische Medien (insbesondere durch die Öffnung der Fernsehmärkte) seit Beginn der 90er Jahre deutlich stärker als das Bruttoinlandsprodukt (BIP) gewachsen ist, haben die Printmedien seit diesem Zeitpunkt deutlich an Umsatz verloren. Im Jahr 1992 machte der Anteil der elektronischen Medien noch 33 % aus (vgl. Seufert 1999, S. 112), 2012 hingegen schon 53 %. Die Ursache liegt vor allem im deutlichen Anstieg des Anteils der elektronischen Medien an den Werbeerlösen. So betrug dieser Anteil 1992 noch rund 23 %, bis heute hat er sich auf 63 % fast verdreifacht. Aktuelle Analysen gehen davon aus, dass sich dieser

9,5 (9,8) Mrd. € Bücher	23,6 (22,5) Mrd. € Printmedien	35,3 (37,6) Mrd. € Vertriebserlöse	50,7 (54,2) Mrd. € Gesamterlöse
8,4 (7,4) Mrd. € Zeitungen			
5,7 (5,3) Mrd. € Zeitschriften			
13,0 (14,3) Mrd. € Fernsehen	27,1 (31,7) Mrd. € Elektronische Medien	15,3 (16,6) Mrd. € Werbeerlöse	
4,6 (6,3) Mrd. € Onlinewerbung			
3,5 (3,8) Mrd. € Hörfunk			
2,8 (3,5) Mrd. € Film			
2,0 (2,4) Mrd. € Videospiele			
1,4 (1,5) Mrd. € Musik			

Angaben in Klammern sind Schätzungen für das Jahr 2017

Abb. 2.8 Aufteilung des Medienmarktes in Deutschland im Jahr 2012. (PricewaterhouseCoopers 2013, S. 31–36)

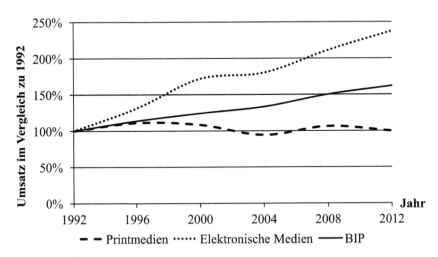

Abb. 2.9 Entwicklung der deutschen Medienmärkte zwischen 1980 und 2007. (Seufert 1999; PricewaterhouseCoopers 2005, 2013)

Anbieter Nachfrager	viele kleine	wenige mittelgroße	ein großer
viele kleine	atomistische Konkurrenz	Angebots-Oligopol	Angebots-Monopol
wenige mittel-große	Nachfrage-Oligopol	bilaterales Oligopol	beschränktes Angebots-Monopol
ein großer	Nachfrage-Monopol	beschränktes Nachfrage-Monopol	bilaterales Monopol

Abb. 2.10 Marktformen. (In Anlehnung an Wöhe und Döring 2013, S. 416)

Trend fortsetzen wird. Allerdings wird das Wachstum der elektronischen Medien weniger aus dem Fernsehen, sondern vielmehr aus dem Online-Geschäft entstehen.

Durch das Gegenüberstellen der Anzahl der auf einem Markt auftretenden Anbieter und Nachfrager lässt sich ferner die Form des Marktes beschreiben. Abbildung 2.10 zeigt die wichtigsten *Marktformen* im Überblick. Mit Hilfe dieses einfachen Instrumentariums werden nachfolgend exemplarisch die wichtigsten Konsumentenmärkte der Medienbranche in Deutschland charakterisiert.

Hinsichtlich der Marktformen ist zunächst festzustellen, dass durchweg von einer großen Zahl von Nachfragern auszugehen ist. Deutliche Unterschiede zeigen sich dagegen bei der Anzahl der Anbieter. Bei den Tageszeitungen, dem wichtigsten Teilmarkt des Zeitungsmarktes, sind ein *überregionaler* und eine Vielzahl *regionaler* Märkte zu unterscheiden. Den Markt für überregionale Tageszeitungen teilen sich zurzeit die „Frankfurter Allgemeine Zeitung", die „Süddeutsche Zeitung", die „Welt", die „taz" sowie die „Bild"-Zeitung auf. Die Angebotsstruktur kommt daher der eines Oligopols gleich. Ganz anders ist die Situation bei den regionalen Zeitungsmärkten. Von allen Kreisen und kreisfreien Städten in Deutschland stehen lediglich in 41,3 % mehr als eine und nur in 6,0 % mehr als zwei Tageszeitungen zur Verfügung. Somit leben 44,0 % der deutschen Bevölkerung in einem sog. Ein-Zeitungs-Kreis (vgl. Schütz 2012, S. 586). Beim Markt für regionale Tageszeitungen handelt es sich daher i. d. R. um Monopole oder Duopole.

Eine spezifische Konstellation ergibt sich, wenn man die ausschließlich im Straßenverkauf vertriebenen Tageszeitungen betrachtet. In diesem Segment hat die Axel Springer SE deutschlandweit einen Marktanteil von rund 78,6 % (vgl. Röper 2012, S. 273). Die „Bild-Zeitung" steht in den meisten Ballungszentren, wenn überhaupt, nur noch mit einer anderen Straßenverkaufszeitung in Konkurrenz, sodass der Markt der Straßenverkaufszeitung meist als enges Oligopol bzw. Monopol einzustufen ist.

Auf dem *Zeitschriftenmarkt* zeigt sich keine homogene Marktstruktur. Exemplarisch wird die umsatzstärkste Gruppe bei den Zeitschriften, die Publikumszeitschriften, herausgegriffen. Auf dem Markt der Publikumszeitschriften lassen sich auf der Anbieterseite

trotz einer hohen Anzahl von Zeitschriftenverlagen oligopolistische Konzentrationstendenzen beobachten. Der Konzentrationsgrad in diesem Segment bewegt sich auf relativ
hohem Niveau, so vereinen beispielsweise die fünf größten Verlage 63,6 % des gesamten
Zeitschriftenumsatzes auf sich (vgl. Vogel 2012, S. 319).

Auf dem *Buchmarkt* konkurrieren rund 15.000 Verlage. Von diesen sind allerdings nur
diejenigen in der Umsatzsteuerstatistik erfasst, deren Jahresumsatz über 17.500 € liegt.
Die Zahl der erfassten Buchverlage reduziert sich so auf ca. 2.300 (vgl. Börsenverein
2013, S. 40 ff.). Im Jahr 2012 haben die 20 umsatzstärksten Publikumsverlage (Belletris-
tik, Sachbuch, Kinder- und Jugendbuch) 14 % des Gesamtumsatzes des Buchverlagswe-
sens auf sich vereint (Buchreport 2013, S. 64). Dabei ist allerdings eine große Inhomoge-
nität bezüglich der Umsatzbeiträge der Akteure festzustellen: Random House als größter
Publikumsverlag hat mit ca. 345 Mio. € mehr als viermal so viel Umsatz erwirtschaftet
wie Bastei Lübbe auf Platz 2 mit knapp 80 Mio. € (Buchreport 2013, S. 64). Die Verlage auf den Rangplätzen zwei bis sechs erwirtschafteten zusammen soviel wie Random
House. Der Akteur auf Rangplatz 20 trägt zum Gesamtumsatz 2 % bei. Die Marktstruktur
kann daher zwischen vollkommener Konkurrenz und Oligopol eingestuft werden.

Nachdem der *Fernsehmarkt* auch für private Anbieter geöffnet wurde, hatte dieser sich
mit rund 100 Anbietern zur vollkommenen Konkurrenz entwickelt. Durch die Bildung
der sog. privaten Senderfamilien unter der Führung von RTL bzw. ProSiebenSat.1 waren
aber auch im privaten Bereich in den letzten Jahren deutliche Konzentrationstendenzen zu
beobachten. Insgesamt sind vier größere Akteure am Fernsehmarkt aktiv. Es ist daher von
einem Oligopol auszugehen (vgl. Wirtz 2013, S. 392).

Im Jahr 2004 waren in Deutschland rund 270 *Hörfunksender* eingerichtet. Wegen der
vorrangig regionalen Konzentration dieser Sender weist der Hörfunkmarkt aber ebenfalls
oligopolistische Angebotsstrukturen auf (vgl. Sjurts 2005, S. 223). Dieses verändert sich
allerdings mit weltweit nutzbaren Senderangeboten, wenn diese über das Internet verbreitet werden.

Auf den ersten Blick zeigt der Inhalte-bezogene Teil des *Internet-Marktes* die Merkmale von vollkommener Konkurrenz. So ist der Markteintritt mit relativ geringen Kosten
für neue Anbieter verbunden, sodass – am Umsatz gemessen – viele kleine Anbieter auf
diesem Markt agieren. Trotzdem zeigt sich eine starke Konzentration der Nachfrage auf
wenige Angebote, die insbesondere von Anbietern aus der Print- und Rundfunkbranche
bereitgestellt werden. Zu berücksichtigen ist auch, dass gerade diese Anbieter ihr Online-
Angebot immer mehr an ihr klassisches Angebot koppeln. Vor diesem Hintergrund soll auf
eine Einstufung zum heutigen Zeitpunkt verzichtet werden.

Auch wenn die meisten Medienmärkte keine Monopole im eigentlichen Sinne sind, so
können doch einige Medienunternehmen als „versteckte" Monopolisten agieren, da für
ihre Produkte, z. B. eine sehr renommierte Fachzeitschrift, häufig keine geeigneten Subs-
titute und somit keine Konkurrenzprodukte existieren.

2.1.4.2   Regulierung deutscher Medienmärkte

Der Begriff der Regulierung beschreibt Eingriffe in Märkte mit dem Ziel, die Marktstruktur, das Marktverhalten oder das Marktergebnis zu beeinflussen. Diese Eingriffe können direkt durch den Staat oder auf der Basis von vertraglichen Vereinbarungen zwischen Marktteilnehmern erfolgen. Beide Formen der Regulation sind nachfolgend vorgestellt.

Staatliche Regulierung von Medienmärkten findet auf Basis einschlägiger Gesetze statt. Während der Rundfunk in Deutschland auf dem sog. Rundfunkstaatsvertrag basiert, regelt beispielsweise das Telemediengesetz entsprechende Sachverhalte für das Medienrecht im Internet. Die Eingriffe werden vor allem aus zwei Gründen durchgeführt. Auf der einen Seite sind Märkte (vgl. Abb. 2.10) nur dann ein effizientes Koordinationsinstrument, wenn sich keine monopolistischen Strukturen herausbilden. Zur Verhinderung der Monopolisierung greift der Staat somit – auch – in Medienmärkte ein. Darüber hinaus spielen Medien eine wichtige Rolle bei Meinungsbildung und Kulturentwicklung, die bereits bei den Unternehmenszielen in Kap. 1 angesprochen wurden.

Besonders vor dem zuletzt genannten Hintergrund finden sich in Deutschland eine Reihe spezieller Eingriffe in Medienmärkte (vgl. Schulz 1996, S. 225 ff.):

- Für den Betrieb eines Hörfunk- oder Fernsehsenders ist eine Lizenz erforderlich, die von den Landesmedienanstalten der Bundesländer erteilt wird.
- Ebenfalls im Rundfunk-Sektor finden sich die bereits in Kap. 1 erwähnten öffentlichen Anbieter, die einen speziellen Versorgungsauftrag haben und nicht gewinnorientiert arbeiten. Dies bedeutet u. a. auch, dass diese Anbieter ihre Produktprogrammentscheidungen nicht ausschließlich am Konsumenten, sondern auch an einem staatlich definierten Versorgungsauftrag ausrichten.
- Auf der Ebene der Unternehmensorganisation sind branchenspezifische Detailregelungen zu beachten. In Zeitungs- und Zeitschriftenverlagen sowie in Hörfunk- und Fernsehsendern ist eine natürliche Person zu bestimmen, die für die verbreiteten Inhalte verantwortlich ist. In öffentlichen Rundfunksendern ist zusätzlich ein breit besetztes Gremium zur Sicherung der Programmvielfalt einzusetzen.

In den 80er Jahren wurde die Regulierung der deutschen Rundfunkmärkte deutlich reduziert, was neben der zunehmenden Verbreitung von Kabelanschlüssen zur Entstehung der privatrechtlichen Radio- und Fernsehkanäle geführt hat.

Vertragliche Vereinbarungen zwischen den Marktteilnehmern sind häufig entstanden, um staatlichen Eingriffen vorzugreifen. Prominentestes Beispiel für derartige Vereinbarungen ist die seit 1888 in Deutschland und Österreich bestehende *Preisbindung* bei Büchern. Danach sind die Händler an den vom Verlag vorgegebenen Verkaufspreis zunächst gebunden. Im Bereich des Jugendschutzes haben die Länder zudem die Möglichkeit, private Einrichtungen der freiwilligen Selbstkontrolle zuzulassen.

Die aktuelle Diskussion zur Regulierung deutscher Medienmärkte wird stark durch die sich abzeichnende Verschmelzung der bisher getrennten Medien Print, Rundfunk, Speichermedien und Internet geprägt – wie in Kap. 1.3.1 angesprochen wurde. Zu beantworten ist u. a. die Frage, in welchem Umfang der öffentlich-rechtliche Rundfunk auch im Internet präsent sein darf. So treten ARD und ZDF im Internet in direkte Konkurrenz zu den digitalen Angeboten des Pressewesens.

2.2   Absatz in Medienunternehmen

Der Absatz von Mediengütern zielt auf eine gewinnbringende oder konstendeckende Verwertung von Inhalten in den relevanten Absatzmärkten ab. In diesem Zusammenhang sind produkt-, distributions-, preis- sowie kommunikationspolitische Teilaspekte zu unterscheiden, durch welche einem Produktmanager in einem Medienunternehmen konkrete Hinweise für die Ausgestaltung dieser Handlungsbereiche an die Hand gegeben werden können. Nachfolgend werden die wichtigsten Fragestellungen in allen vier Feldern aufgegriffen.

2.2.1   Produktpolitik

2.2.1.1   Gestaltung des Produkts

Den Ausgangspunkt der Produktgestaltung bildet die Definition und Abgrenzung von *Zielgruppen*. Unter einer Zielgruppe wird die Menge der potenziellen Abnehmer eines Produktes verstanden, denen ein Nutzen gestiftet werden soll. Aufgrund des doppelten Marktes (vgl. Kap. 2.1.3.3) im Medienbereich ist hierbei zwischen Rezipienten und Werbetreibenden zu unterscheiden. Die Definition einer Rezipientenzielgruppe erlaubt es, Informations- und/oder Unterhaltungsbedürfnisse bei der Zusammenstellung von Inhalten und der Auswahl des Mediums gezielt zu berücksichtigen. Darüber hinaus ermöglichen sie eine homogenisierende Segmentierung und differenzierte Bearbeitung des Absatzmarktes. Es lassen sich verschiedene Beschreibungs- und Segmentierungskriterien unterscheiden:

- *Verbreitung*: Lokale Zeitungen wie etwa das „Göttinger Tageblatt" definieren ihre Zielgruppe im Kern über die regionale Ausdehnung.
- *Geschlecht*: Zeitschriften wie „Men's Health" oder „Welt der Frau" richten sich primär an männliche bzw. weibliche Erwachsene.
- *Alter*: TV-Sender wie „MTV" oder „Viva" versuchen mit ihrem Programm insbesondere Jugendliche und junge Erwachsene anzusprechen.
- *Einkommen*: Finanzzeitschriften wie z. B. „Capital" bieten verstärkt Anlageinformationen und Steuertipps für einkommensstarke Leser an.
- *Interessen, Hobbys*: Sport- bzw. Kulturzeitschriften wie „Kicker" und „Die Gazette" bedienen freizeitorientierte Informationsbedarfe.

Tab. 2.3 Auszug aus der Leserstrukturanalyse der Frankfurter Allgemeinen Zeitung (Vgl. FAZ, Frankfurter Allgemeine Zeitung GmbH 1999)

Kriterium	Ausprägung	Anteil (%)
Alter	50 Jahre und älter	44
Bildungsgrad	Ohne Abitur	46
	Mit Abitur	54
Berufliche Stellung	Inhaber, Geschäftsführer, Selbständige, Angehörige freier Berufe	12
	Leitende Angestellte oder Beamte des höheren oder gehobenen Dienstes	21
	Übrige Angestellte oder Beamte	22
	Facharbeiter, Arbeiter	4
	Andere	41
Haushaltsnettoeinkommen	Bis 2.000 €	30
	2.000 bis 3.500 €	43
	3.500 € und mehr	27

- *Beruf oder berufliche Stellung*: Fachverlage bieten berufsbezogene Informationen für die verschiedensten Berufsgruppen an. Beispiele sind die Zeitschriften „Manager Magazin" und „Der Steuerberater".
- *Bildungsgrad*: Zeitschriften wie „DER SPIEGEL" und „Unicum" richten sich speziell an Akademiker bzw. an Schüler und Studenten.

Es ließen sich noch diverse andere Kriterien heranziehen, um eine Rezipientenzielgruppe zu definieren und abzugrenzen. Die Kombination verschiedener Kriterien veranschaulicht das Beispiel der „Frankfurter Allgemeine Zeitung" (FAZ), die ihre Leserschaft auch als „Kluge Köpfe" bezeichnet (vgl. Tab. 2.3).

Die Zielgruppe auf dem Werbemarkt steht selbstverständlich in einem engen Zusammenhang mit der Rezipientenmarktzielgruppe. Betrachtet wird wiederum das Beispiel FAZ: Die Lesermarktzielgruppe besteht hier offensichtlich aus im Vergleich zum Bevölkerungsdurchschnitt gut ausgebildeten, wohlhabenden Lesern in exponierten beruflichen Positionen. Das macht die FAZ als Werbeträger u. a. für die Anbieter von hochwertigen Automobilen oder Finanzdienstleistungen interessant. Als Ursache ist das Bestreben von Werbetreibenden anzusehen, durch die Werbebotschaft so genau wie möglich eine bestimmte Werbekundenzielgruppe zu erreichen. Wie bereits in Kap. 2.1.1.2 angesprochen, verfolgen Werbetreibende zwei Ziele im Rahmen der Werbeschaltung, nämlich die Minimierung von Streuverlusten oder die Maximierung der Zielgruppenabdeckung.

An die Definition der Rezipienten- und Werbekundenzielgruppe schließt sich nun die Frage an, welche Merkmale das zu gestaltende Mediengut haben sollte, um die Konsum- bzw. Werbebedürfnisse möglichst gut befriedigen zu können. In diesem Zusammenhang

Tab. 2.4 Gestaltungsentscheidungen eines Medienunternehmens in Bezug auf die Konfiguration einer Güterarchitektur

Gütermerkmal			Ausprägung
Inhalte	Auswahl	Inhaltetypen (Text-, Bild-, Audio-, Video-Inhalte)	Ein vs. mehrere Inhaltetypen
		Themenausrichtung	Informations- vs. unterhaltungslastig
	Aufbereitung	Beitragslänge	Eher kurz vs. eher lang
		Ausdrucksform	Eher einfach vs. eher anspruchsvoll
	Präsentation	Layout	Eher einheitlich vs. eher kreativ
		Farbeinsatz	Ein- vs. mehrfarbig
Medium	Auswahl	Medientypen (Print, Speichermedien, Rundfunk, Datennetze)	Ein vs. mehrere Medientypen
		Produktform (z. B. Zeitung, Zeitschrift, Buch bei Print)	(medienabhängig)
	Belegung	Erscheinungshäufigkeit	Einmalig vs. periodisch
		Interaktion mit Rezipienten	Nicht-interaktiv vs. interaktiv

sind objektive und subjektive Merkmale zu unterscheiden, die sich in der Ausgestaltung des Produkts bzw. des Dienstes manifestieren. Die Ausgestaltung lässt sich durch die sog. *Güterarchitektur* beschreiben. Die Konfiguration der Architektur geht auf verschiedene Entscheidungen in Bezug auf die Auswahl, Aufbereitung und Präsentation von Inhalten sowie auf die Auswahl und Belegung des zugrunde liegenden Mediums zurück (vgl. Tab. 2.4).

Die Konfiguration einer Architektur wird maßgeblich beeinflusst durch die Präferenzen der Rezipienten- und Werbekundenzielgruppe, die sich im Zeitverlauf oftmals verändern. Aus diesem Grund sind die anfänglich getroffenen Gestaltungsentscheidungen fortlaufend zu überprüfen und ggf. zu revidieren, um den Nutzen eines Mediengutes für die Zielgruppen sicherzustellen (vgl. Kap. 2.1.1). Hierdurch kann der Anbieter des Mediengutes längerfristig kostendeckend oder profitabel arbeiten. Die Revision von Gestaltungsentscheidungen kann im Ergebnis zu einer Differenzierung, Variation bzw. Eliminierung des Mediengutes führen.

Aufgrund des Erfahrungsgutcharakters (vgl. Kap. 2.1.3.2) kommt der Markenbildung eines Mediengutes eine hohe Bedeutung als Differenzierungskriterium gegenüber vergleichbaren Konkurrenzprodukten zu. Die Bildung einer Marke zielt darauf ab, dem Mediengut eine eigene Identität zu geben, die Rezipienten (und Werbekunden) eine gleich bleibende Qualität signalisiert. Durch die Markenbildung eines Mediengutes lassen sich somit die Probleme bei der ex-ante Qualitätsbeurteilung infolge des Informationsparadoxons überwinden, sie stiftet Rezipienten und Werbekunden letztendlich Orientierung bei der Kaufentscheidung (vgl. Siegert 2003, S. 121). Aus diesem Grund begünstigt die

Markenbildung auch eine erhöhte Verbundenheit des Rezipienten mit dem Mediengut, die allgemein als *Markentreue* verstanden werden kann. Eine ausgeprägte Markentreue wirkt sich üblicherweise günstig auf die zeitliche Dauer einer Kundenbeziehung aus, die in der Zeitungsbranche als Leser-Blatt-Bindung bezeichnet wird. Bei einer hohen Leser-Blatt-Bindung ist zu erwarten, dass sich für einen Zeitungsverlag preispolitische Spielräume eröffnen. Als Ursache ist hierbei die gesunkene Preiselastizität der Nachfrage von Zeitungskäufern anzusehen, d. h. bei einer Steigerung des Verkaufspreises sinkt die Verkaufsmenge unterproportional. Aus diesem Grund begünstigt eine etablierte Marke auch eine Steigerung der Vertriebserlöse.

2.2.1.2 Analyse des Marktes

Gerade im Hinblick auf den First Copy Cost-Effekt kommt der Analyse der Aufnahmefähigkeit des anvisierten Marktes im Rahmen einer Absatzprognose eine entscheidende Bedeutung zu. Hierbei ist zwischen eher kurzfristig orientierten Absatzprognosen und eher langfristig orientierten Lebenszyklusanalysen zu unterscheiden.

Die Absatzprognose ist ein empirisch gestütztes Verfahren, mit dessen Hilfe sich der Absatz eines Produktes an eine vorab definierte Zielgruppe für einen festgelegten Zeitraum bestimmen läßt. Die einer Absatzprognose zu Grunde liegenden Annahmen können sich beispielsweise auf die Zielgruppengröße, auf den Distributionsweg, den Preis sowie den Einsatz absatzfördernder Maßnahmen beziehen. Wegen einer Vielzahl von Einflussfaktoren auf die Kaufentscheidung sind Absatzprognosen für Medienprodukte allerdings relativ schwierig. Ein Beispiel für einen unerwartet hohen Absatz in der belletristischen Literatur sind die Bücher der „Harry Potter"-Reihe.

Das Ergebnis einer Absatzprognose lässt sich grafisch anhand einer Absatzkurve abbilden, nachfolgend veranschaulicht am Beispiel von belletristischen und wissenschaftlichen Büchern (vgl. Abb. 2.11).

Beim Vergleich von belletristischen und wissenschaftlichen Büchern fällt auf, dass nicht nur erfolgreiche Seller und weniger erfolgreiche Flops, sondern auch die Produktkategorien an sich ganz verschiedene Absatzkurven aufweisen. Hieraus kann auf stark unterschiedliche Absatzvolumina geschlossen werden, die jeweils realisierbare Absatzmengen bezeichnen. Ergänzend ist anzumerken, dass die Absatzmengen aller belletristischen Bücher das Marktpotenzial bzw. die Aufnahmefähigkeit des belletristischen Buchmarktes darstellen. Das prozentuale Verhältnis zwischen Absatz- und Marktvolumen gibt hierbei den Marktanteil eines Buches an.

In den letzten Jahren wurde untersucht, welche Faktoren den Markterfolg von Mediengütern ausmachen. So haben Untersuchungen gezeigt, dass der Einsatz von Filmstars ein wichtiges Instrument darstellt, um mehr Besucher in die Kinos zu locken (vgl. Hennig-Thurau und Dallwitz-Wegner 2003). Zu weiteren Erfolgsfaktoren bei Spielfilmen zählen insbesondere die Anzahl der Kopien für die Kinos, das Produktionsbudget, die Altersbegrenzung, die Saison der Veröffentlichung, die Macht des Distributors, das Werbebudget und die Kritiken. Bei sequenzieller Verwertung gilt der Erfolg in den USA als Maßstab

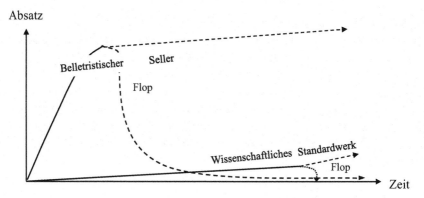

Abb. 2.11 Absatzentwicklung belletristischer und wissenschaftlicher Bücher. (Vgl. Wirtz 2013, S. 295)

für Europa. Keine Erfolgsfaktoren stellen dagegen beispielsweise die Herkunft, Komplementärgüter, Trailer, oder Preise dar. Auch die Nominierung für einen Oscar liefert keinen nachweisbaren Beitrag zum Gesamtumsatz eines Kinofilmes (vgl. Clement 2004, S. 250 ff. und Clement et al. 2007, S. 198–220).

Im Unterschied zur Absatzprognose ist die Analyse eines *Produktlebenszyklus* deutlich langfristiger angelegt und dient der Weiterentwicklung des gesamten Produktprogramms eines Medienunternehmens. Damit stellt die Lebenszyklusanalyse ein wichtiges strategisches Instrument der Produktpolitik dar. Der Produktlebenszyklus beschreibt idealtypisch die Umsatzentwicklung eines Produktes über die Zeit. Ein beispielhafter Produktlebenszyklus ist in Abbildung 2.12 für eine Zeitschrift dargestellt.

Die Entwicklungsphase bildet den ersten Teil im Lebenszyklus der Zeitschrift. Den Startpunkt markiert dabei die Idee für eine neue Zeitschrift – z. B. eine neue Zeitschrift zum Thema Tennis. Im Rahmen einer Produkt-Neuentwicklung wird in der Folge die Idee sukzessive in ein neues Angebot überführt, d. h. aus der ersten Produktidee wird die neue Zeitschrift zum Thema Tennis, die zum Abschluss der Entwicklungsphase am Markt eingeführt wird. Bis zur Markteinführung der neuen Tenniszeitschrift sind dem Verlag schon erhebliche Kosten für die Entwicklung der Zeitschrift entstanden. In der Grafik wird dieser Umstand durch die negativen Deckungsbeiträge (Erlöse minus zurechenbare Kosten, vgl. Kap. 4.1.3.4) in der Entwicklungsphase deutlich.

Mit der Markteinführung beginnt der Verkauf der Zeitschrift. Es erfolgt entsprechend der Wechsel von der Entwicklungs- zur Marktphase, die vom Markteintritt bis zur Eliminierung der Zeitschrift reicht. Das Unternehmen erzielt durch den Verkauf der Zeitschrift erste Umsätze. Für gewöhnlich wird davon ausgegangen, dass das neue Angebot zu Beginn eine gewisse Zeit benötigt, bis es sich am Markt etabliert und einen festen Leserkreis gewonnen hat. Aus diesem Grund sind die Kosten der Zeitschrift – vor allem durch die Marketingkosten in der Einführungsphase – noch höher als die Umsätze. Dementsprechend sind zu Beginn der Marktphase die Produktdeckungsbeiträge noch negativ.

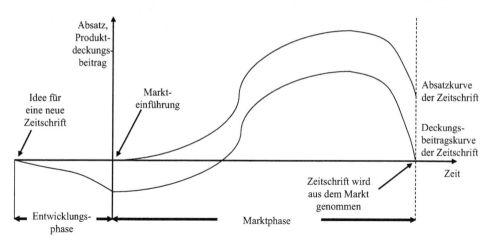

Abb. 2.12 Zeit-Absatz- und Zeitdeckungsbeitrags-Kurve am Beispiel einer Zeitschrift. (In Anlehnung an Böcker und Helm 2003, S. 279)

Eine Veränderung ergibt sich typischerweise erst mit der Etablierung der Zeitschrift und der Gewinnung von Stammkunden. Es werden jetzt erstmals positive Deckungsbeiträge erzielt. Im Laufe der Zeit veraltet eine Zeitschrift aber und entspricht nicht mehr den veränderten Ansprüchen der Kunden. In Folge dessen nehmen der Absatz sowie der damit verbundene Produktdeckungsbeitrag wieder ab. Der Verlag hat nun zu entscheiden, ob es aus seiner Sicht besser ist, die Zeitschrift vom Markt zu nehmen oder aber ob es sich lohnt, das Angebot zu überarbeiten und die Zeitschrift verändert auf dem Markt anzubieten („Relaunch"). In Abbildung 2.12 wird der Einfachheit halber unterstellt, dass es sich aus Sicht des Verlages nicht mehr lohnt, die Zeitschrift weiter zu produzieren. Aus diesem Grund wird die Zeitschrift vom Markt genommen.

2.2.2 Distributionspolitik

Der Weg des fertigen Produkts bzw. des abrufbaren Dienstes zum Kunden ist Gegenstand der Distribtionspolitik. Hier ist die direkte Distribution von der indirekten Distribution zu unterscheiden. Bei direkter Distribution stellt das Medienunternehmen sein Produkt bzw. seinen Dienst selber unmittelbar dem Kunden bereit, d. h. es übernimmt die Distribution entweder selber oder greift auf die Dienstleistungen von beauftragten Absatzhelfern (wie z. B. Logistik- oder Telekommunikationsunternehmen) zurück. Bei indirekter Distribution agieren Dienstleister zwischen Medienunternehmen und Endverbraucher auf eigenes Risiko, d. h. sie kaufen das Mediengut und verkaufen es weiter. Nachfolgend werden beide Formen der Distribution am Beispiel der Buchbranche veranschaulicht.

Sofern Bücher im Rahmen einer direkten Distribution verteilt werden, nimmt der Verlag sämtliche Leistungen selbst wahr bzw. ein von ihm beauftragter Absatzhelfer. Bran-

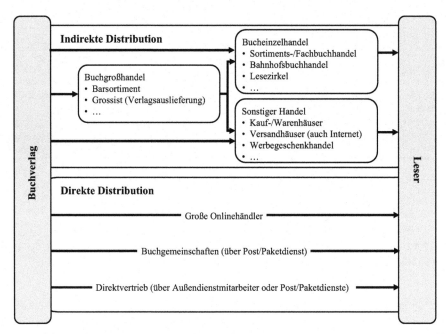

Abb. 2.13 Distributionsformen und -organe am Beispiel der Buchbranche. (In Anlehnung an Wirtz 2013, S. 300)

chentypische Ausgestaltungsoptionen sind der Verlagsversand (umfasst auch E-Commerce-Aktivitäten im Sinne eines Buchverkaufs im Internet), die Einschaltung von Buchgemeinschaften sowie der Direktvertrieb. 2012 wurden über diesen Vertriebskanal knapp 20 % des Gesamtumsatzes mit Büchern erwirtschaftet (Börsenverein 2013, S. 6 ff.). Von wesentlich größerer Bedeutung in der Buchbranche ist die indirekte Distribution. Traditionell liegt hier eine zweistufige Struktur mit Groß- und Einzelhändlern vor. In den letzten Jahren haben sich Internet-Händler wie Amazon etabliert, über die mittlerweile ein signifikanter Anteil der Distribution von Büchern erfolgt. 2012 entfielen knapp 50 % der Buchmarkt-Umsätze auf den Vertriebsweg Sortiment und gut 17 % auf den Vertriebsweg Internet (Börsenverein 2013, S. 6 ff.). Abbildung 2.13 zeigt die Distributionsstruktur der Buchbranche im Überblick.

Bei digitalen Medien können sog. Gatekeeper eine wichtige Rolle in der Distribution spielen (vgl. Matt und Hess 2012, S. 48). Prominentes Beispiel hierfür ist die Firma Apple. Um Inhalte auf den mobilen Endgeräten von Apple zu beziehen, sind die Kunden aufgrund der vorhandenen indirekten Netzeffekte gezwungen, den unternehmenseigenen iTunes Store bzw. den AppStore oder iBookStore zu verwenden. Somit können die Anbieter von Inhalten ihre Produkte ausschließlich über diese Distributionsplattformen verkaufen. Als Gegenleistung für die Bereitstellung dieser Plattformen sowie die Abwicklungen des Zahlungsverkehrs verlangt Apple eine Provision von 30 % auf den erzielten Umsatz.

2.2.3 Preispolitik

2.2.3.1 Erlösquellen für Mediengüter

Mit Blick auf die Preisgestaltung sind Medienunternehmen in einem ersten Schritt gefordert, potenzielle *Erlösquellen* zu identifizieren. Als Erlösquellen kommen wegen des doppelten Absatzmarktes insbesondere Rezipienten- und Werbemärkte in Frage. Beides sind Endverbrauchermärkte. Daneben können Medienunternehmen aber auch Erlöse aus dem Verkauf von Lizenzen und Rechten an andere Medienunternehmen erzielen. Ein Spezialfall sind ebenfalls Erlöse, die sich über Gebühren (z. B. für das öffentliche Fernsehen) oder über Subventionen (z. B. bei der Herstellung von Filmen) erzielen lassen. Abbildung 2.14 zeigt die vier genannten Erlösquellen mit einigen ausgewählten Erlösformen im Überblick.

Erlöse in Rezipientenmärkten lassen sich insbesondere durch den Zugang zu sowie die Nutzung von Inhalten erzielen. Man spricht in diesem Zusammenhang auch von direkten Erlösen bzw. Vertriebserlösen. Mit Blick auf die Nutzung von Inhalten sind transaktionsabhängige und -unabhängige Optionen zu unterscheiden, die sich z. B. im Preis für eine einzelne Zeitung oder ein bestimmtes Pay-per-View-Angebot bzw. im Abonnement einer Zeitung oder eines Pay-TV-Programms konkretisieren.

Während der Verkauf von Inhalten in den analogen Medien einen bedeutenden Teil zum Gesamtumsatz beiträgt (siehe Kap. 2.1.3.3), gestaltet sich die direkte Erlösgenerierung im Internet deutlich schwieriger – ein Problem, das allgemein unter dem Stichwort Paid Content diskutiert wird. Ursächlich für dieses Problem sind drei Entwicklungen, die mit der fortschreitenden Digitalisierung von Inhalten einher gehen (vgl. Berger und Hess

Abb. 2.14 Systematisierung der Erlösformen. (Vgl. Wirtz 2013, S. 98)

2013). Erstens stehen Medienunternehmen aus bisher getrennten Märkten (z. B. Print und Rundfunk) im Internet in direkter Konkurrenz zueinander. Aus Sicht des Nutzers besteht ein Überangebot an Inhalten im Internet, was zu einer geringeren Zahlungsbereitschaft führt. Zweitens können digitale Inhalte weniger zwingend gebündelt werden. Während Musiklabel auf einer CD mehrere Titel eines Künstlers zu einem Album zusammenfassen konnten, sind die Songs im Internet in der Regel auch einzeln erhältlich. Der zusätzliche Verkauf einzelner Titel kann die Mindereinnahmen aus dem Verkauf von Alben jedoch nicht ausgleichen. Drittens schalten sich, wie in Kap. 3.1.2.2 beschrieben, zunehmend Gatekeeper in den Vertrieb digitaler Inhalte ein und beanspruchen einen Teil der Wertschöpfung in Form von Provisionen für sich.

Bei allen Problemen bietet der Vertrieb von Inhalten über das Internet bzw. die Bereitstellung von Mediendiensten jedoch auch die Chance, Erlösmodelle zu etablieren, die zuvor nicht umsetzbar waren. Hierzu gehört das Freemium-Erlösmodell. In diesem Erlösmodell wird dem Nutzer eine Basisversion des Produkts gratis zur Verfügung gestellt. Zugleich verkauft der Anbieter auch eine Premiumvariante des Produkts. Ziel des Anbieters ist es, die Nutzer der Basisversion zum Kauf des Premiumangebots zu bewegen, sodass die Zahlungen der Premiumkunden die Kosten zur Bereitstellung des Basisprodukts kompensieren (vgl. Anderson 2009, S. 19–20). Beispiele für dieses Erlösmodell finden sich vor allem bei Musikstreamingdiensten, wie Spotify oder Simfy, und auf den Webseiten von Printmedien (z. B. bei der Washington Post). Um Kunden für ihr Premiumangebot zu gewinnen, müssen Musikstreamingdienste sicherstellen, dass die Bedürfnisse der Nutzer nicht schon durch die Basisversion gedeckt sind. Andernfalls entwickeln die Nutzer eine negative Haltung gegenüber der Premiumversion und sind weniger zahlungsbereit (vgl. Wagner et al. 2013). Anstatt dauerhaft eine funktional reduzierte Basisversion anzubieten, setzen einige Anbieter daher auf eine zeitlich begrenzte Probezeit ihrer Dienste.

Gelegentlich werden direkte Erlöse auch über Umwege erzielt, insbesondere in Form von prozentualen Erlösbeteiligungen je Nutzung eines Produkts oder einer Dienstleistung. Klassischerweise werden diese z. B. von der Verwertungsgesellschaft Wort (VG Wort) für Sprach- oder von der Gesellschaft für Musikalische Aufführungs- und mechanische Vervielältigungsrechte (GEMA) für Musikwerke erhoben. Letztere ist auch zuständig für die sog. Geräteabgabe, einem Preisaufschlag bei digitalen Speichermedien, mit dem Urheberrechte abgegolten werden sollen.

Zweite wichtige Erlösquelle für Mediengüter ist die Werbung. Die zentrale Erlösquelle manifestiert sich traditionell im Verkauf von Werberaumleistung und damit letztendlich in der Aufmerksamkeit des Nutzers. Ansatzpunkt sind hier Anzeigenpreise (in Abhängigkeit von Anzeigenformat und Farbigkeit), Spotpreise (in Abhängigkeit von der Sendelänge) oder aber über Preise pro Sichtkontakt (z. B. bei Online-Werbung). In einer neuen Variante wird der Interessent direkt auf das Angebot des Werbetreibenden weitergeleitet. Das Medienunternehmen erhält dann eine Vergütung in Abhängigkeit von der Zahl der weitergeleiteten Interessenten. Werbeerlöse sind aktuell die dominierende Erlösquelle für Radio und Fernsehen und auch für viele Internet-Dienste. Mit Einschränkungen gilt dies auch für Zeitungen und Zeitschriften

Fallbeispiel 1: Erlösquellen von Apple Inc.

Im Jahr 2001 brachte das Unternehmen Apple Computer Inc. die erste Version des portablen MP3-Players iPod auf den amerikanischen Markt (vgl. von Walter und Hess 2003). Passend dazu startete Apple zwei Jahre später den Online-Dienst iTunes Store, über den zunächst vor allem Musikdateien, mittlerweile aber auch Video-inhalte, Apps (AppStore) oder Bücher (iBook Store) legal erworben werden kön-nen. Apple tritt somit nicht mehr nur als Anbieter von Endgeräten, sondern auch als Händler auf dem Musikmarkt auf. Durch die Lizenznahme für Musikstücke von weltweit führenden Musikverlagen kann Apple Musikdateien verkaufen, ohne diese selber produzieren zu müssen. Weltweit sind derzeit mehr als 37 Mio. Musikdateien verfügbar, die für 0,69, 0,99 oder 1,29 € gekauft werden können.

Der Erfolg von Apples Strategie basiert auf der engen Verzahnung seiner Hard-ware mit dem firmeneigenen Downloadportal. Die Musikdateien können direkt vom mobilen Endgerät – anstatt des iPdos sind dies nun vor allem iPhones und iPads – aus gekauft und heruntergeladen werden. Obwohl die digitale Distribution der Musikdateien über das Internet für Apple nur geringe Kosten verursacht und dem Unternehmen immerhin ca. ein Drittel des Verkaufspreises zukommt, resultiert der Erfolg von Apple im Musikgeschäft dennoch vor allem aus dem Verkauf der Hard-ware. Im 1. Geschäftsquartal 2014 wurden weltweit über 51 Mio. iPhones, mehr als 26 Mio. iPads und knapp 1 Mio. iPods verkauft (Apple Inc. 2014). Die Umsätze aus dem Verkauf dieser drei Produktsparten betrugen 44,9 Mrd. US $ und machten damit 78 % des Gesamtumsatzes (57,6 Mrd. US $) aus. Die Umsätze für den iTunes Store (inkl. Software und Services) betrugen hingegen im selben Zeitraum lediglich 4,4 Mrd. US $. Im Vergleich zum vorherigen Jahr ist der Umsatz jedoch um 19 % gestiegen.

2.2.3.2 Preisfindung bei einer Erlösquelle

Ziel der Preisfindung ist es jenen Preis zu bestimmen, der zu einem maximalen Gewinn des Unternehmens führt. Der Einfachheit halber wird zunächst der Fall betrachtet, dass für ein Mediengut nur Erlöse aus einer Quelle zu beziehen sind. Dies ist z. B. bei einem Buch der Fall. Für Bücher lassen sich in der Regel nur direkte Erlöse erzielen.

Die Preisgestaltung vollzieht sich abhängig von der Marktform (vgl. Kap. 2.1.4.1). So-fern ein Angebotsmonopol vorliegt, kann der Anbieter den Marktpreis frei bestimmen. Um den gewinnmaximalen Preis zu finden, muss man die Nachfrage in Abhängigkeit vom Preis (die sog. Preis-Absatz-Funktion) sowie die Kosten in Abhängigkeit von der Produktionsmenge (ausgedrückt in der Kostenfunktion, siehe die Erklärung beim First-Copy-Cost-Effekt) kennen. Eine Preis-Absatz-Funktion gibt an, wie viele Einheiten eines Produktes (in diesem Fall eines Buches) zu einem bestimmten Preis nachgefragt würden. Anders formuliert ist zu fragen, wieviele Kunden bereit wären, den jeweiligen Preis für das Buch zu zahlen. Die Zahlungsbereitschaft eines Rezipienten geht zurück auf das zur

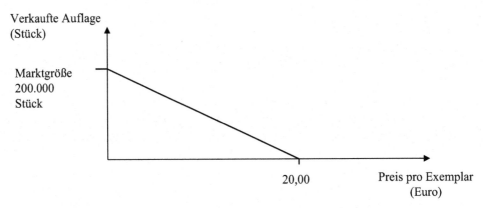

Abb. 2.15 Beispiel für eine Preis-Absatz-Funktion in einem Monopol

Verfügung stehende Budget an finanziellen Mitteln sowie auf den subjektiven Nutzen, den ein Mediengut im Einzelfall zu stiften vermag. Grundsätzlich kann davon ausgegangen werden, dass die Absatzmenge eines Mediengutes (d. h. z. B. die Anzahl der verkauften Bücher) proportional von dessen Preis abhängt (vgl. Fehl und Oberender 2002, S. 52–59).

Aus diesem Grund kann man eine lineare Preis-Absatz-Funktion annehmen, deren Verlauf in Abbildung 2.15 beispielhaft veranschaulicht wird. Abbildung 2.16 beschreibt eine Situation, in der ein Buchverlag bei einem Preis von $p=0$ eine Menge von $x=200.000$ Büchern absetzt (bzw. verschenkt), bei $p=20$ hingegen gilt $x=0$. Mathematisch lässt sich diese Preis-Absatz-Funktion folgendermaßen formulieren:

$$x = 200.000 - 10.000 * p$$

Um herauszufinden, welche Wirkung nun eine Preiserhöhung auf die Lesermarktumsätze hat, ist es erforderlich, den Zusammenhang zwischen dem Umsatz U dem Preis p und der Absatzmenge x als Formel auszudrücken:

$$U = x * p$$
$$U = (200.000 - 10.000 * p) * p$$
$$= 200.000 * p - 10.000 * p^2$$

Mit Blick auf die anfallenden Kosten sei eine lineare Kostenfunktion unterstellt: Die fixen, mengenunabhängig anfallenden Kosten K_f für das Erstellen der First Copy betragen bei dem Buchverlag 50.000 €. Darüber hinaus verursacht jedes weitere abgesetzte Buch zusätzliche Kosten in Höhe von 5 €. Diese Kosten werden auch als variable Kosten k_v bezeichnet. Für den Buchverlag ergibt sich also die Kostenfunktion (Abb. 2.16)

$$K = 50.000 + 5 * x$$

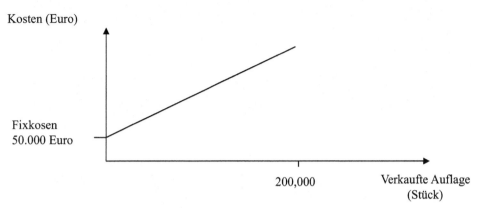

Abb. 2.16 Beispiel für eine Kostenfunktion

Der Gewinn G bezeichnet die Differenz zwischen Umsatz U und den Kosten K, also

$$G = U - K.$$
$$= 200.000 * p - 10.000 * p^2 - (50.000 + 5 * x)$$
$$= 200.000 * p - 10.000 * p^2 - 50.000 - 5 * (200.000 - 10.000 * p)$$
$$= 250.000 * p - 10.000 * p^2 - 1.050.000$$

Dazu wird die Gewinnfunktion als Differenz aus der Preis-Absatz-Funktion und der Kostenfunktion gebildet. Das Gewinnmaximum lässt sich ermitteln, indem man p für x einsetzt und dann die erste Ableitung nach p für G'(p)=0 berechnet (außerdem muss im Gewinnmaximum G''(p)<0 gelten).

Mit Blick auf das obige Beispiel lässt sich feststellen, dass der maximale Gewinn 512.500 € beträgt, dieser läßt sich mit einem Preis von 12,50 € in Verbindung mit einer Menge von 75.000 Stück erreichen.

Nicht alle Medienunternehmen befinden sich jedoch in der vergleichsweise komfortablen Situation ein Angebotsmonopol innezuhaben. Für polypolistische Märkte wird ein Gleichgewichts- oder Marktpreis als gegeben angenommen, den ein einzelnes Unternehmen nicht beeinflussen kann. Wenn unser Verlag seinen Buchpreis höher als den Marktpreis festsetzt, kauft theoretisch keiner der Leser ein Buch. Wählt er dagegen einen Preis unterhalb des Marktpreises, so kann er theoretisch so viele Bücher verkaufen wie er drucken kann (also bis zur Kapazitätsgrenze). Deshalb muss er seine Kapazitäten an der Nachfrage bei gegebenem Marktpreis ausrichten. Man spricht in diesem Zusammenhang auch von einem *Mengenanpasser* (vgl. Fehl und Oberender 2002, S. 13).

Abb. 2.17 Indirekte Netz-
werkeffekte auf zweiseitigen
Märkten. (Vgl. Dewenter 2007,
S. 7)

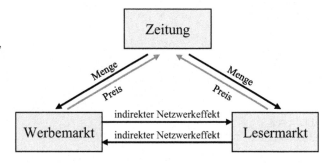

2.2.3.3 Preisfindung bei zwei Erlösquellen

Nun wird der Fall betrachtet, dass sich für ein Mediengut Erlöse aus zwei Quellen erzielen lassen, so z. B. bei einer Zeitung. Dafür wird zu der Annahme eines Monopolmarktes zurückgekehrt, in dem das Unternehmen die Preise frei bestimmen kann. Wie in Kap. 2.2.1.2 dargestellt, ist diese Annahme für zahlreiche lokale und regionale Zeitungsmärkte gerechtfertigt. Im Gegensatz zu Buchverlagen, erzielen Zeitungsverleger sowohl auf dem Rezipienten- als auch auf dem Werbemarkt Erlöse. Dies ist vor allem deshalb relevant, da die Erlösquellen nicht unabhängig voneinander sind, sondern sich gegenseitig beeinflussen. Man spricht in diesem Zusammenhang auch von *zweiseitigen Märkten*, die sich durch indirekte und zweiseitige Netzwerkeffekte auszeichnen (vgl. für die Medienbranche Dewenter 2007, S. 6). Abbildung 2.17 verdeutlicht diesen Zusammehang.

Um diese Effekte darzustellen, müssen die Preis-Absatz-Funktionen beider Märkte miteinander verknüpft werden. Der Copypreis der Zeitung sei mit p und die verkaufte Auflage mit x bezeichnet. Hinzu kommen der Anzeigenpreis r und das Anzeigenvolumen s (gemessen in Seiten). Die Variable a gibt die Größe des jeweiligen Marktes (den Absatz bei einem Preis von p = 0) und die Variable b die Neigung der Preis-Absatz-Funktion (um wie viele Einheiten sinkt der Absatz bei einer Preiserhöhung um eine Einheit) an. Würde man beide Märkte unabhängig voneinander betrachten, lauteten die beiden Preis-Absatz-Funktionen:

$$x = a_{Rez} - b_{Rez} * p$$

$$s = a_{Wer} - b_{Wer} * r$$

Nun wird zusätzlich davon ausgegangen, dass sich die Absatzmenge x auf dem Rezipientenmarkt auf die Absatzmenge s auf dem Werbemarkt auswirkt und umgekehrt. Dafür beschreibe die Variable d die Stärke des Netzwerkeffekts, der vom Werbemarkt auf den Lesermarkt ausgeht, und die Variable g die Stärke des Netzwerkeffekts vom Lesermarkt auf den Werbemarkt. Da der Nutzen einer Anzeige für den Werbekunden steigt, je mehr Leser die Anzeige sehen, ist g positiv. Aus Sicht eines Lesers können zusätzliche Werbeanzeigen sowohl wünschenswert sein, da sie Informationen über Produkte und besondere Angebote enthalten, als auch störend wirken. Variable d kann deshalb sowohl positiv als auch negativ ausgeprägt sein. Für die Preis-Absatz-Funktionen auf dem Werbe- und Le-sermarkt ergeben sich folgende Funktionen:

$$x = a_{Rez} - b_{Rez} * p + d * s$$

$$s = a_{Wer} - b_{Wer} * r + g * x$$

Anhand dieser Funktionen läßt sich auch die Wirkungsweise der sog. Anzeigen-Auflagen-Spirale verdeutlichen (vgl. Heinrich 2010, S. 240–242; Dewenter 2007). Steigt die Zahl der Leser x, so nimmt auch das Werbevolumen s zu, was wiederum zu einer Absatzstei-gerung im Rezipientenmarkt führt. Natürlich können ebenso sich fortsetzende, negative Entwicklungen entstehen. Die Netzwerkeffekte haben zur Folge, dass Preise von Mono-polisten in zweiseitigen Märkten deutlich von Preisen in einfachen Monopolmärkten ab-weichen. Das Verhältnis von Anzeigen- und Copypreisen wird im Wesentlichen durch die Stärke der Effekte bestimmt. Nimmt man einen starken Effekt des Rezipientenmarkts auf den Werbemarkt und einen schwächeren Effekt des Werbemarkts auf den Rezipienten-markt an ($g < d$), so ergeben sich geringe Copy- und hohe Anzeigenpreise.

2.2.3.4 Preisdifferenzierung

Bei den vorangegangenen Überlegungen zur Nutzung der Zahlungsbereitschaft als Aus-gangspunkt für eine Preisfestlegung wurde implizit davon ausgegangen, dass alle Rezi-pienten dieselbe Zahlungsbereitschaft aufweisen. Dies ist aber eher unrealistisch. Statt-dessen ist die Zahlungsbereitschaft der einzelnen Rezipienten häufig sehr unterschiedlich, sodass Medienunternehmen verschiedene Preise für Mediengüter durchsetzen können, ohne dass entsprechende Produktionskostenunterschiede vorliegen. Das grundsätz-liche Ziel einer solchen *Preisdifferenzierung* ist es hierbei, jedem Kunden das Produkt zu genau jenem Preis zu verkaufen, welchen er maximal dafür zu zahlen bereit ist (vgl. Kap. 3.1.2.1). Die im Folgenden erläuterten Grundformen der Preisdifferenzierung nach Pigou (vgl. Pigou 1924) werden in Medienunternehmen in konkrete Anwendungsformen der Preis- und auch Produktdifferenzierung umgesetzt, die ebenfalls vorgestellt werden.

Diese Idealform der Preisdifferenzierung (Preisdifferenzierung 1. Grades) ist in der Praxis mit beträchtlichen Schwierigkeiten verbunden, da einerseits die Zahlungsbereit-schaft eines individuellen Kunden ermittelt und der entsprechende Preis ihm gegenüber auch durchgesetzt werden muss – auch wenn das Internet eine Direktansprache von Kun-den deutlich vereinfacht hat. Zudem reagieren Kunden oft verärgert, wenn sie feststellen, für ein identisches Produkt einen höheren Preis gezahlt zu haben als andere Kunden. Die Kernidee einer Preisdifferenzierung 1. Grades zeigt Abbildung 2.18 auf.

Eine Alternative hierzu repräsentiert die Preisdifferenzierung 3. Grades, deren Kern-idee in der preislich differenzierten Behandlung von Kundengruppen liegt. Dies geschieht unter der Annahme, dass die Kunden ein und derselben Gruppe (z. B. Studenten) auch eine ähnliche Zahlungsbereitschaft aufweisen und sich von den Kunden mit einer anderen Gruppenzugehörigkeit eindeutig abgrenzen lassen. Der vom Kunden jeweils zu zahlende Preis wird also durch seine Gruppenzugehörigkeit bestimmt. Als Beispiel sei hierzu eine

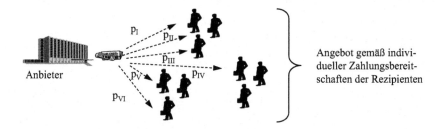

Abb. 2.18 Beispiel für eine Preisdifferenzierung 1. Grades

medizinische Fachzeitschrift betrachtet. Da sie ein hohes Ansehen bei Ärzten genießt, kann der Verlag ihnen gegenüber einen vergleichsweise hohen Preis verlangen. Für Medizinstudenten ist der Wert der Zeitschrift weniger hoch, typischerweise verfügen sie auch über geringere finanzielle Mittel. Aus diesem Grund bietet der Verlag seiner zukünftigen Kernzielgruppe ein vergünstigtes Studentenabonnement an. Ähnlich lässt sich auch ein spezieller Preis für Pharma-Vertreter finden (vgl. Abb. 2.19).

Schwierigkeiten der Preisdifferenzierung 3. Grades liegen in der Abgrenzung der relevanten Kundengruppen sowie der Vermeidung von Arbitrage. Arbitrage tritt auf, wenn ein Mitglied einer Kundengruppe das Produkt zum für diese Gruppe festgelegten Preis erwirbt (z. B. der Student die medizinische Fachzeitschrift) und an ein Mitglied einer anderen Kundengruppe weitergibt bzw. verkauft. Die vom Anbieter beanspruchte höhere Marge der zahlungskräftigeren Kundengruppe verbleibt in diesem Fall beim Kunden bzw. wird zwischen den Kundengruppen aufgeteilt.

Aufgrund dieser Schwierigkeiten entscheiden sich Medienunternehmen oftmals für eine Preisdifferenzierung 2. Grades. Hierbei werden verschiedene Versionen eines Produktes zu unterschiedlichen Preisen angeboten (beispielsweise eine Hardcover- und eine Paperback-Ausgabe eines Romans (vgl. Kap. 3.1.2.2), für welche sich Kunden dann entsprechend ihrer individuellen Zahlungsbereitschaft entscheiden. Der Kunde trifft somit nach eigenem Ermessen die Auswahlentscheidung, man spricht in diesem Fall auch von Selbstselektion von Seiten des Rezipienten (vgl. Abb. 2.20).

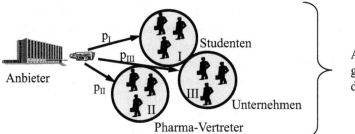

Abb. 2.19 Beispiel für Preisdifferenzierung 3. Grades

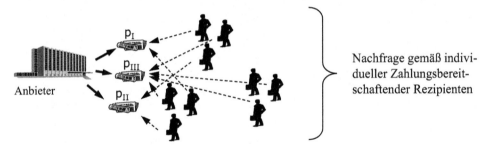

Abb. 2.20 Beispiel für Preisdifferenzierung 2. Grades

2.2.4 Kommunikationspolitik

Die Kommunikationspolitik eines Medienunternehmens zielt auf die bewusste und abgestimmte Bereitstellung von Informationen zum Zwecke einer absatzfördernden Meinungs- und Verhaltenssteuerung auf Seiten der Rezipienten. Zunächst betrachtet man die grundsätzlich zur Verfügung stehenden Kommunikationsinstrumente, durch deren Einsatz Medienunternehmen in zunehmendem Maße den Aufbau von langfristig angelegten Kundenbeziehungen anstreben (vgl. Meffert 2012, S. 93 ff.).

2.2.4.1 Absatzfördernde Kommunikationsinstrumente

Angesichts einer vielfach hohen, z. T. noch zunehmenden Wettbewerbsintensität genügt es oftmals nicht, Mediengüter gegenüber potenziellen Käufern einfach bereitzustellen und zu verteilen. Medienunternehmen sind in zunehmendem Maße gefordert, eine aktive Kommunikationspolitik in Rezipienten- und Werbemärkten zu betreiben, um Inhalte erfolgreich entlang einer Verwertungskette auswerten zu können. Diese zielt insbesondere auf den Aufbau und die Pflege einer etablierten Marke sowie eines hohen Renommees sowohl gegenüber Endkunden als auch gegenüber Absatzmittlern und -helfern. Dementsprechend berührt die Kommunikationspolitik auch preis- und distributionspolitische Teilaspekte, die sich wiederum auf den Bereich Preispolitik auswirken. Bei genauerer Betrachtung lassen sich drei Teilzielsetzungen einer aktiven Kommunikationspolitik unterscheiden:

- *Steigerung der Marken- bzw. Firmenbekanntheit*: Bei der Aufteilung ihres Medienbudgets können Rezipienten und Werbetreibende i. d. R. aus einer Vielzahl an Mediengütern von verschiedenen Anbietern auswählen. Aus diesem Grund konzentrieren sich Rezipienten und Werbetreibende im Rahmen der Produktsuche oftmals auf bekannte Marken bzw. Anbieter. Dem Aufbau einer hohen Marken- bzw. Firmenbekanntheit kommt folglich eine erfolgskritische Bedeutung zu.
- *Aufbau positiver Einstellungen und Images*: Die bloße Wahrnehmung eines Mediengutes führt noch lange nicht zu dessen Kauf. Aus diesem Grund zielt eine aktive Kommunikationspolitik durch den Aufbau positiver Einstellungen und Images darauf ab, eine grundsätzliche Konsum- bzw. Werbeabsicht sicherzustellen. Aus kommunikationspoli-

tischer Sicht findet zunehmend auch die Kooperationsbereitschaft von Absatzmittlern (insb. die des Zwischenhandels) Beachtung.

- *Positionierung des Produktes als attraktives Angebot*: Die Wahrnehmung eines Mediengutes durch Rezipienten und Werbetreibende sowie das Vorliegen einer Konsumbzw. Werbeabsicht können als Voraussetzung für eine konkrete Kaufhandlung verstanden werden. Durch die Sicherstellung von Aktualität, das Auslösen von Emotionen und/oder die Vermittlung von Informationen kann eine günstige Positionierung des Mediengutes erreicht werden, die das Zustandekommen solch einer Kaufhandlung begünstigt bzw. konkret auslöst.

Medienunternehmen bedienen sich verschiedener Kommunikationsinstrumente, um die oben formulierten Teilzielsetzungen einer aktiven Kommunikationspolitik zu erreichen. Als besonders relevante Kommunikationsinstrumente sind Öffentlichkeitsarbeit, Werbung, Direktmarketing, Verkaufsförderung, persönlicher Verkauf und Zusatzdienste hervorzuheben:

- *Öffentlichkeitsarbeit*: Öffentlichkeitsarbeit, auch Public Relations genannt, zielt nicht auf eine direkte Beeinflussung des Kaufverhaltens, sondern auf eine Verbesserung des Unternehmensimages und seiner Produkte im Bewusstsein der Öffentlichkeit. Zu diesem Zweck werden im Medienbereich z. B. Spendenaktionen durchgeführt, Stiftungen gegründet oder Preisverleihungen veranstaltet (Oscar-Verleihung, MTV Awards etc.). Ziel dieser Tätigkeiten ist in der Regel eine positive Darstellung in der Medienberichterstattung. Mittlerweile bieten sich soziale Netzwerke als Kanal für eine direkte Ansprache von Rezipienten an. Die Unternehmenskommunikation ist in diesem Fall nicht mehr auf die Medien als Sprachrohr für die zu vermittelnden Botschaften angewiesen.
- *Werbung*: Werbung bezeichnet jede bezahlte Form der nicht-persönlichen Präsentation von Produkten, die auf eine direkte Beeinflussung des Kaufverhaltens zielt. Als Werbeträger stehen dem Medienunternehmen neben (ggf. eigenen) Mediengütern u. a. auch Plakate zur Verfügung. Werbung auf dem Rezipientenmarkt ist häufig eher emotional gestaltet (Imagewerbung), auf dem Werbemarkt hingegen eher rational (Beschreibung von Reichweiten, Zielgruppen etc.).
- *Direktmarketing*: Direktmarketing zielt anders als Werbung auf eine Ansprache ausgesuchter Personen. Beide Kommunikationsinstrumente gleichen sich jedoch darin, dass eine direkte Beeinflussung des Kaufverhaltens angestrebt wird. Zu diesem Zweck nutzen Medienunternehmen Postsendungen, Telefonanrufe, sowie sonstige nicht-persönliche Kommunikations- und Kontaktmittel. Hierzu zählen auch die Mobile Push-Dienste, wie beispielsweise SMS, die den Rezipienten direkt auf dessen Mobiltelefon erreichen.
- *Verkaufsförderung*: Durch Verkaufsförderung werden kurzfristige Anreize zum Kauf eines Mediengutes geschaffen. Aus diesem Grund kommt ihr grundsätzlich eine unterstützende Funktion in Bezug auf Werbung und Direktmarketing zu. Das Angebot eines

Probe-Abonnements (häufig bei Zeitungen und Zeitschriften) bildet ein Beispiel für Verkaufsförderung im Medienbereich.

- *Persönlicher Verkauf*: Der persönliche Verkauf kann als direkteste Form zur Beeinflussung des Kaufverhaltens verstanden werden. Hierbei handelt es sich um ein persönliches Verkaufsgespräch mit einem oder mehreren potenziellen Käufern, durch das auf einen konkreten Verkaufsabschluss hingewirkt wird. Anzeigenverkäufer von Zeitungen und Zeitschriften bemühen sich z. B. häufig um einen solchen, direkten Kontakt zu ihren großen Werbekunden.
- *Zusatzdienste*: Zusatzdienste, die teilweise Content anbieten, der über das herkömmliche Produktportfolio des Medienunternehmens hinausgeht, können ebenfalls als Kommunikationsinstrument verwendet werden. Dazu zählen z. B. das Preisvergleichsportal billiger.de der ProSiebenSat.1 Media AG oder auch die Bestsellerliste des SPIEGELs.

Neben den direkt von Medienunternehmen gestaltbaren Kommunikationsinstrumenten ist auch die Meinung von Kritikern eine Form der Kommunikation, mit der die Rezipienten über Mediengüter und deren Qualität informiert werden. Der Einfluss von Kritikern auf den Absatz von Mediengütern ist allerdings nicht immer eindeutig. Eine Studie in der Buchbranche konnte beispielsweise empirisch nachweisen, dass sowohl positive als auch negative Kritiken einen positiven Einfluss auf den Erfolg eines Buches haben. Selbst schlecht besprochene Bücher verkaufen sich also besser als solche, die gar nicht besprochen werden (vgl. Clement et al. 2006). Neben der Meinung von Kritikern gewinnen Produkt- oder Anbieterbewertungen von Kunden im Internet an Bedeutung. So zeigen Marktstudien, dass Kundenbewertungen unter potenziellen Käufern eine höhere Glaubwürdigkeit genießen als traditionelle Werbeformen (vgl. Nielsen 2013). Zugleich stehen die Betreiber von Produktbewertungsportalen vor der Herausforderung, gefälschte Bewertungen herauszufiltern.

Dem Einsatz der oben angeführten Kommunikationsinstrumente liegen oftmals spontane Kundenkontakte zugrunde. Zunehmend zielen Medienunternehmen jedoch auch auf den Aufbau langfristig ausgelegter Kundenbeziehungen, um Erlös- und Gewinnziele besser erreichen zu können.

2.2.4.2 Aufbau langfristiger Kundenbeziehungen

Die Bindung von Kunden, d. h. der Aufbau einer langfristig ausgelegten Geschäftsbeziehung zwischen Unternehmen und Kunden, ist eine der bedeutendsten Herausforderungen im Rahmen der Vermarktung. Ihr gegenüber steht der auf einzelne Transaktionen fokussierte schnelle Abschluss von Geschäften, in dessen Rahmen möglichst viele neue Kunden gewonnen werden sollen. Im letzteren Fall stehen oft Fragen, wie „wer liefert am billigsten oder am schnellsten" im Mittelpunkt, während bei einer langfristig ausgelegten Geschäftsbeziehung eher Aspekte wie Zuverlässigkeit, Qualität und Kontinuität im Vordergrund stehen.

Der Aufbau einer langfristigen Geschäftsbeziehung kann aus Unternehmenssicht als Investition betrachtet werden. Diese Investition ist insbesondere dann sinnvoll, wenn mit der Akquisition von Neukunden hohe Kosten verbunden sind. Oftmals ist es in diesem Falle vorteilhafter, bestehende Kunden zu binden und zum wiederholten Kauf zu bewegen als fortlaufend neue Kunden zu akquirieren. Insbesondere im Internet sind Medienunternehmen häufig gezwungen, die hohen Kosten der Kundenakquisition durch wiederkehrende Geschäfte mit diesen Kunden zu decken. Das Vorliegen wiederkehrender Geschäfte manifestiert langfristig ausgelegte Kundenbeziehungen, die üblicherweise mit einer deutlich höheren Kundenloyalität einhergehen. Mit Blick auf Zeitungen wird häufig auch von einer *Leser-Blatt-Bindung* gesprochen (vgl. Kap. 2.2.1.1).

Um Kunden am Wechsel zu alternativen Anbietern zu hindern, bauen Medienunternehmen häufig Barrieren in Form von Wechselkosten („*Switching Costs*") auf. Wechselkosten entstehen für den Kunden z. B. durch zeitlichen Aufwand beim Aufbau eines Kontaktes oder durch Kündigungsfristen bei Verträgen. Das Anfallen eines zeitlichen Aufwandes geht hierbei oftmals auf das Anzeigen von Konsumpräferenzen zurück, deren Kenntnis eine Bereitstellung individualisierter Mediengüter ermöglicht. Anders als klassische Mediengüter, deren Erzeugung und insbesondere Bündelung jeweils auf ein vergleichsweise anonymes Massenpublikum ausgerichtet ist, besteht der Kerngedanke der Individualisierung darin, ein auf die persönlichen Interessen einzelner Rezipienten abgestimmtes Mediengut anzubieten. Dazu ist es neben der üblichen Erzeugung von Inhalten notwendig, die individuellen Konsumpräferenzen der Rezipienten entweder durch direkte Befragung oder durch Beobachtung (bspw. im Rahmen eines Online-Angebotes) zu ermitteln. Die Erhebung der individuellen Konsumpräferenzen vollzieht sich somit im direkten Kontakt mit dem Rezipienten. Da die Bereitstellung eines individuell gebündelten Mediengutes zusätzlichen Nutzen stiftet, der nicht ohne Weiteres auch von anderen Anbietern erbracht werden kann, steigen aus Sicht des Kunden die Wechselkosten. Diese Wechselkosten begünstigen eine höhere Kundenloyalität bzw. eine zeitlich gesehen längere Beziehung, die das Abschöpfen von zusätzlichen Erlöspotenzialen begünstigt. Die Bindung von Kunden an ein Unternehmen durch hohe Wechselkosten wird als *Lock In* bezeichnet.

2.3 Produktion in Medienunternehmen

2.3.1 Produktionsfaktoren

Will man sich einen ersten Überblick über die Produktion in einem Unternehmen oder in einer Branche verschaffen, dann muss man auf die Struktur des Produktionsprozesses und die in diesen Prozess einfließenden Faktoren schauen. Zur Systematisierung der in einen Produktionsprozess einfließenden Faktoren liegen eine Vielzahl von Vorschlägen vor. Am bekanntesten ist die Systematik von Gutenberg (vgl. Gutenberg 1983), der zwischen elementaren und dispositiven Faktoren unterscheidet. Hier wird dieser Ansatz aufgegriffen und die elementaren Faktoren werden weiter ausdifferenziert (siehe auch Grau 2008).

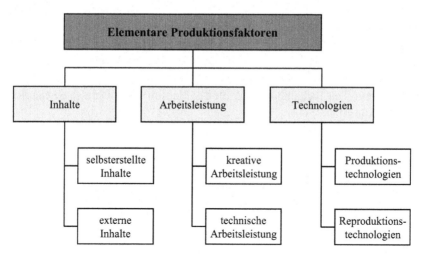

Abb. 2.21 Elementare Produktionsfaktoren für Medienunternehmen. (In Anlehnung an Grau 2008)

Betrachtet werden zunächst die traditionellen Medienunternehmen, die Publisher und Broadcaster (vgl. Kap. 1.3.2). Für die Erstellung ihres Produkts (im Falle von Print) bzw. ihrer Dienstleistung (im Falle des Rundfunks) benötigen Publisher und Broadcaster neben Mitarbeitern bestimmte Maschinen (zunächst Druckereien und analoge Kommunikations-netze, heute digitale Informations- und Kommunikationstechnologien) sowie Inhalte. Da-raus lassen sich die drei Produktionsfaktoren Inhalte, Arbeitsleistung und Technologien ableiten (siehe Abb. 2.21).

Bezüglich des Produktionsfaktors *Arbeitsleistung* kann man zwischen kreativer und technischer Arbeitsleistung unterscheiden. Während unter kreativen Arbeitsleistungen beispielsweise das Formulieren eines Textes oder das Entwickeln einer Software zu ver-stehen ist, beziehen sich technische Arbeitsleistungen auf den Umgang mit entsprechen-den Technologien.

Ein weiterer wichtiger Produktionsfaktor sind *Technologien*. Vereinfachend können diese Systeme in Produktionstechnologien – also der technologischen Unterstützung im Rahmen der Erzeugung und Bündelung von Inhalten – und Reproduktionstechnologien – also der technologischen Infrastruktur im Rahmen der Distribution der Inhalte – unterteilt werden. Als Produktionstechnologien kommen heute ganz überwiegend digitale Techno-logien, z. B. in der Form von Content Management Systemen (vgl. Kap. 3.3.1.3) oder digitalen Kameras, zum Einsatz. Die Reproduktion erfolgt heute sowohl digital als auch mit analogen Technologien, wie etwa Druckmaschinen.

In Medienunternehmen werden nicht zuletzt Inhalte benötigt. Diese können entweder selbst erstellt werden, wie z. B. ein Beitrag im Radio oder ein Kommentar in der Zeitung, oder von externen Produzenten eingekauft werden, wie es im Privatfernsehen häufig der Fall ist.

Betrachtet man anstatt eines Publishers oder Broadcasters einen Plattformbetreiber, zeigt sich, dass die Produktionsfaktoren zwar im Kern dieselben sind, die Technologie jedoch eine besondere Rolle spielt. Aus der Definition des Plattformmodells ergibt sich bereits, dass Inhalte in der Regel extern erstellt und dann über die Plattform bereitgestellt werden. Entscheidend für das Erreichen einer ausreichenden Menge an inhalteproduzierenden und -rezipierenden Plattformnutzern ist die Funktionalität und Benutzerfreundlichkeit der Plattform. Die Technologie stellt für den Plattformbetreiber also einen erfolgskritischen Produktionsfaktor dar.

2.3.2 Skalenökonomien in Medienunternehmen

In Kap. 2.1.3.6 wurde bereits auf die starke Stückkostendegression in Medienunternehmen hingewiesen. Dies wird nachfolgend noch etwas vertieft (vgl. im Überblick Grau 2008).

Economies of Scale bezeichnen ganz generell Kostenvorteile durch die Massenproduktion eines einzelnen Produkts. Kostenvorteile in der Form sinkender Stückkosten stellen sich hierbei ein, indem die Ausbringungsmenge eines Produktes erhöht wird. Zu unterscheiden ist zwischen kurzfristigen und langfristigen Betrachtungen.

In *kurzer Frist* handelt es sich um eine Fixkosten- bzw. Beschäftigungsdegression. Beispielsweise kauft ein Buchverlag eine Druckmaschine, deren Anschaffungskosten als Fixkosten zu charakterisieren sind. Durch Auslastung der Maschine bis zur Kapazitätsgrenze können die fixen Kosten auf eine steigende Stückzahl umgelegt werden, was zur fallenden fixen Stückkostenkurve führt. Treten *Economies of Scale* in langer Frist auf, dann liegt eine Verfahrens- bzw. Betriebsgrößendegression vor. Beispielsweise konnte durch die Einführung des mechanischen Buchdrucks die Produktion automatisiert werden. Höhere Anschaffungskosten führten zwar zu höheren fixen Stückkosten, aber die variablen Stückkosten ließen sich vor allem in Form von Personalkosten verringern. Bei hinreichend großer Produktionsmenge verlief die Stückkostenkurve des mechanischen Buchdrucks somit unterhalb der bisherigen Stückkostenkurve.

Bei *Economies of Scope* handelt es sich um Kostenvorteile durch die aufeinander abgestimmte Produktion mehrerer Produkte. Economies of Scope liegen immer dann vor, wenn die Kosten einer gemeinsamen Produktion zweier oder mehrerer Güter geringer sind als die Kosten einer separaten Produktion dieser Güter.

Kostenvorteile in der *kurzen Frist* resultieren hierbei aus der gleichzeitigen Nutzung von Produktionsfaktoren in verschiedenen Produkten. Wird eine Druckmaschine während der Woche zur Produktion einer Tageszeitung und am Wochenende zur Produktion einer Sonntagsausgabe eingesetzt, so können die Anschaffungskosten auf eine steigende Stückzahl umgelegt werden. Genauso realisiert man Econmies of Scope, wenn z. B. ein Textbaustein sowohl in einem Internet-Angebot als auch in einer Print-Ausgabe genutzt wird. Kostenvorteile in der *langen Frist* entstehen hingegen dadurch, dass vorhandene Produktionsfaktoren genutzt werden, um neue Produkte zu erstellen bzw. in neue Märkte einzutreten, während die Produktion bestehender Produkte teilweise oder gänzlich eingestellt wird. Kostenvorteile ergeben sich dabei zum einen aus einer Reduktion der Gründungsinvestitionen für den neuen Markt und zum anderen in Form sinkender fixer Stückkosten, da die Anschaffungskosten auf die Ausbringungsmenge eines alten Produkts in der Vorperiode und eines neuen Produkts in der aktuellen Periode verteilt werden können.

2.3.3 Ökonomie modulbasierter Produktion in Medienunternehmen

Für Medienunternehmen der ersten Generation spielt die Wiederverwendung einmal erster Inhalte(-teile) eine wichtige Rolle – oft können sie nur so mehrere Medien gleichzeitig bedienen (vgl. Schulze und Hess 2003, S. 49). Dabei stellen sich sowohl auf der Marktseite als auch auf der Produktionsseite eine Reihe wichtiger und komplexer Fragen. Nachfolgend wird vertieft auf die Produktionsseite eingegangen (vgl. Hilkert und Hess 2011).

Dazu wird angenommen, dass ein Medienunternehmen Inhalte in Form von in sich geschlossenen Einheiten (Modulen) produziert, um diese später in vermarktbaren Produkten bzw. Diensten zu bündeln und anzubieten. Jedes der N Produkte eines Medienunternehmens setzt sich aus einer bestimmten Anzahl M_m (m = 1 … M) an Modulen zusammen, die speziell für das jeweilige Produkt entwickelt werden. In Abbildung 2.22 ist ein Beispiel dargestellt. Lässt man die Kosten für die Bündelung und die Distribution ausser Acht (weil diese durch modulbasierte Produktion nicht verändert werden), so setzen sich die Gesamtkosten K für die Erstellung aller Module dieses Unternehmens aus den Kosten für die Erstellung aller Module für alle Produkte zusammen. Die Kosten für die Erstellung ergeben sich damit wie folgt:

$$K = \sum_{n=1}^{N} K_n = \sum_{n=1}^{N} \sum_{m=1}^{M} K_{nm}$$

Abb. 2.22 Modulare Medienproduktion ohne Produktplattform. (Vgl. Hilkert und Hess 2011, S. 5)

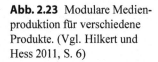
Abb. 2.23 Modulare Medien-
produktion für verschiedene
Produkte. (Vgl. Hilkert und
Hess 2011, S. 6)

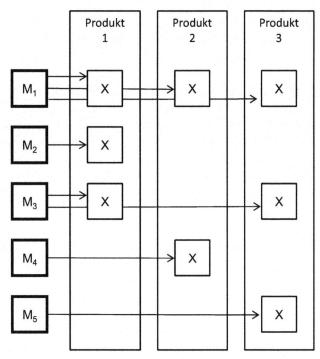

Mittels einer modularen Produktion lässt sich unter Umständen eine Reduktion der Erstellungskosten ereichen. Nach diesem aus der Automobilbranche stammenden Konzept
werden Modulbausteine in mehr als einem Produkt verwendet. Erforderlich ist dafür allerdings der Aufbau einer technischen Plattform, mit der sich die Zusammenführung der
Module in unterschiedlichen Produkten technisch unterstützen lässt. Abbildung 2.23 zeigt
ein Szenario, in dem die Module M_{11}, M_{21}, und M_{31} sowie M_{13} und M_{33} inhaltlich identisch
sind und daher nicht für jedes Produkt produziert werden müssen.

In der Kostenanalyse sind die Anschaffung der Plattform und alle damit verbundenen
Kosten K_p zu berücksichtigen. Des Weiteren enstehen Produktionskosten K_e (e = 1 … E)
für alle E inhaltlich verschiedenen Module. Da die Module in unterschiedlichen Produkten verwendet werden, fallen zudem Integrationskosten für jedes der N Produkte an, die
mittels des Durchschnittskostensatzes K_I pauschaliert einbezogen werden. Die Gesamtkosten K ergeben sich aus:

$$K = K_P + \sum_{e=1}^{E} (K_e) + N * K_I$$

Ob die Gesamtkosten der Erstellung der Inhalte durch die Einführung einer Produktplattform sinken, hängt davon ab, ob die Einsparungen aus der Produktion der Module die
Anschaffungs- und Integrationskosten übersteigen.

Tab. 2.5 Beispiel für die Herstellungskosten von Modulen

Dokumentation 1: Nationalparks in Südafrika	Kosten für die Erstellung des Moduls
Afrika, Land und Leute	5 GE
Übersicht Nationalparks	6 GE
Spezieller Lebensraum für Tiere	6 GE
Safaris – Jagd auf die Big 5	6 GE
Veränderungen durch Jagdtourismus	4 GE
Dokumentation 2: Die Tierwelt Afrikas	
Afrika, Land und Leute	5 GE
Löwe und Leopard	6 GE
Elefant, Nashorn und Büffel	7 GE
Safaris – Jagd auf die Big 5	6 GE
Veränderungen durch Jagdtourismus	4 GE

Zur Illustration des dargestellten Kostenkalküls soll dieses im Folgenden im Rahmen eines Beispiels angewandt werden. Im Mittelpunkt steht eine Produktionsgesellschaft für Dokumentarfilme. Das Unternehmen hat bislang einen Fernseh- und einen Kinofilm über die Natur in Afrika produziert. Die Filme wurden unabhängig voneinander gedreht. Bislang wurde keine Plattform eingesetzt. Tabelle 2.5 listet die Produktionskosten der einzelnen Module auf.

Anhand der oben vorgestellten Formel für die Produktionskosten ohne Verwendung einer Plattform lassen sich diese nun für N = 2 Filme je n = 5 Module berechnen:

$$K = \sum_{n=1}^{N} \sum_{m=1}^{M} K_{nm} = (5+6+6+6+4)+(5+6+7+6+4) = 55 GE$$

Da sich die Dokumentationen inhaltlich überschneiden, ist zu prüfen, ob die Einführung einer Plattform ökonomisch sinnvoll ist, schließlich müssten nur noch D = 7 inhaltlich verschiedene Module produziert werden. Die Plattform anzuschaffen würde allerdings einmalig 15 GE kosten. Zudem wäre die Erstellung formatneutraler Module um 20 % teurer als die formatgebundener Module. Hinzu kämen Integrationskosten von K_I = 2 GE pro Produkt. Daraus ergeben sich folgende Gesamtkosten für die Erstellung der Dokumentationen unter Verwendung einer Plattform, wobei sich die Inhaltsgleichheit der Module aus gleichem Namen ergibt:

$$K = K_P + \sum_{e=1}^{E} (K_e) + N * K_I$$
$$= 15 + ((5+6+6+6+4)+(6+7)) * 1,2 + 2*2 = 67 GE$$

Demnach würde die Einführung einer Plattform die Erstellungskosten in diesem Fall erhöhen und nicht – wie erhofft – senken. Das Beispiel verdeutlicht nochmals den Trade-off zwischen sinkenden Kosten für die Modulerstellung – ohne Plattform 55 GE, mit Plattform 48 GE – und den zusätzlichen Kosten für die Anschaffung der Plattform und die Integration der Inhalte – in diesem Fall 19 GE.

2.4   Aufgaben zu Kap. 2

1. Was versteht man unter dem Begriff des „doppelten Marktes"? Nennen Sie zwei Beispiele sowie zwei Ausnahmen.
2. Wie zeigt sich die Nicht-Rivalität im Konsum bei Musik-CDs?
3. Was versteht man unter Netzeffekten? Wie lassen sich Netzeffekte hinsichtlich ihrer Auswirkung auf eine Person eines Netzwerkes untergliedern? Nennen Sie Beispiele.
4. Wie können Medienunternehmen Netzeffekte zu ihrem Vorteil nutzen?
5. Warum sinken die Stückkosten mit steigender Produktionsmenge?
6. Welche Möglichkeiten staatlichen Regulierens gibt es? Nennen Sie zwei Beispiele.
7. Welchen Nutzen bieten Fachzeitschriften ihrer Leserschaft? Welchen Nutzen bieten diese Zeitschriften außerdem ihren Werbekunden?
8. Nennen und beschreiben Sie Kriterien zur Abgrenzung von Zielgruppen für Mediengüter.
9. Welche Produktmerkmale könnte ein Fernsehsender verwenden, um ein Nachrichtenmagazin zu positionieren?
10. Welche Haupterlösquellen stehen Medienunternehmen im Allgemeinen zur Verfügung?
11. Ein Verlag, der eine Lokalzeitung produziert und dort über ein Monopol verfügt, möchte seine Lesermarktumsätze erhöhen, indem er den Preis der Zeitung verringert. Mit welchen Effekten auf den Gesamtumsatz kann der Verlag rechnen? Beschreiben Sie die Effekte qualitativ und begründen Sie diese.
12. Erläutern Sie die Wechselwirkungen zwischen Werbe- und Verkaufserlösen einer Zeitschrift.
13. Kann ein Fernsehsender auch das Instrument der Preisdifferenzierung einsetzen?
14. Beschreiben Sie die wesentlichen Instrumente, die Medienunternehmen zur Kommunikation mit den Abnehmern zur Verfügung stehen.
15. Was versteht man unter einer „Marke"? Warum ist die Markenbildung für Medienunternehmen so wichtig?
16. Vergleichen Sie die Produktlebenszyklen eines Films und einer Tageszeitung.
17. Erläutern Sie mit Hilfe einer Grafik den Begriff „First Copy Costs" und überlegen Sie, inwieweit dieser bei modulbasierter Produktion noch gilt.
18. Ein werbefinanzierter Fernsehsender möchte seinen Zuschauermarktanteil weiter steigern. Zu diesem Zweck zieht er in Erwägung, treue Zuschauer über ein Bonusprogramm zu belohnen. Wie könnte ein derartiger Ansatz konkret aussehen?

Literatur

Anderson, C. (2009). *Free – The future of a radical price*. New York: Hyperion.

Apple Inc. (2014). Q1 2014 unaudited summary data. http://images.apple.com/de/pr/pdf/q1fy14datasum.pdf. Zugegriffen: 13. Feb. 2014.

Arrow, K. J. (1971). *Essays in the theory of risk-bearing*. Chicago: Markham Pub. Co.

Berger, B., & Hess, T. (2013). Das Paid-Content-Problem. *MedienWirtschaft: Zeitschrift für Medienmanagement und Medienökonomie, 10* (3), (S. 10–14).

Böcker, F., & Helm, R. (2003). *Marketing* (7. Aufl.). Stuttgart: Lucius & Lucius.

Börsenverein des Deutschen Buchhandels e. V. (2013). *Buch- und Buchhandel in Zahlen*. MVB Marketing Verlagsservice.

Clement, M. (2004). Erfolgsfaktoren von Spielfilmen im Kino – Eine Übersicht der empirischen betriebswirtschaftlichen Literatur. *Medien & Kommunikationswissenschaft, 52* (2), (S. 250–271).

Clement, M., Proppe, D., & Sambeth, F. (2006). Der Einfluss von Meinungsführern auf den Erfolg von hedonischen Produkten – Eine empirische Analyse der Wirkung des Literarischen Quartetts auf den Bucherfolg. *Zeitschrift für Betriebswirtschaft, 76* (7/8), (S. 797–824).

Clement, M., Christensen, B., Albers, S., & Guldner, S. (2007). Was bringt ein Oscar im Filmgeschäft? Eine empirische Analyse unter Berücksichtigung des Selektionseffekts. *Zeitschrift für betriebswirtschaftliche Forschung, 59* (3), (S. 198–220).

Dewenter, R. (2007). Das Konzept der zweiseitigen Märkte am Beispiel von Zeitungsmonopolen. *MedienWirtschaft: Zeitschrift für Medienmanagement und Kommunikationsökonomie, Sonderheft „Theoriebezüge von Medienökonomie und Medienmanagement"*, (S. 6–14).

van Eimeren, B., & Ridder, C. M. (2011). Trends in der Nutzung und Bewertung der Medien 1970 bis 2010. *Media Perspektiven*, (1), (S. 2–15).

FAZ, Frankfurter Allgemeine Zeitung GmbH. (1999). *Zielgruppe: Kluge Köpfe* (5. Aufl.). Frankfurt a. M.

Fehl, U., & Oberender, P. (2002). *Grundlagen der Mikroökonomie* (8. Aufl.). München: Franz Vahlen.

Gilder, G. (1993). Metcalfe's law and legacy. http://www.forbes.com/asap/gilder/telecosm4a.htm. Zugegriffen: 16 März 2004.

Grau, C. (2008). *Kostendegression in der digitalisierten Medienproduktion: Eine Neukonzeption des First Copy Cost-Effekts*. München: Dr. Kovač.

Grau, C., & Hess, T. (2007). Kostendegression in der digitalen Medienproduktion: Klassischer First Copy Cost-Effekt oder doch mehr? *MedienWirtschaft: Zeitschrift für Medienmanagement und Kommunikationsökonomie, Sonderheft „Theoriebezüge von Medienökonomie und Medienmanagement"*, (S. 26–37).

Gutenberg, E. (1983). *Grundlagen der Betriebswirtschaftslehre – Band. 1: Die Produktion*. Berlin: Springer.

Heinrich, J. (2010). *Medienökonomie Bd. 1: Mediensystem, Zeitung, Zeitschrift, Anzeigenblatt* (3. Aufl.). Wiesbaden: VS Verlag für Sozialwissenschaften.

Hennig-Thurau, T., & Dallwitz-Wegner, D. (2003). Zum Einfluss von Filmstars auf den ökonomischen Erfolg von Spielfilmen, Arbeitspapier Nr. 2, Professur für Marketing und Medien, Bauhaus-Universität Weimar, Weimar.

Hilkert, D., & Hess, T. (2011). Zur Effizienz von Produktplattformen in der Medienindustrie, Arbeitsbericht des Instituts für Wirtschaftsinformatik und neue Medien Nr. 1/2011, LMU München, München.

Katz, M., & Shapiro, C. (1985). Network externalities, competition and compatibility. *American Economic Review, 75* (3), (S. 424–440).

Katz, E., Blumler, J. G., & Gurevitch, M. (1974). Utilization of mass communication by the individual. In J. G. Blumler & E. Katz (Hrsg.), *The uses of mass communication: Current perspectives on gratifications research* (S. 19–32). London.

Kruse, J. (1996). Publizistische Vielfalt und Medienkonzentration zwischen Marktkräften und politische Entscheidungen. In K.-D. Altmeppen (Hrsg.), *Ökonomie der Medien und des Mediensystems* (S. 25–52). Opladen: Westdeutscher Verlag.

Ludwig, J. (1996). Preise, Kosten und Gewinne. Zur Betriebswirtschaft von Medienunternehmen: Das Beispiel DER SPIEGEL. In K.-D. Altmeppen (Hrsg.), *Ökonomie der Medien und des Mediensystems* (S. 81–99). Opladen: Westdeutscher Verlag.

Ludwig, J. (2002). Redaktion + Shopping: Ein innovatives Konzept für die Zukunft? In C. F. Altobelli (Hrsg.), Print contra Online? *Verlage im Internetzeitalter* (S. 127–151). München: R. Fischer.

Matt, C., & Hess, T. (2012). Gatekeeper in der digitalen Medienwelt. *MedienWirtschaft: Zeitschrift für Medienmanagement und Medienökonomie, 9* (3), (S. 48–51).

Meffert, H. (2012). *Marketing: Grundlagen marktorientierter Unternehmensführung* (11. Aufl.). Wiesbaden: Gabler.

Musgrave, R. A. (1959). *The theory of public finance: A study in public economy*. New York: McGraw-Hill.

Nielsen. (2013). Under the influence, consumer trust in advertising. http://www.nielsen.com/us/en/newswire/2013/under-the-influence-consumer-trust-in-advertising.html. Zugegriffen: 15. Okt. 2013.

Pigou, A. C. (1924). *The economics of welfare (2. Aufl.)*. London: Macmillan.

PricewaterhouseCoopers. (2005). *German entertainment and media outlook: 2005–2009*. Frankfurt a. M.

PricewaterhouseCoopers. (2013). *German entertainment and media outlook: 2013–2017*. Frankfurt a. M.

Röper, H. (2012). Zeitungsmarkt 2012: Konzentration erreicht Höchstwert. *Media Perspektiven,* (5), (S. 268–285).

Schulz, W. (1996). Recht im Widerstreit: Regulierung der Medienwirtschaft durch Recht. In K.-D. Altmeppen (Hrsg.), *Ökonomie der Medien und des Mediensystems* (S. 221–236). Opladen: Westdeutscher Verlag.

Schütz, W. J. (2012). Deutsche Tagespressse 2012. *Media Perspektiven* (11), (S. 570–593).

Schulze, B., & Hess, T. (2003). Mehrfachnutzung von Inhalten als Synergie-Ansatz in der Medienindustrie: Ökonomische und technologische Grundlagen von derzeit bekannten Varianten, Arbeitspapiere des Instituts für Wirtschaftsinformatik und Neue Medien, LMU München, Nr. 4/03, München.

Seufert, W. (1999). Auswirkungen der Digitalisierung auf die Entwicklung der Medienmärkte. In M. Schumann & T. Hess (Hrsg.), *Medienunternehmen im digitalen Zeitalter: Neue Technologien – neue Märkte – neue Geschäftsansätze* (S. 109–122). Wiesbaden: Gabler.

Siegert, G. (2003). *Medien, Marken, Management: Relevanz, Spezifika und Implikationen einer medienökonomischen Profilierungsstrategie* (2. Aufl.). München: Fischer.

Silberer, G. (1999). Möglichkeiten und Trends in der Online-Werbung. In M. Schumann & T. Hess (Hrsg.), *Medienunternehmen im digitalen Zeitalter: Neue Technologien – neue Märkte – neue Geschäftsansätze* (S. 177–199). Wiesbaden: Gabler.

Sjurts, I. (2005). *Strategien in der Medienbranche* (3. Aufl.). Wiesbaden: Gabler.

Vogel, A. (2012). Publikumszeitschriften 2012: Kaum Anteilsverschiebungen im rückläufigen Markt. *Media Perspektiven,* (6), (S. 317–338).

von Walter, B., & Hess, T. (2003). iTunes Music Store: Eine innovative Dienstleistung zur Durchsetzung von Property-Rights im Internet. *Wirtschaftsinformatik, 45* (5), (S. 541–546).

Wagner, T., Benlian, A., & Hess, T. (2013). The advertising effect of free – Do free basic versions promote premium versions within the freemium business model of music services? *Proceedings of the 19th Americas Conference on Information Systems (AMCIS)* Chicago, IL.

Wirtz, B. (2013). *Medien- und Internetmanagement* (8. Aufl.). Wiesbaden: Gabler.

Wöhe, G., & Döring, U. (2013). *Einführung in die Allgemeine Betriebswirtschaftslehre* (25. Aufl.). München: Vahlen.

Zerdick, A., Picot, A., Schrape, K., Artopé, A., Goldhammer, K., Heger, D. K., Lange, U. T., Vierkant, K. E., López-Escobar, E., & Silverstone, R. (2001). *Die Internet-Ökonomie – Strategien für die digitale Wirtschaft* (3. Aufl.). Berlin: Springer.

Die ressourcenorientierte Perspektive

3

3.1 Vermögensgegenstände als Ressource

3.1.1 Grundlagen

3.1.1.1 Typen von Vermögensgegenständen

Vermögensgegenstände eines Medienunternehmens sind zentrale, werthaltige Objekte oder Rechte, die dem Unternehmen so zur Verfügung stehen, dass aus ihnen dauerhaft Werte geschöpft werden können. Die Vermögensgegenstände sind zu einem erheblichen Teil wirtschaftliche Basis eines Medienunternehmens.

Vermögensgegenstände stiften dem Medienunternehmen nur Nutzen, wenn es die *Verfügungsrechte* an ihnen hat. Das Vorhandensein von Verfügungsrechten ist zentrale Voraussetzung dafür, mit den Vermögensgegenständen überhaupt wertschöpfend arbeiten zu können. Neben Anlagegegenständen, wie z. B. der Ausstattung eines Fernsehstudios, können dieses auch Rechte an Bildern, Texten oder Videos sein. Die Theorie der Verfügungsrechte (Property Rights) ist Bestandteil der Neuen Institutionenökonomie und unterscheidet die folgenden Verfügungsrechte:

- Usus umfasst das Recht, ein Objekt zu benutzen: Ein Buchverlag darf ein erworbenes Foto eines Fotografen in einen Bildband integrieren.
- Abusus umfasst das Recht, das Objekt zu hinsichtlich Substanz, Standort oder Aussehen zu verändern. Ein Buchverlag wird ein Foto ggf. in der Größe zurechtschneiden, nur einen Ausschnitt präsentieren oder gar editieren. Diese Art von Recht wird gerade im künstlerischen Bereich von den Urhebern oftmals eingeschränkt.
- Usus fructus umfasst das Recht, die Erträge zu behalten, die sich aus einer kommerziellen Nutzung des Objekts ergeben. Ein Buchverlag erhält den Erlös aus dem Bildband und darf diesen behalten, gleichwohl wird der Urheber des Fotos sich das Einräumen dieses Rechts bezahlen lassen.

© Springer-Verlag Berlin Heidelberg 2014
M. Schumann et al., *Grundfragen der Medienwirtschaft,* Springer-Lehrbuch,
DOI 10.1007/978-3-642-37864-5_3

- Ius abutendi umfasst das Recht, das Objekt zu veräußern. Ein Buchverlag könnte das Foto seinerseits als singuläres Objekt weiterverkaufen. Eine solche Spielart entspricht in der Regel nicht dem Zweck einer Rechtetransaktion, da Medienunternehmen typischerweise nicht als Wiederverkäufer erstandener Waren agieren. Ein Spezialfall entsteht, wenn das ganze Unternehmen oder ein bestimmter Geschäftsbereich veräußert werden soll. Wertvoll ist das Unternehmen für den Käufer nur dann, wenn Rechte an Vermögen vorhanden sind und diese in die Verkaufsmasse auch eingehen. Als Beispiel für einen solchen Prozess kann der Verkauf etlicher Printtitel von Springer an die Funke Gruppe im Juli 2013 dienen.

3.1.1.2 Arten von Vermögensgegenständen

In Medienunternehmen existieren zwei grundsätzliche Arten von Vermögensgegenständen:

Erstens sind *materielle* Vermögensgegenstände zu identifizieren. Als spezifische materielle Vermögensgegenstände eines Medienunternehmens sind Sachanlagen anzuführen, die eine kritische Infrastruktur für das Geschäft darstellen. Zu nennen sind hier die Ausstattungen von Studios von Fernsehsendern, Radiosendern oder Musikproduzenten, die Anlagen in Druckereien im Besitz von Verlagen oder Renderfarmen von Animationsstudios. Bei Medienunternehmen als Plattformbetreiber sind hier Serverinfrastrukturen zu nennen, wenn diese vom Plattformbetreiber selber aufgebaut, erworben und betrieben werden.

Zweites sind in Medienunternehmen *immaterielle* Vermögensgegenstände vorhanden. Sie zeichnen sich dadurch aus, dass sie bilanzrechtlich oftmals schwer erfassbar sind (vgl. Kap. 4.1.2.1), da sich das in ihnen innewohnende Vermögen nicht am Materialwert messen lässt. Bei der Identifikation dieser Vermögensgegenstände muss zwischen Medienunternehmen als Publisher und Broadcaster einerseits und Medienunternehmen als Plattformbetreiber andererseits unterschieden werden.

Der zentrale immaterielle Vermögensgegenstand von Publishern und Broadcastern ist der erzeugte und mit Property Rights ausgestattete Inhalt. Er fließt in verschiedene Medienprodukte ein. Ein traditioneller Zeitschriftenverleger erstellt aus seinen Inhalten beispielsweise eine gedruckte Zeitung, spielt sie über das stationäre sowie mobile Internet oder mit Hilfe von Apps auf die elektronischen Endgeräte der Leser und erstellt aus ausgewählten Artikeln ein Magazin zu einem Spezialthema. Die erstellten Inhalte werden in Medienunternehmen seit Anbeginn sehr sorgfältig archiviert. Viele nur in analoger Form vorliegende Inhalte werden heute oftmals digitalisiert, um die Inhalte an allen Mitarbeiterarbeitsplätzen in digitaler Form zugänglich zu machen.

Plattformbetreiber erzeugen selber keine Inhalte. Ihre zentrale immaterielle Ressource ist die Logik der Plattform, die sich in funktionstüchtigen Algorithmen manifestiert. Diese verdichten sich zu Softwarefunktionen, über die sich ein Teil des Nutzens der Plattform entfaltet. Für diese Art von Medienunternehmen sind Mitarbeiter mit ganz anderem Know-how erforderlich als dieses für traditionelle Medienunternehmen der Fall ist. Fundierte Kenntnisse in der Entwicklung von Software, den Möglichkeiten der Auswertung von Datenbeständen und ein Gespür für neu aufkommende Technologien sind vonnöten (vgl. Kap. 3.2 und 3.3).

Für beide Arten von Medienunternehmen stellen die „Rezipienten" bzw. die „Nutzer" einen immateriellen Vermögensgegenstand dar. Viele Publisher und Broadcaster erlösen einen Teil ihrer Umsätze mit Werbeeinnahmen. Die Rezipienten bzw. der kommunikative Zugang zu ihnen ist wertvoll in Bezug auf die Attraktivität des erzeugten Mediums für Werbetreibende. Der redaktionell erstellte Inhalt, mit dem Attraktivität eines Mediums für den Rezipienten erzeugt wird, kann als Transportvehikel für die platzierten Werbebotschaften aufgefasst werden (vgl. Kap. 2.1.3.3). Plattformbetreiber sind für Werbetreibende durch ihren Zugang zu Nutzern attraktiv. Nutzer können hier allerdings anhand ihrer Profile oder ihres Verhaltens auf der Plattform sehr viel passgenauer als Zielperson für die Werbebotschaft ausgewählt werden, als dieses bei Medien der Massenkommunikation der Fall ist. Somit ist nicht mehr zwingend der Inhalt als Vehikel für den zielgerichteten Transport der Werbebotschaft anzusehen, sondern die Daten, die Nutzer auf den Plattformen hinterlassen.

Ein weiterer immaterieller Vermögensgegenstand ist die Reputation eines Medienunternehmens. Reputation wird in der Theorie bereits seit längerem als eine Ressource mit Potenzial zum Erzeugen von Wettbewerbsvorteilen identifiziert. Bei traditionellen Medienunternehmen spielt die Reputation eine Rolle in Bezug auf die publizistische Qualität der erzeugten Inhalte. Sie manifestiert sich für Rezipienten und Werbetreibende vor allem in der Marke des Medienprodukts, dem Namen des Medienunternehmens oder manchmal dem Namen des Autors oder Journalisten, über den Informationen zu Wertigkeit, Richtung, Arbeitsweise, Anspruch etc. transportiert werden. Für Plattformbetreiber ist Reputation vor allem in Bezug auf den Umgang mit den Daten (Name, Mailadresse, Geburtsdatum etc.) sowie den Inhalten der Nutzer (Rezensionstexte, Bilder, Videos) von Bedeutung.

3.1.2 Gestaltungsfelder des Managements von Vermögensgegenständen

3.1.2.1 Crossmedia-Management

Crossmedia-Strategien sind eine Spielart der Mehrfachnutzung von Inhalten. Einmal erstellte Inhalte werden hierbei zeitlich parallel in verschiedenen Medienkanälen bereitgestellt. Ein in Buchform aufbereiteter Text wird z. B. als Buch gedruckt und als E-Book in digitaler Form in verschiedenen Dateiformaten angeboten. Crossmedial bereitgestellte Inhalte werden durch das Medienunternehmen, welches den Inhalt erzeugt hat, mehrfach verwertet, indem der Eigenvertrieb ausdifferenziert wird (Stadlbauer et al. 2003, S. 2 ff.). Davon abzugrenzen ist die Lizensierung eines Inhaltes an andere Medienunternehmen, welche die Inhalte in verschiedenen, z. B. nach Regionen abgegrenzten Medien einsetzen dürfen (Content Syndication). Wesentliches Kennzeichen einer Crossmedia-Strategie ist somit die Produktion von Varianten. Ziel dieses Vorgehens ist es, eine universelle

Nutzbarkeit des Inhalts zu erreichen und diesen in einem Rezipientenmarkt möglichst breit zu platzieren sowie auf verschiedenen Endgeräten nutzbar zu machen (Hagenhoff 2012, S. 231). Damit ist es für ein Medienunternehmen erforderlich, möglichst viele Formate für unterschiedliche Distributionsplattformen und Endgeräte zu erzeugen, um nicht Rezipientengruppen systematisch auszuschließen.

Ein zentraler Gestaltungsbereich im Rahmen einer Crossmedia-Strategie betrifft den Aspekt der Autarkie bzw. Integration der verschiedenen Medienkanäle (Wirtz 2013, S. 848). Im Medienunternehmen ist diesbezüglich zu entscheiden, ob die Kanäle isoliert oder koordiniert gesteuert werden. Im Falle einer isolierten Steuerung kann jeder Medienkanal als ein eigenständiges Produkt oder ein eigenständiger Geschäftsbereich aufgefasst werden, zwischen den Bereichen kann zu einem gewissen Grad Konkurrenz herrschen. Der in den verschiedenen Kanälen angebotene Inhalt muss nicht vollumfänglich deckungsgleich sein. So enthält SPIEGEL-ONLINE zwar Artikel des gedruckten SPIEGEL, darüber hinaus aber auch weitere Beiträge, die sich in ihrer publizistischen Ausrichtung von der des gedruckten Magazins deutlich unterscheiden. Die Fallstudie „SPIEGEL" (vgl. Kap. 3.2.2.5) verdeutlicht die Herausforderungen, die mit kanalspezifischen Profilen und dem Management der so positionierten Medienprodukte verbunden sind. Umgekehrt müssen nicht zwingend alle Inhalte des einen Kanals in einem anderen verwertet werden. Ein Beispiel hierfür ist die Wochenzeitung „Die Zeit", welche in ihrem Online-Kanal nur ausgewählte Beiträge aus dem Printwerk bereitstellt. Im Falle einer koordinierten Steuerung liegt keine geschäftsfeldbezogene, unternehmensinterne Konkurrenz zwischen den Kanälen vor, sodass die Varianten aus Sicht des Rezipienten untereinander prinzipiell austauschbar sind und lediglich der konkrete Anwendungsfall die Auswahl einer Alternative durch den Rezipienten determiniert. Eine spezifische Herausforderung ergibt sich im Bereich der crossmedialen Verwertung der Inhalte von öffentlich-rechtlichen Rundfunk- und Fernsehsendern. Diese Medienunternehmen bzw. ihr Aktionsspielraum unterliegt relativ strengen Regulierungen (vgl. Kap. 2.1.4.2). Der 12. Rundfunkänderungsstaatsvertrag regelt im Rahmen des Drei-Stufen-Tests die sog. Telemedienangebote der Rundfunk- und Fernsehanstalten und greift in die crossmedialen Verwertungsmöglichkeiten direkt ein, indem z. B. Vorgaben zum Entfernen von Inhalten aus dem Internet nach einer definierten Zeitspanne gemacht werden („Depublikation").

Ein weiterer Gestaltungsbereich betrifft den operativen Umgang mit den Varianten. Zum einen gilt es, zu den erzeugten Varianten bzw. Ausgabeformaten Metadaten zu verzeichnen, aus denen hervorgeht, welcher Inhalt in welchem Ausgabeformat ausgespielt werden und wann er ggf. wieder depubliziert werden muss. Auch muss sichergestellt werden, dass unterschiedliche Ausgabeformate eines Inhalts funktionstüchtig sind und vom Kunden mit seiner Technologie auch genutzt werden können. Dieses betrifft z. B. die Auslieferung von Inhalten in plattformabhängigen Apps oder spezifischen Dateiformaten, wie es bei E-Books der Fall ist. Häufig sind umfangreiche Test erforderlich, um sicherzustellen, dass der Inhalt überhaupt so ausgeliefert werden kann, dass er die Nutzenerwartung des Rezipienten bedient bzw. den Umsetzungsanforderungen des Erzeugers entspricht. Darüber hinaus müssen Veränderungen am originären Inhalt in alle erzeugten Formate übertragen werden. Eine Korrektur oder Ergänzung am redaktionell erstellen Inhalt muss in allen Kanälen nachgezogen werden. Ein automatisierter Prozess ist für die effiziente Produktion und Verwaltung der entstehenden Nutz- und Metadaten unabdingbar (Hagenhoff 2012, S. 232).

Der dritte Bereich betrifft die unmittelbare Produktgestaltung. Das crossmediale Publizieren zielt auf unterschiedliche Medienkanäle ab, was dazu führen kann, dass Inhalte nicht mehr in der Form beim Rezipienten ankommen, die der Erzeuger im Zuge einer bewussten Produktgestaltung vorgesehen hatte. Als Beispiel kann hier die Typografie eines Buches angeführt werden. Bei gedruckten Büchern ist dies eine Eigenschaft, in die Verlage oftmals große Anstrengungen investieren, um Texte wohlgesetzt und lesefreundlich ausliefern zu können. Dieses betrifft z. B. die Schriftart oder den Zeilen- und Seitenumbruch. E-Book-Dateiformate wie EPUB oder das Amazon-spezifische Format für Kindle realisieren eine dynamische Anpassung der Textform an die Größe des Bildschirms des Lesegeräts, zudem kann der Leser eine andere Schriftart auswählen. Das Gestaltungselement „Typografie" entzieht sich somit bei einigen Produktvarianten der Kontrolle des inhalteerzeugenden Medienunternehmens. Wird ein Produkt als ein Bündel von Eigenschaften aufgefasst, so ist beim crossmedialen Publizieren festzuhalten, dass sich zum einen der Eigenschaftsraum erweitert: Aufgrund unterschiedlicher physischer Beschaffenheiten bringen Varianten des Produkts neue Eigenschaften mit, über die das bisherige Medienprodukt nicht verfügt hat. So muss die digitale Variante eines Lesemediums technisch funktionstüchtig sein und sollte nicht abstürzen, was als Eigenschaft bei gedruckten Medien entfällt. Zum anderen ergeben sich neue Ausprägungsformen vorhandener Eigenschaften, wie das Typografie-Beispiel zeigt. Ist das gedruckte Werk durch eine wohlgestaltete Typografie gekennzeichnet, eine Eigenschaft, die einen hohen Stellenwert im Eigenschaftsbündel aufweist, verfügt das digitale Lesemedium unter Umständen über eine einfachere Ausprägung dieses gestalterischen Elements, welches zudem ggf. für einige Rezipienten einen geringeren Stellenwert gegenüber anderen Eigenschaften aufweist.

3.1.2.2 Management von Verwertungsketten

Eine weitere Spielart der Mehrfachnutzung von Inhalten liegt darin, Inhalte in verschiedenen Verwertungsfenstern zu platzieren. Im Gegensatz zur crossmedialen Nutzung werden die Inhalte nicht zeitgleich, sondern zeitlich nacheinander im Markt positioniert und damit in Versionen ausdifferenziert. Ziel ist es, Produkte so auszudifferenzieren, dass unterschiedliche Zahlungsbereitschaften optimal abgeschöpft werden können. Hierzu muss der Rezipientenmarkt in Teilmärkte segmentiert werden, auf denen sich unterschiedliche Präferenzen niederschlagen. Die Teilmärkte definieren das jeweilige Verwertungsfenster (window of opportunity), mehrere Verwertungsfenster hintereinander ergeben eine Verwertungskette. Am Beispiel der Filmwirtschaft soll dieses Prinzip verdeutlicht werden: Ein neuer Film wird zunächst im Kino abgespielt (Verwertungsfenster 1), anschließend als Video für die Nutzung zu Hause bereitgestellt (Verwertungsfenster 2), danach im Pay-TV gezeigt (Verwertungsfenster 3) und schließlich im Free TV (Verwertungsfenster 4). Auch in anderen Bereichen der Medienwirtschaft werden Inhalte bzw. Produkte versio-

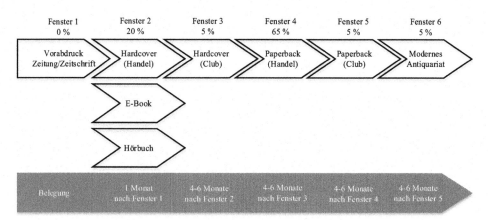

Abb. 3.1 Verwertungskette am Beispiel des Buchmarktes

niert, um Verwertungsfenster auszunutzen. Bücher erscheinen z. B. oftmals zunächst als Hardcover, dann als Softcover (Broschur) und anschließend als Taschenbuch (Paperback). Abbildung 3.1 (vgl. Hess et al. 2003) zeigt eine Verwertungskette für Bücher mit geschätzten Umsatzbeiträgen pro Verwertungsfenster. In der Pressewirtschaft ist es üblich, bereits publizierte Artikel themenfokussiert zu einem Spezialmagazin zusammenzustellen. Denkbar ist es auch, dass Inhalte über die Zeit in andere mediale Formen einfließen. Zeitungsbeiträge können z. B. zu Büchern zusammengestellt werden. So geschieht es z. B. häufiger mit Comics, die zunächst als Strip in Tageszeitungen erscheinen, anschließend in einem Sammelband zusammengefasst und danach verfilmt werden.

Die über die Zeit positionierten Versionen unterscheiden sich zum einen durch den unterschiedlichen Bereitstellungszeitpunkt. Zum anderen weisen Versionen aber auch divergente Eigenschaften in Bezug auf die materielle Beschaffenheit oder den Umfang der bereitgestellten Inhalte auf. So unterscheiden sich Bücher in der beschrieben Verwertungskette durch ihre materielle Qualität sowie Größe. Kinofilme werden für das Fernsehen oftmals nachbearbeitet und gekürzt (vgl. Hennig-Thurau und Dallwitz-Wegner 2003). Alle Eigenschaften zusammen (zeitliche wie physische und quantitative Eigenschaften) erlauben es, für die jeweilige Version unterschiedliche Preise zu setzen. Dahinter steht die Idee, dass Rezipienten unterschiedliche Präferenzen hinsichtlich der Eigenschaften eines Gutes haben, welche sich auch in unterschiedlichen Zahlungsbereitschaften niederschlägt (vgl. Kap. 2.2.3.4). So ist das Hardcover in seiner hochwertigen Ausstattung deutlich teurer als ein Taschenbuch. Lesergruppen, denen diese Eigenschaft wichtig ist, und die auf den Inhalt nicht lange warten wollen, honorieren diese Eigenschaften (materielle Qualität, frühzeitiger Zugang zum Inhalt): „Die Gestaltung der Abfolge dieser „opportunity-windows" [...] geschieht nach dem Prinzip der sukzessiven Abschöpfung der Exklusivitätsrendite mittels degressiver Preisgestaltung für den Endverbraucher" (Zerdick et al. 2001, S. 66 f.).

Das Konzept erfüllt seinen Nutzen hinsichtlich der Zielfunktion der Gewinnmaximierung allerdings nur dann, wenn die Kosten, die bei der Ausprägung von Produktversionen entstehen, unterproportional steigen, sodass aus zusätzlichem Umsatz abzüglich zusätzlicher Kosten immer noch ein Gewinn und nicht ein Verlust geschrieben werden kann.

Hinsichtlich des Managements der Verwertungskette sind aus Sicht der Unternehmensführung mehrere Gestaltungsbereiche zu identifizieren:

Erstens gilt es, die Anzahl und Art an Verwertungsfenstern zu identifizieren und festzulegen. Hierzu ist der Gesamtmarkt zu segmentieren. Dazu werden Rezipienten mit gleichen oder ähnlichen Präferenzen zu Gruppen zusammengefasst, für die spezifische Versionen des Medienguts angeboten werden. Die Verwertungsketten der etablierten Medien sind Ergebnis langjähriger Erfahrung und Gewohnheiten und heute oftmals nur noch schwer revidierbar. Im Falle der Filmwirtschaft sind die Verwertungsketten in Deutschland sogar gesetzlich geregelt. Das Filmförderungsgesetz legt die Art der Verwertungsfenster sowie ihre Dauer fest. Diese Institutionalisierung macht es schwer, auf Änderungsbedarfe zu reagieren und neue Geschäftsmodelle auf Basis neuer Technologien zu erproben. Die EU-Kommissarin für die Digitale Agenda, Neelie Kroes, hat 2012 gefordert, dass der Zugang zu Filminhalten im Internet für Rezipienten einfacher werden müsse, wofür die Verwertungskette überdacht werden müsse (Kroes 2012).

Zweitens gilt es, die Laufzeit eines jeden Verwertungsfensters festzulegen. Verwertungsfenster, die zu dicht aufeinander folgen, kannibalisieren sich, da der Rezipient nur kurze Zeit auf die preisgünstigere Version warten müsste. Zu lange Fenster weisen die Gefahr auf, dass der Rezipient den Inhalt als nicht mehr aktuell genug und damit nicht mehr begehrenswert einstuft. Hierbei spielt die Beschaffenheit des Erzählstoffes eine große Rolle: während zeitlose Romane oftmals auch nach vielen Jahren noch verkäuflich sind, sind Kino-Blockbuster nach einem Nachfragepeak nah an der Erstveröffentlichung oftmals kaum noch interessant.

Drittens muss für jede Version eine Entscheidung hinsichtlich des zu setzenden Preises getroffen werden. Der Rezipient bewertet den Preis einer Version in Bezug auf das Nutzenversprechen, welches wiederum maßgeblich von den Eigenschaften des Angebots abhängt. Das Schätzen von Zahlungsbereitschaften ist eine schwierige Aufgabe, die oftmals auf langjähriger Erfahrung beruht und eher heuristisch denn empirisch gesichert vonstatten geht. Welche Produkteigenschaften in welchen Ausprägungsformen welchen Rezipienten wichtig sind, ist oftmals nicht bekannt. Eine sich verändernde Umwelt, die zu neuen Produkteigenschaften oder neuen Ausprägungsformen führt (E-Book anstelle des Papierbuchs), macht es notwendig, mit neuen Angeboten zu experimentieren. Ein solcher Prozess ist z. B. bei der Frage zu beobachten gewesen, wie hoch der Preis für ein E-Book angesetzt werden soll. Die Buchbranche hat sich eingependelt auf „wenige Euro unterhalb des günstigsten gedruckten Werks". Preissetzungsentscheidungen finden dabei nicht nur mit Blick auf das Eigenschaftsbündel des zu bepreisenden Produktes statt, sondern auch immer in Bezug auf das Preissetzungsverhalten der Konkurrenten, sodass eine strategische Situation sozialen Handelns vorliegt. Spieltheoretisch könnte modelliert werden, ob sich einzelne Akteure mit ihren Preissetzungsstrategien erheblich von den Branchenusancen lösen könnten oder ob dieses systemimmanent nicht eintreten wird.

Das Management von Verwertungsketten und das Ausprägen von Versionen einerseits sowie das Management von Crossmedia-Strategien (Ausprägen von Varianten) andererseits sind häufig nicht ganz trennscharf. So kann mit dem E-Book eine Variante vorliegen, welche zeitgleich mit der ersten Printversion auf den Markt gebracht wird, aber auch eine Version, bei der das E-Book bewusst zeitverzögert erst nach Einführung des neuen Titels als Hardcover lanciert wird. In beiden Fällen weist es mehrheitlich einen anderen Preis als die Printprodukte auf. Insbesondere bei einer sich verändernden Umwelt, z. B. beim Aufkommen neuer Technologien, sind die Managementbereiche ggf. neu zu justieren.

3.1.2.3 Datenschutz und Privacy-Management

Das Datenschutzgesetz reglementiert die Nutzung personenbezogener Daten. Dieses steht im Widerstreit zur möglichst individuellen Personalisierung von Medienangeboten. Traditionell orientieren sich Medienunternehmen daher nicht an einzelnen Personen sondern an Zielgruppen. Medienunternehmen sind bestrebt, ihr Angebot auf Basis dieser Informationen anzupassen und so die begrenzte Aufmerksamkeit der Rezipienten am besten zu nutzen. Hierfür greifen sie auf die Unterstützung von Marktforschungsinstituten wie die „Gesellschaft für Konsumforschung" (GfK) zurück, welche bspw. anhand von Umfragen Daten zum Mediennutzungsverhalten erheben. Hieraus können Anbieter Informationen zur Anpassung ihres Angebots ableiten.

Eine Anpassung von Mediengütern auf individueller Ebene erlaubt hingegen das Medium Internet. Durch die zweiseitige Kommunikationsstruktur des Netzes haben Anbieter erstmals die technologischen Rahmenbedingungen, um Individualdaten mit Hilfe von Informations- und Kommunikationssystemen automatisiert und damit kostengünstig zu sammeln. Dies geschieht beispielsweise durch den Einsatz von Cookies, also kleinen Textdateien, die auf der Festplatte des Nutzers gespeichert werden und dessen Surfverhalten protokollieren. Das Internet erlaubt die individuelle Ansprache von Nutzern, was bei der klassischen Massenkommunikation, wie man sie vom Rundfunk oder Printgeschäft kennt, in dieser Form nicht möglich ist. Allerdings müssen Anbieter zwischen potenziellen Chancen und Risiken bei der Verwertung von Individualdaten abwägen: So lassen sich hieraus wichtige Informationen über einzelne Onliner ableiten, womit diese gezielter angesprochen und der Nutzen des Angebots erhöht werden kann (vgl. Runte 2000). Dem stehen jedoch Datenschutzbedenken gegenüber, wenn Nutzer infolge der kommerziellen Verwertung ihrer Daten eine Beeinträchtigung der Privatsphäre befürchten. Dabei gehen mit der Detaillierung der Daten eine Erweiterung der Verwertungsmöglichkeiten und damit eine Wertsteigerung einher, während gleichzeitig auch die Datenschutzbedenken steigen können.

Für klassische Publisher und Broadcaster ermöglichen Individualdaten vor allem eine Personalisierung redaktionell-zentrierter Inhalte. Mit Hilfe unterschiedlicher technologischer Lösungen lassen sich automatisiert Empfehlungen erstellen (z. B. „Das könnte Sie auch interessieren!") und Inhalte an die spezifischen Bedürfnisse und Interessen eines Nutzers anpassen. Personalisierungssysteme bilden als eine spezielle Form von Empfehlungssystemen die technische Grundlage hierfür. Sie umfassen drei Arten von Datenbeständen: Erstens die Objekte (Inhalte) der Empfehlung sowie zweitens Informationen über den Nutzer und drittens Informationen über die Beziehung zwischen den Objekten und dem Nutzer. Das Ziel besteht dabei in einem möglichst passenden Matching der Objekte mit den Nutzern, also bspw. die Empfehlung eines konkreten Zeitungsartikels oder das Ranken und/oder Selektieren von Nachrichtenbeiträgen entsprechend individueller Präferenzen. Angesichts der Informationsflut im Internet unterstützen Personalisierungssysteme damit die Selektion von Inhalten und liefern Nutzern eine Orientierungshilfe, was die Qualität des Angebots erhöht. Gleichzeitig ist das Matching nur dann erfolgreich, wenn auf möglichst detaillierte Informationen über einen Nutzer und dessen Beziehung zu den Objekten zurückgegriffen werden kann, z. B. welche anderen Inhalte bereits rezipiert wurden oder wie eine frühere Empfehlung bewertet worden ist. Die neuere Generation von Personalisierungssystemen ist deshalb nicht nur lernfähig, indem solche Informationen vermerkt und weiterverarbeitet werden, sondern bezieht auch soziale Beziehungen der Nutzer untereinander mit ein, welche man insbesondere aus sozialen Netzwerken wie Facebook erhält. Durch die Berücksichtigung von bevorzugten Inhalten realer Freunde lässt sich die Passgenauigkeit noch weiter erhöhen. Gleichzeitig besteht jedoch die Gefahr, dass mit zunehmenden Informationen, die im Prozess der Personalisierung verarbeitet werden, auch die Datenschutzbedenken der Nutzer steigen.

Etwas anders verhält es sich bei Inhalte-Plattformen. Ihr Erfolg basiert im Wesentlichen auf der aktiven Beteiligung ihrer Nutzer, welche nicht nur als Konsumenten Inhalte rezipieren sondern diese als Produzenten auch generieren (Prosumenten oder Prozipienten). Dadurch hinterlassen sie jede Menge digitales Datenmaterial, welches einen reichhaltigen Fundus an impliziten Informationen über die Nutzer beinhaltet. Diese Informationen lassen sich durch spezielle Analysemechanismen, sog. Data Mining extrahieren. Dieser Schritt ist nicht nötig, wenn Nutzer explizite Angaben über sich selbst machen. Ein Beispiel sind Dating-Portale im Internet. Insbesondere kostenpflichtige Anbieter wie „Parship" oder „Elitepartner" ermutigen dazu, möglichst wahrheitsgetreue Informationen über die eigene Person preiszugeben, um die Traumpartnerin oder den Traumpartner zu finden. Nicht selten ist hierfür sogar das Ausfüllen eines detaillierten Persönlichkeitsfragebogens obligatorisch, der tiefe Einblicke auf zahlreiche Charaktereigenschaften gewährt. Somit ermöglichen es Inhalte-Plattformen für gewöhnlich, nicht nur sehr viele sondern auch sehr sensible Informationen über ihre Nutzer zu sammeln, welche zu aussagekräftigen Nutzerprofilen verdichtet werden können (Profiling). Mit deren Hilfe lassen sich Werbemittel gezielter aussteuern, Streuverluste vermeiden und die Erfolgschancen von Werbung erhöhen (Targeting). Neuere Verfahren versuchen sogar Werbung auf Basis individuellen Verhaltens in Echtzeit ausliefern oder Prognosen über zukünftiges Verhalten ableiten zu können. Die Plattformbetreiber stellen so Werbeflächen entsprechend hochpreisig zur Verfügung oder verkaufen ganze Profile an Dritte, um damit Erlöse zu generieren. Im Gegenzug ist die Nutzung derartiger Plattformen meist kostenlos, was wiederum dem Aufbau von Reichweite – und das bedeutet gleichzeitig ein Mehr an Daten – dient.

3.2   Personal als Ressource

3.2.1   Grundlagen

3.2.1.1   Betriebswirtschaftliche Perspektive

In der betriebswirtschaftlichen Perspektive steht die Personalwirtschaft im Fokus. Diese befasst sich zum einen mit organisationsbezogenen Aspekten der Ressource Personal und stellt Fragen nach Aufgaben, Organisationsmöglichkeiten und Instrumenten des Personalmanagements (vgl. Stock-Homburg 2013). In Bezug auf die Ablauforganisation stellt sich z. B. die Frage, wie der Prozess der Personalbeschaffung von statten geht. In Bezug auf die Aufbauorganisation ist zu fragen, welche personalwirtschaftlichen Aufgaben von welcher Abteilung im Unternehmen zu erledigen sind und wie die Personalabteilung in das Unternehmen eingebunden ist. In Bezug auf Instrumente gilt es zu überlegen, welche Mittel bei bestimmten Aktivitäten zum Einsatz kommen sollen (z. B. Assessment Center bei der Aufgaben der Personalauswahl, regelmäßige Mitarbeitergespräche bei der Aufgabe der Personalführung).

Zum anderen sensibilisiert die Personalökonomik aber auch dafür, dass personalwirtschaftliche Entscheidungen unter *Kosten-Nutzen-Gesichtspunkten* zu treffen sind. Auf der Kostenseite der Ressource Personal sind insbesondere Gehälter und Sozialabgaben, Kosten für die Beschaffung aber auch Freisetzung von Personal sowie Kosten für den Ausbau und Erhalt der Arbeitsfähigkeit zu identifizieren. Diese Seite ist in der Regel auch gut messbar (vgl. Kap. 4.1.3.2). Auf der Nutzenseite stehen die Beiträge von Mitarbeitern zu Zielen des Unternehmens sowie zu den konkreten fachlichen Aufgaben der jeweiligen Stellen. Die Möglichkeiten, diese Beiträge zu messen oder zu quantifizieren rangieren je nach Tätigkeitsgebiet und Konkretisierbarkeit der Ziele zwischen „gut messbar" (z. B. Journalist stellt seine Artikel regelmäßig pünktlich zu Redaktionsschluss fertig; Geschäftsführer hat den Marktanteil seines Magazins auf x % gehoben) und „so gut wie gar nicht messbar" (z. B. Erkennen, welches Know-how in Zukunft benötigt wird oder Maß und Bedeutung der Sozialkompetenz von Mitarbeitern). Aus dieser Diskrepanz zwischen der Transparenz über die Kosten des Personals einerseits und der oftmaligen Intransparenz über die tatsächlichen Leistungsbeiträge von Mitarbeitern entsteht ein erhebliches Spannungsfeld in Bezug auf Personalentscheidungen.

3.2.1.2   Verhaltenswissenschaftliche Perspektive

In der verhaltenswissenschaftlichen Perspektive steht der Mitarbeiter als Mensch im Fokus, welcher – auf allen Hierarchieebenen – aus unterschiedlichen Motiven unterschiedliches Verhalten zeigt. Dieses kann erklärt und idealtypischerweise auch gesteuert werden. Wie Erklärungen ausfallen und wie die Versuche von Verhaltenssteuerung von statten gehen hängt maßgeblich von dem Charakter der Menschen (Theorie der Menschenbilder) ab. Diese haben bis heute einen erheblichen Einfluss darauf, wie in einem Unternehmen Führungs- und Personalpolitik praktiziert wird, woraus sich auch die großen Unterschiede in Unternehmen beim Thema Personalpolitik erklären.

Die zentralen Aspekte des Personalmanagements aus verhaltenswissenschaftlicher Perspektive sind daher Überlegungen zu *Motivationen* sowie *Menschenbildern* (vgl. Cyert und March 1995; Simon 1997).

In Bezug auf *Motivationstheorien* wird zwischen Inhalts- und Prozesstheorien unterschieden. Inhaltstheorien zielen auf die Motivinhalte, wie z. B. Anerkennung und Selbstverwirklichung, ab. Für Unternehmen stellt sich dabei die Frage, welche Motivklassen anreizbezogen angesprochen werden sollten, um ein entsprechendes Leistungsverhalten der Mitarbeiter zu erzielen. In Medienunternehmen können z. B. tendenziell unterschiedliche Anforderungen im Redaktions- und Vertriebsbereich vermutet werden, denen es Rechnung zu tragen gilt: Bei Redakteuren spielen das Aufgabengebiet und damit verbundene Freiheiten eine besondere Rolle, während Vertriebsmitarbeiter eher monetär durch Prämien etc. zu motivieren sind. Die Prozesstheorien ergänzen die Inhaltstheorien um Informationen, wie ein Arbeitsverhalten beim Individuum ausgelöst wird. Dazu müssen bestimmte Voraussetzungen vorliegen: Der Mitarbeiter muss z. B. das ihm gesetzte Ziel auch erreichen können.

Unter *Menschenbildern* werden allgemein Grundannahmen über das Verhalten von Menschen verstanden. Dazu werden Kategorien gebildet, die bestimmte Eigenschaften und Verhaltensweisen zusammenfassen (vgl. Maslow 1987). Diese unterstellten Eigenschaften wirken auf das Verhalten und die Instrumente von Führungskräften (vgl. hierzu ausführlicher Kap. 5).

3.2.1.3 Arbeitsrechtliche Perspektive

Die Personalarbeit in Medienunternehmen hat sich an bestimmten rechtlichen Rahmenfaktoren zu orientieren, die das Aktionsspektrum begrenzen und vor deren Hintergrund geplante personalwirtschaftliche Maßnahmen auf Umsetzbarkeit geprüft werden müssen. Für das deutsche *Arbeitsrecht* ist eine Einteilung in das Kollektiv- und Individualarbeitsrecht charakteristisch. Diese Regelungen sind auch für Medienunternehmen relevant.

Auf Kollektivebene umfasst es u. a. das Tarif- und Mitbestimmungsrecht. Die für die praktische Personalarbeit relevanten Rechte des Betriebsrates sind im Betriebsverfassungsgesetz niedergelegt. In Deutschland ist das Tarifvertragsrecht stark ausgeprägt, dessen zentrale Aufgabe im Festlegen der Lohn- und Gehaltsstrukturen liegt. Medienunternehmen können als Tendenzbetriebe klassifiziert werden. Für diese Art von Betrieben sieht das Betriebsverfassungsgesetz allerdings eine eingeschränkte betriebliche Mitbestimmung vor.

Kern des Individualarbeitsrechts ist der Arbeitsvertrag zwischen Arbeitnehmer und Arbeitgeber. Aus den Schutzgesetzen hervorgehende Mindestnormen, etwa zu Urlaubsregelungen und Arbeitszeitfestlegungen, dürfen nicht unterschritten werden. Oft greifen günstigere Regelungen aus Tarifverträgen oder Betriebsvereinbarungen. Speziell größere Medienunternehmen verfügen über solche Betriebsvereinbarungen z. B. zur flexiblen Arbeitszeit, die auf die spezifischen Belange des einzelnen Unternehmens zugeschnitten sind.

Diese Regelungen bestimmen die tägliche Arbeit in den Personalabteilungen, z. B. bei Einstellungen, Entlohnungsfragen und Entlassungen. Besonderheiten ergeben sich aus der

Tab. 3.1 Atypische Beschäftigungsverhältnisse in Medienunternehmen. (Vgl. Becker et al. 2007; Benkert und Michel 1999)

Medienunternehmen	Atypische Beschäftigungsverhältnisse	Personalpolitische Ziele
Zeitungs-/ Zeitschriftenverlage	Verträge mit freien Journalisten/Mitarbeitern (Freelancern)	Wiederholte Zusammenarbeit mit guten Kräften
Buchverlage	Verträge mit Autoren	Bindung guter Autoren
TV-/Rundfunksender	Befristete Verträge mit Schauspielern, Moderatoren etc	Wiederholte Zusammenarbeit mit beliebten Kräften
Tonträgerhersteller	Vertragliche Zusammenarbeit zwischen Künstlern und Produzenten	Optionen auf Vertragsverlängerung bei hoher Marktakzeptanz

Beschäftigtenstruktur vieler Medienbetriebe, die über einen hohen Anteil freier Mitarbeiter verfügen (sog. „Freelancer"). Besonders ausgeprägt ist dies z. B. bei Fernseh-Produktionsgesellschaften, die projektbezogen für Sender Produktionen wie wöchentliche Serien produzieren. Aber auch im Verlagsbereich nimmt in den letzten Jahren die Zahl der freiberuflich beschäftigten Journalisten zu (vgl. Weichler 2003; DJV 2008). Hier greifen besondere Regelungen, die speziell das Vertragsrecht betreffen (Werkverträge) und insofern über das klassische Arbeitsrecht hinausragen. Diese atypischen Beschäftigungsverhältnisse finden sich in unterschiedlichen Formen in allen Medienunternehmen (vgl. Tab. 3.1).

3.2.2 Gestaltungsfelder in der Personalwirtschaft

Nachdem in Abschnitt 3.2.1 die wichtigsten Rahmenbedingungen der Personalwirtschaft in Medienunternehmen dargelegt wurden, werden nachfolgend, strukturiert anhand des personalwirtschaftlichen Zyklus, die zentralen Aktionsfelder erläutert.

Die personalwirtschaftlichen Aktivitäten können vereinfacht einem Zyklus zugeordnet werden, der eine idealtypische Abfolge mit einzelnen Rückkopplungen widerspiegelt. Einen Überblick gibt Abbildung 3.2.

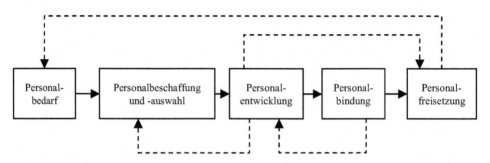

Abb. 3.2 Personalwirtschaftlicher Zyklus

Abb. 3.3 Ermittlung des
Personalbedarfs

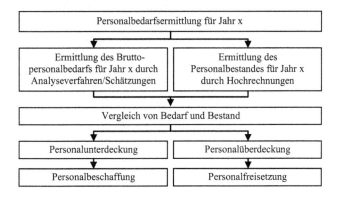

3.2.2.1 Personalbedarfsplanung

Zu den wichtigsten Inhalten des Personalmanagements zählen die sich unmittelbar kapazitätsbezogen auswirkenden Funktionen Personalbedarf, -beschaffung und -freisetzung. Aus der (quantitativen) Personalbedarfsplanung geht i. d. R. ein Erfordernis zur Beschaffung oder -freisetzung von Personal hervor (vgl. Abb. 3.3).

Im Rahmen der Personalbedarfsplanung wird der zukünftige Bedarf an Personalkapazitäten unter quantitativen und qualitativen Gesichtspunkten bestimmt. Sie ist nur in enger Verbindung mit der Unternehmensplanung und -entwicklung sinnvoll um eine optimale Personalbereitstellung in Zukunft zu ermöglichen. Vor diesem Hintergrund sind Markt- und Technologieentwicklungen und (darauf bezogene) Unternehmensstrategien bei der Personalbedarfsermittlung zu berücksichtigen.

Gerade in Medienunternehmen hat z. B. die veränderte Technologie erheblichen Einfluss auf die Anzahl und die benötigte Qualifikation der Mitarbeiter. Innovationen, insbesondere aus dem Bereich der digitalen Technologien (siehe Kap. 3.3), haben die Beschaffenheit von Medienprodukten und deren Erstellungsprozess an vielen Stellen maßgeblich verändert oder haben das Potenzial hierzu. So werden Inhalte heute oftmals nicht mehr nur für ein Zielmedium, sondern für mehrere Zielmedien, wie stationäre und mobile Webseiten, Print und App, produziert. Dieses verändert Arbeitsprozesse (medienneutrales Arbeiten) und erfordert, dass sich Mitarbeiter Know-how zu neuen Basistechnologien wie XML aneignen. Auch der journalistische Bereich ist von Änderungen betroffen, z. B. in Form des Online-Journalismus, der mit neuen Arbeitsweisen und Darstellungsformen verbunden ist (vgl. Löffelholz et al. 2003, S. 480).

3.2.2.2 Personalbeschaffung und -auswahl

Die richtige Stellenbesetzung ist ein wesentlicher Erfolgsfaktor, speziell im Bereich von Leitungsfunktionen und der wichtigsten „Kreativen". Die dafür zur Verfügung stehenden Wege und Verfahren unterscheiden sich bei Medienunternehmen zunächst nicht von anderen Unternehmen (vgl. Tab. 3.2).

Die Wahl des Beschaffungsweges hängt von der zu besetzenden Position ab. Für die Rekrutierung von Führungsnachwuchskräften bieten sich bei größeren Medienhäusern

Tab. 3.2 Zentrale Maßnahmen der Personalwerbung und -auswahl im Rahmen der Personalbeschaffung

		Externer Arbeitsmarkt	Interner Arbeitsmarkt
Personalwerbung		Stellenanzeigen	Interne Ausschreibung
		Internet	Pool-Kräfte
		Personalberater	
Personal auswahl		Unterlagenanalyse	Potenzialsondierung
		Vorstellungsge-spräch	Entwicklungsge-spräch
		Assessment-Center	Internes Assessment-Center

z. B. Hochschulkontakte und ein E-Recruitment an, während in diesem Segment Anzeigen eher an Bedeutung verloren haben. Alle größeren Medienhäuser verfügen über einen professionellen Internet-Auftritt, über den sie über Ausbildungsgänge, Praktika etc. informieren. Besonders Praktika während des Studiums und damit erste Erfahrungen der Bewerber werden oft als eine wichtige Zugangsvoraussetzung für ein späteres Volontariat gesehen. Mit der Suche eines Verlags-Geschäftsführers für ein mittelständisches Medienhaus kann z. B. ein Personalberater beauftragt werden. Die Akquisitionskosten müssen dabei immer im Verhältnis zur Bedeutung der Position gesehen werden. Bei der Personalauswahl ist ein Vorstellungsgespräch unverzichtbar, um einen persönlichen Eindruck von den Bewerbern zu bekommen. Speziell für qualifizierte Einstiegs- und Nachwuchspositionen führen größere Medienhäuser *Assessment-Center* (AC) durch. Durch verschiedene, möglichst realitätsnahe Übungen im AC (z. B. Entwicklung einer Marketingstrategie für einen neuen Zeitschriftentitel) und durch die Einschätzungen von verschiedenen Beurteilern soll ein recht breiter Einblick in das Leistungs- und Persönlichkeitsprofil des Bewerbers ermöglicht werden. Positiv unterstützt werden die Rekrutierungsbemühungen speziell renommierter Medienhäuser, wie z. B. Bertelsmann und Burda, durch das insgesamt positive Branchen- und Unternehmensimage.

3.2.2.3 Personalentwicklung

Die *Personalentwicklung* gilt als Kernbereich der Personalwirtschaft. Im Mittelpunkt steht dabei die Weiterbildung der vorhandenen Mitarbeiter. Es geht um die anforderungsgerechte Qualifikation der Mitarbeiter, damit diese ihre Aufgaben in vollem Umfang wahrnehmen können.

Im Maßnahmenbereich wird zwischen On the Job-Maßnahmen (Entwicklung am Arbeitsplatz) und Off the Job-Maßnahmen (Entwicklung außerhalb des Arbeitsplatzes) unterschieden (vgl. Tab. 3.3).

Für Medienunternehmen sind grundsätzlich alle Maßnahmen relevant. Da sich aber gerade im Medienbereich die Aufgaben in den letzten zehn Jahren stark verändert haben und neues Know-how insbesondere in Bezug auf Technologien erforderlich ist, ist auch die Aus- und Weiterbildung der Mitarbeiter durch neue Inhalte geprägt. In Print-Unter-

Tab. 3.3 Zentrale Maßnahmen der Personalentwicklung

Maßnahmen „On the Job"	Maßnahmen „Off the Job"
Unterweisung und Lernen am Arbeitsplatz	Seminare mit Vortrag, Fallstudien, Rollen- und Planspiele
Übertragung von Verantwortung/ Sonderaufgaben	Selbststudium zu Hause
Job Rotation, Projektarbeit	Förderkreise
Lernprozesse in Arbeitsgruppen	Erfahrungsaustauschgruppen
Traineeprogramme	Gruppendynamisches Training
	Outdoor-Trainings

nehmen müssen sich die Kundenberater z. B. vom traditionellen Außendienstmitarbeiter zum kompetenten Allmedia-Berater entwickeln. Das Multimediazeitalter hat generell neue Berufsbilder und Ausbildungsgänge entstehen lassen. Das ZDF und der NDR wie auch andere Fernsehsender bieten beispielsweise Ausbildungen zum „Mediengestalter" und zur „Kauffrau/Kaufmann für audiovisuelle Medien" an. In Buchverlagen haben sich die Ausbildungsinhalte zu „Verlagskauffrau/Verlagskaufmann" in Richtung elektronische Medien weiterentwickelt.

Eine Kernaufgabe der Aus- und Weiterbildung liegt in Medienunternehmen typischerweise im redaktionell-journalistischen Bereich. Die großen Medienhäuser bieten Programme an, z. B. die Journalistenschulen von Axel Springer und von Hubert Burda Media. Im Rahmen einer zweijährigen Ausbildung zum Redakteur an den zentralen Verlagsstandorten können auch Spezialrichtungen vertieft werden, wie z. B. Wirtschafts- und Sportredakteur. Besonders begabte Journalisten werden auch materiell in Form von Stipendien während ihrer Ausbildung unterstützt, z. B. durch die Studienstiftung der Süddeutschen Zeitung.

Ein weiterer Schwerpunkt der Personalentwicklung liegt im kaufmännisch-organisatorischen Bereich. Medienhäuser bieten hier Trainee-Programme für Hochschulabsolventen an. Die Trainees bekommen einen Überblick über den Geschäftsbetrieb. Schwerpunkte bilden z. B. bei der Bauer Verlagsgruppe die Bereiche Redaktionsmanagement, Anzeigenmarketing und Vertrieb, in denen Trainees mit Hilfe von Seminaren und Projektarbeiten zur Übernahme qualifizierter Fach- und Führungsaufgaben ausgebildet werden. Die Personalentwicklung ist aber nicht nur ein Thema für (angehende) Führungskräfte. Stark vertriebsorientierte Medienunternehmen, wie z. B. Verlage von Branchenbüchern bzw. von „Gelben Seiten", legen viel Wert auf verkaufsorientierte Schulungen ihrer Innen- und speziell Außendienstmitarbeiter, in denen z. B. in Form von Rollenspielen konkrete Verkaufssituationen simuliert werden, um ihre Vertriebskompetenz zu stärken. Zur Dokumentation des hohen Stellenwertes der Weiterbildung und als Plattform zur Bündelung der Aktivitäten sowie zum bereichsübergreifenden Wissenstransfer haben eine Reihe von Großunternehmen firmeneigene Universitäten (Corporate Universities) gegründet. Dies gilt auch für große international agierende Medienunternehmen wie die Bertelsmann AG mit der „Bertelsmann University".

Ein dritter Schwerpunkt fokussiert auf Wissen rund um die Produktgestaltung. Insbesondere die Möglichkeiten der Digitalisierung führen dazu, dass die Produkte von Medienunternehmen heute ganz andere Eigenschaften als bisher aufweisen (vgl. Kuhn und Hagenhoff 2014). So ist eine digitale Zeitung, welche in Form einer App realisiert wird, eine Mischung aus Informationsgut und Software. Wissen darüber, wie solche Produkte z. B. gebrauchstauglich gestaltet werden oder welche Möglichkeiten bestimmte Technologien überhaupt bieten, sind virulent. So hat die Akademie des Deutschen Buchhandels z. B. eine spezifische Seminarreihe namens „E-Publishing-Academy", um diese Weiterbildungsbedarfe zu bedienen.

Die Weiterbildungsmaßnahmen sollten auf den Entwicklungsplan eines Mitarbeiters zugeschnitten werden. Man spricht in diesem Zusammenhang von Karriereplanung, die speziell für qualifizierte Fach- und Führungskräfte relevant ist. Dabei kann sicherlich zunächst nur die nächste Zielposition mit einiger Sicherheit geplant werden, weil die berufliche Entwicklung vom Leistungsverhalten des Aufstiegskandidaten und von den betrieblichen Möglichkeiten abhängt. Der Weg zum Chefredakteur einer Tageszeitung sollte z. B. durch eine Reihe von Erfahrungsstationen evtl. auch bei anderen Verlagen gekennzeichnet sein, um das notwendige Qualifikationsprofil mitzubringen.

3.2.2.4 Personalbindung

Die anreizpolitische Aufgabe der Personalbindung richtet sich in vielen Medienunternehmen nicht in erster Linie auf die Vermeidung hoher Fluktuationszahlen, sondern auf die kalkülbezogene und speziell emotionale Bindung der vorhandenen Mitarbeiter. Eine engagierte und kreative Leistung der Mitarbeiter ist für die Erstellung vieler Medienprodukte unverzichtbar. Entsprechend würde das Phänomen der inneren Kündigung im Sinne einer stillen, mentalen Verweigerung eben dieser engagierten Leistung Medienunternehmen besonders treffen. Gerade Organisationen mit einem hohen publizistischen Anspruch erscheinen dafür besonders anfällig. Denn restriktive Kosteneinsparungen im redaktionellen Bereich und die damit verbundene Lockerung journalistischer Qualitätsmaßstäbe bis hin zur Profilverschiebung des gesamten Produktes werden von den Mitarbeitern nicht immer mitgetragen.

Im Anreizbereich kann zwischen materiellen und immateriellen Anreizen differenziert werden (vgl. Tab. 3.4). Aus dem verfügbaren Spektrum an Anreizen ist situationsbezogen für jedes Medienunternehmen ein geeignetes Anreizsystem zu entwickeln (vgl. Breyer-

Tab. 3.4 Zentrale materielle und immaterielle Anreize für Mitarbeiter

Materielle Anreize	Immaterielle Anreize
Gehälter	Interessante Arbeitsaufgaben
Sozialleistungen	Inspirierendes Arbeitsumfeld
Erfolgsbeteiligung	Anerkennung durch Vorgesetzte
Honorare	Verantwortungsübernahme
Privat nutzbarer Dienstwagen	

Mayländer und Werner 2003, S. 292), wobei größeren Unternehmen von der Tendenz her mehr Möglichkeiten zur Verfügung stehen, speziell in den Bereichen Sozialleistungen und Beteiligungsformen, aber auch bei internationalen Einsätzen. So stellen vorhandene Aufstiegsmöglichkeiten einen zentralen Anreiz für ambitionierte Mitarbeiter dar. Große Medienhäuser wie Bertelsmann haben hier sicherlich andere Möglichkeiten als regional agierende Verlage, die z. B. keine internationalen Entwicklungsperspektiven anbieten können. Da aber auch ihre Existenz von einer motivierten Mitarbeiterschaft abhängt, ist die verlagsspezifische Ausschöpfung der jeweiligen Anreizpotenziale von zentraler Bedeutung.

Im Bereich der materiellen Mitarbeiterbeteiligung verfügt z. B. Bertelsmann als Ausdruck der mitarbeiterorientierten Unternehmensphilosophie über ein bewährtes System. Mit dem „Bertelsmann Pensionsvertrag" liegt eine unter Absicherungsgesichtspunkten im Alter sehr attraktive Sozialleistung vor. Der SPIEGEL-Verlag gehört mehrheitlich (50,5 %) den Mitarbeitern, die über fünf Geschäftsführer der Mitarbeiter KG auf die Politik des Verlags Einfluss nehmen (vgl. auch Fallbeispiel 2).

Die Anreize müssen auch auf die unterschiedlichen Bereiche des Medienunternehmens abgestimmt sein. Im redaktionellen Bereich liegen andere Anforderungen, aber auch Möglichkeiten vor als im Vertriebsbereich. Im Vertrieb ist es z. B. weitaus eher als im journalistischen Bereich möglich, leistungs- und erfolgsabhängige und damit variable Gehaltskomponenten zu etablieren, da auf entsprechende Verkaufszahlen als zuordenbarer Maßstab zurückgegriffen werden kann.

Die Redaktion nimmt dagegen eine gewisse Sonderstellung ein. Es kann davon ausgegangen werden, dass die intrinsische Motivation bei Journalisten grundsätzlich eine hohe Bedeutung hat. Entsprechend spielen die mit der redaktionellen Tätigkeit verbundenen immateriellen Anreize eine besonders wichtige Rolle. Dazu können z. B. dienstliche Reisen ins Ausland oder Korrespondententätigkeiten zählen. Zur Förderung einer inspirierenden Arbeitsumgebung bietet z. B. die Hubert Burda Media Holding ihren Mitarbeitern die Möglichkeit, sich aus einer Artothek Werke verschiedener Künstler auszuleihen, um ihre Büroräume individuell auszugestalten. Allerdings kompensieren diese und weitere immaterielle Anreize Gehaltsgrößen nur bis zu einem gewissen Maß. Gewisse kritische Grenzen dürfen nicht unterschritten werden, um qualifiziertes und motiviertes Personal finden und halten zu können. Oft greifen hier Tarifvereinbarungen, während die freie Aushandlung bei Leitungspositionen üblich ist.

Eine interessante Frage speziell für Medienunternehmen stellt die Bindung freier Mitarbeiter über die Honorarzahlungen hinaus dar. Aufgrund der in vielen Medienbetrieben vorherrschenden Tendenz zum weiteren Abbau der Personalfixkosten ist eine noch stärkere Nutzung freier Mitarbeiter auch in den nächsten Jahren zu erwarten. Die Honorarzahlungen reichen hier als Bindungsinstrument nur bedingt aus. Über die monetäre Bindung hinaus ist auch eine emotionale Bindung vorteilhaft, für die Begriffe wie Identifikation oder Commitment (Selbstverpflichtung auf Ziele) stehen. Dieses setzt eine wahrnehmbare Wertschätzung der freien Mitarbeiter durch den Medienbetrieb voraus, vermittelt z. B. in Gesprächen und dokumentiert durch Einladungen zu Tagungen etc. Wenn dies zunächst auch Ressourcen bindet, so können dadurch doch merklich Transaktionskosten gesenkt werden, indem etwa freie Mitarbeiter auch kurzfristig bereit sind, Dienstleistungen zu erbringen. Auch die Qualität der erbrachten Leistungen kann davon profitieren.

3.2.2.5   Personalfreisetzung

Die Personalfreisetzung stellt die „Schattenseite" der Personalarbeit dar, zumindest wenn sie vom Unternehmen initiiert ist und nicht im Mitarbeiterinteresse liegt. Freisetzungserfordernisse sind unterschiedlich motiviert. So sind kontinuierlich sinkende Umsätze ein Auslöser, da der Kostenseite und den Kostenstrukturen (Fixkostenlastigkeit) keine nachhaltig belastbaren Erlöskonzepte gegenüber stehen. So haben die Frankfurter Rundschau, die Financial Times Deutschland sowie die Abendzeitung Nürnberg 2012 bzw. 2013 ihren Geschäftsbetrieb eingestellt. Die Ursachen für den ökonomischen Misserfolg sind vielfältig und monokausale Erklärungen („Das Internet") greifen zu kurz. Ein anderer Grund für Freisetzungen kann in veränderten Unternehmensstrategien liegen. Grundlegende Neupositionierungen des Unternehmens führen zu anderen Personalbedarfen sowohl in Bezug auf Fähigkeiten wie auch in Bezug auf die Quantität. So erlöst die Hubert Burda Media Holding mittlerweile einen erheblichen Teil ihres Umsatzes mit dem Digitalgeschäft, wesentliche Teile davon bestehen aber nicht aus redaktioneller Arbeit an Inhalten, sondern aus dem Betrieb von Plattformen (Ärztebewertung Jameda, Hotelbewertung Holiday Check). Die Funke Mediengruppe hat ihre Zeitung „Westfälische Rundschau" 2013 neu positioniert und in ein Medium verwandelt, welches nur noch Artikel abdruckt, die in den Redaktionen anderer Zeitungen geschrieben werden. Eigene Journalisten benötigt sie daher nicht mehr. Auch können Verlagerungen von Firmensitzen dazu führen, dass Mitarbeiter das Unternehmen aufgrund persönlicher räumlicher Gebundenheit verlassen (z. B. Verlagerung des Suhrkamp-Verlages von Frankfurt nach Berlin). Ein weiterer Grund für reduzierten oder anderen Personalbedarf kann in fortschreitender Technologisierung und damit verbunden ggf. Automatisierung liegen. Inhalte, welche im Netz präsentiert werden, werden z. B. medienneutral in Content Management Systemen abgelegt und über Templatemechanismen formatspezifisch aufbereitet. Personen, die sich mit dem Satz eines Inhaltes in Schriftform beschäftigt haben, sind in diesem Prozess nicht mehr in dem umfänglichen Maße erforderlich, da sich das „Setzen" auf das einmalige Anfertigen eines Templates reduziert.

Medienunternehmen, welche stark in der Öffentlichkeit stehen, versuchen oft eine notwendige Personalanpassung möglichst „lautlos" mit Hilfe „weicher" Personalabbaumaßnahmen, wie z. B. natürliche Fluktuation, Aufhebungsverträgen, Vorruhestands- und Altersteilzeitregelungen bei zurückhaltender Neueinstellung zu realisieren.

Fallbeispiel 2: Personalpolitik beim SPIEGEL-Verlag
Anfang 2013 wurden die beiden Chefredakteure von SPIEGEL bzw. SPIEGEL-ONLINE, Georg Mascolo und Mathias von Müller-Blumencron durch den Geschäftsführer des SPIEGEL-Verlags Ove Staffe von ihren Verantwortlichkeiten entbunden. Als Grund wurden Differenzen in der strategischen Ausrichtung von

SPIEGEL und SPIEGEL-ONLINE genannt. Herausfordernd sind das Zusammen-
spiel bzw. die Differenzierung dieser beiden Produkte sowie die Transformation
des Hauses in einen Verlag, der sich mit seinem journalistischen Anspruch in der
digitalen Welt nachhaltig positionieren muss. Mit Wolfgang Büchner wurde der bisherige Chefredakteur der Deutschen Presseagentur zum Herbst 2013 zum neuen
Chefredakteur für beide Produktlinien ernannt. Er hat Nikolaus Blome, den stellver-
tretenden Chefredakteur bei der Bildzeitung als seinen Stellvertreter und Leiter des
SPIEGEL-Hauptstadtbüros auserkoren. Diese Personalentscheidung stieß bei den
SPIEGEL Redakteuren auf großen Widerstand, die Ressortleiter haben sich einstim-
mig gegen den Journalisten von der Bildzeitung ausgesprochen. Spezifisch an der
Situation ist es, dass der SPIEGEL-Verlag zu 50,5 % den Mitarbeitern gehört, die
über gewählte Geschäftsführer der Mitarbeiter KG und ggf. per außerordentlicher
Versammlung an den zentralen Entscheidungen im SPIEGEL-Verlag beteiligt sind.
Ob die Entscheidung in der Personalsache Blome regelkonform getroffen wurde
und falls ja, warum dann zwischen den gewählten Geschäftsführern der Mitarbeiter
KG und den Mitarbeitern selber erhebliche Diskrepanzen in der Bewertung der Per-
sonalie vorliegen, ist ungeklärt.

3.3 Technologie als Ressource

3.3.1 Grundlagen

3.3.1.1 Hardware, Software und Netze

Hardware
Unter dem Begriff *Hardware* werden sämtliche technischen Komponenten eines Arbeits-
platzes oder Netzwerks zusammengefasst, die physisch greifbar sind. Hierzu gehören die
Zentraleinheit (Prozessor, Hauptspeicher) sowie die Peripherie, also externe Speicher
(z. B. USB-Stick), Ausgabegeräte (z. B. Bildschirm) und Eingabegeräte (z. B. Tastatur,
Maus, Stift) eines Arbeitsplatzrechners oder Kosumgeräts (z. B. Tablet), aber auch Kameras, Scheinwerfer und Mikrofone in Fernsehstudios oder Mischpulte in Tonstudios.
Für die Produktion bestimmter Medien wird nach wie vor sehr leistungsstarke und damit
kostenintensive Hardware benötigt, um qualitativ hochwertige Produkte zu erzeugen. Zu
nennen ist z. B. das Equipment eines Fernsehsenders, welches für Live-Übertragungen
zuverlässig arbeiten muss. Die Produktion und Vervielfältigung eines Textes hingegen
erfordert heute im Extremfall nur noch einen Server mit spezifischer Software, über die
Inhalte über das Internet zum Rezipienten ausgespielt werden können. Stellten die Druck-
technologie und die hohen Investitionen in diese in den vergangenen Jahrhunderten eine
hohe Markteintrittsbarriere zur Produktion von Printprodukten dar, ist diese im digitalen
Zeitalter deutlich gesenkt worden. Viele Geschäftsmodelle von Medienunternehmen der

neuen Art erfordern lediglich einen Server, Internetzugang sowie Funktionslogik in Form von Software, und können im Prinzip von jedem Ort dieser Welt betrieben werden. Der hohe Verbreitungsgrad von Konsumhardware, wie Tablets und Smartphones bei Rezipienten, und die Möglichkeiten der Auslieferung digitaler Medien machen es erforderlich, dass ein Medienunternehmen die Endgeräte, welche die Nutzer verwenden, zu Testzwecken benötigt, um zu prüfen, ob die erstellten Angebote auf diesen Geräten auch wie gewünscht funktionieren.

Software

Bei der *Software* unterscheidet man grundsätzlich zwischen Systemsoftware und Anwendungssoftware (vgl. Mertens et al. 2012). Die Systemsoftware umfasst die Menge aller Programme, die die Hardwarekomponenten eines Rechners koordinieren und darüber hinaus eine universelle Basisfunktionalität (wie etwa die Verwaltung von Daten oder die Bereitstellung einer Benutzungsoberfläche) für den Anwender zur Verfügung stellen. Der wichtigste Vertreter von Systemsoftware ist das Betriebssystem. Seine Aufgaben bestehen darin, Hardwarekomponenten, Datenbestände und Interaktionen des Benutzers anzusteuern und zu verwalten. Beispiele für Betriebssysteme sind Windows, Apple MacOS, Unix oder Linux. Für ein Unternehmen ist bei der Auswahl eines geeigneten Betriebssystems zu unterscheiden, ob Standardarbeitsplätze von Mitarbeitern im Büro ausgestattet werden oder spezielle Arbeitsumgebungen mit spezifischer Hardware betrieben werden müssen (wie z. B. ein Fernsehstudio), die ggf. spezifische Anforderungen an das Betriebssystem stellen. Auch arbeiten nicht alle in einem Unternehmen benötigten Anwendungssysteme auf allen Betriebssystemen, sodass entweder vorhandene Betriebssysteme eine Limitation bei der Auswahl von Anwendungssystemen darstellen, oder aber die vorhandene Infrastruktur entsprechend den Anforderungen des neu anzuschaffenden Anwendungssystems geändert werden muss. Auf der Ebene der Rezipientenhardware in Form von Tablets oder Smartphones spielt das Betriebssystem eine sehr große Rolle, entstehen um dieses herum sog. Ökosysteme, die zueinander nicht oder nur eingeschränkt kompatibel sind (vgl. Kap. 2.1.3.5). Dieses muss ein Medienunternehmen bei der Gestaltung digitaler Produkte berücksichtigen. Aktuell relevante Betriebssysteme für moderne Endgeräte der Konsumenten sind Apples iOS, Windows Phone und Googles Android. Etliche digitale Produkte, insbesondere Apps, sind oftmals so gestaltet, dass sie vom Betriebssystem abhängig und auf einem anderen nicht lauffähig sind. Das Medienunternehmen muss entscheiden, ob es den gesamten potenziellen Markt mit seinen Produkten versorgen möchte, oder sich auf Teilmärkte konzentriert und nur für ein bestimmtes Betriebssystem entwickelt.

Unter Anwendungssoftware fasst man alle Programme zusammen, die Funktionalitäten bereitstellen, durch die fachliche Aufgaben unterstützt werden können. Anwendungssysteme sind somit zunächst ein Werkzeug. Die Funktionalitäten eines Anwendungssystems werden auf Daten angewendet, welche erfasst, verändert oder gelöscht werden können. So werden z. B. die Pixel eines Bildes verändert, wenn der Bearbeiter in einem Grafikprogramm eine andere Farbe auswählt, oder es wird eine Rechnung erstellt, indem die Daten eines Anzeigenkunden (Name, Adresse, in Anspruch genommene Leistung) zusammengestellt werden. Anwendungssysteme als Werkzeuge benötigen daher immer Datenbestände, auf denen sie arbeiten können.

Idealerweise sind Anwendungssysteme so gestaltet, dass sie einen ganzen Geschäftsprozess, also eine Folge von Aufgaben, unterstützen und dabei auf einen zentralen Datenbestand zugreifen. Zu unterscheiden sind Prozesse der primären Wertschöpfung von Prozessen mit Unterstützungsaktivitäten. Unter letztere fallen Arbeiten der Verwaltung, wie z. B. das Rechnungswesen oder die Lohnzahlungen. Anwendungssysteme, die solche Arten von Aktivitäten unterstützen, dienen vor allem der effizienten Abwicklung der Arbeiten: Anwendungssysteme in der Buchhaltung unterstützen die korrekte Verbuchung von Geschäftsvorfällen und erzeugen auf Basis der Daten eine korrekte Bilanz oder Gewinn- und Verlustrechnung (vgl. Kap. 4). Anwendungssysteme in der Personalabteilung errechnen das korrekte Brutto- und Nettogehalt von Mitarbeitern in Abhängigkeit von der Tarifstufe, der Krankenkasse oder der Religionszugehörigkeit und lösen die Überweisung des Gehaltes am Monatsende aus. Diese Anwendungssysteme unterscheiden sich bei Medienunternehmen in ihren funktionalen Anforderungen prinzipiell nicht von denen von Unternehmen anderer Branchen. Anwendungssysteme in den primären Pozessen eines Unternehmens unterstützen die spezifische Wertschöpfung. Sie sind immer branchenspezifisch. Fernseh- und Radiosender benötigen z. B. ein Anwendungssystem zur Planung und Belegung von zeitlich limitierten Programmplätzen oder Software, mit der Töne oder Licht in einem Studio gesteuert werden können. Zeitungs- und Magazinverlage arbeiten mit Content Management Systemen (vgl. Kap. 3.3.1.3), um einzelne Inhaltsobjekte zu einem Produkt zusammenzustellen sowie mit anspruchsvollen Grafikprogrammen, um z. B. Bilder zu bearbeiten oder selber zu erstellen. Eine Social Reading-Plattform (vgl. Kap. 3.3.1.3) benötigt ein Anwendungssystem, welches Nutzeraccounts verwalten kann und den Upload von User Generated Content erlaubt. Anwendungssysteme in den primären Prozessen dienen auch der effizienten Abwicklung von Arbeiten, können aber auch strategische Vorteile generieren, wenn mit ihrer Hilfe Produkte mit Alleinstellungsmerkmalen oder von herausragender Qualität in Bezug auf die relevanten Eigenschaften erzeugt werden können.

Anwendungssysteme lassen sich in Individualsoftware und Standardsoftware unterteilen. Individuallösungen sind speziell auf die Anforderungen eines Unternehmens zugeschnitten und werden genau hierfür entwickelt, entweder durch das Unternehmen selber (Eigenentwicklung) oder durch einen Dienstleister. Standardsoftware wird für einen Massenmarkt entwickelt, für den von weitestgehend standardisierten Bedürfnissen der potenziellen Nutzer ausgegangen wird (Buxmann und Hess 2012, S. 6). Die Unternehmen, welche die Standardsoftware bei sich einsetzen, können diese entweder genau in der vorhandenen Form einsetzen oder in beschränktem Maße modifizieren und an ihre Bedürfnisse anpassen (Customizing). Standardlösungen vom Markt können zudem danach unterschieden werden, ob es sich um quelloffene Systeme (Open Source) handelt, bei denen der Quellcode einsehbar und auch veränderbar ist, oder ob es sich um geschlossene, sog. proprietäre Systeme handelt. Diese Unterscheidung kann auch auf Systemsoftware angewendet werden.

Anwendungssysteme können prinzipiell auf drei Arten in einem Unternehmen bereitgestellt werden. Variante eins besteht aus einer sog. Client-Installation auf dem Rechner, auf dem das System genutzt werden soll. In dieser Variante muss jeder Arbeitsplatz, der mit dem System arbeiten soll, mit einer Installation versorgt werden. Bei sehr vielen Arbeitsplätzen ist dieses ein sehr großer Pflegeaufwand. Dieses Szenario ist typisch für Büroarbeitsplätze, auf denen z. B. Office-Pakete installiert sind. Variante zwei besteht darin, dass das Anwendungssystem im Unternehmen auf einem Server bereitgestellt wird und von den Arbeitsplatzrechnern auf diese zentrale Installation zugegriffen wird. Nachteilig wirkt sich aus, dass der Arbeitsplatz nicht funktionstüchtig ist, sollte das Netzwerk oder der Server ausfallen. Variante drei besteht darin, dass das benötigte Anwendungssystem nicht beim Medienunternehmens selber installiert ist, sondern bei einem Dienstleister. Auf die Funktionalität wird dann über das Internet zugegriffen (Software as a Service). Diese Variante hat den Vorteil, dass im Medienunternehmen keine große oder leistungsstarke IT-Abteilung benötigt wird, die das System lauffähig hält und Updates einspielt. Gerade für kleine Unternehmen ohne große Personalressourcen in diesem Bereich kann diese Lösung sinnvoll sein.

Netze

Rechnernetze verbinden ansonsten selbständige Rechner zum Zwecke der Übertragung von Informationen. Nach ihrer räumlichen Ausbreitung wird zwischen lokalen Rechnernetzen (Local Area Networks, LAN) und standortübergreifenden Rechnernetzen (Wide Area Networks, WAN) unterschieden. Die Redakteure, die in einer Redaktion an einer Zeitschrift arbeiten und von ihrem Arbeitsplatzrechner auf den gemeinsamen Dateiserver zugreifen, sind über ein LAN miteinander vernetzt. Die produzierten Seiten können sie nach der Freigabe durch den Chefredakteur in digitaler Form über ein WAN an die Druckerei schicken, von der sie gedruckt, gebunden und distribuiert werden. Ebenso greift der Nutzer des Online-Portals, auf dem die produzierten Seiten ebenfalls bereitgestellt werden, über ein WAN auf den Server des Verlages zu.

Die Zusammenarbeit in Rechnernetzen kann nach dem Client-Server- oder dem Peer to Peer-Prinzip (P2P) gestaltet sein. Bei einer Client-Server-Architektur fungiert ein Rechner als Server, der Dienste für einen oder mehrere Clients bereitstellt. Dabei kommunizieren alle Clients jeweils nur mit dem Server, nicht aber untereinander. Im Gegensatz dazu kann in einer Peer to Peer-Architektur die Kommunikation zwischen allen beteiligten Rechnern, den sog. Peers, stattfinden. Dabei gibt es auch keine zentrale Stelle, die Dienste anbietet und Daten speichert, sondern diese Aufgaben können von allen Peers gleichberechtigt übernommen werden. Illegale Dateien (Raubkopien) mit Filmen, Musik oder Büchern werden im Internet oftmals nach dem Peer to Peer-Prinzip distribuiert. Abbildung 3.4 verdeutlicht den Unterschied zwischen beiden Architekturen. Der wesentliche Vorteil einer Client-Server-Architektur ist das Vorhandensein einer zentralen Stelle, die für die Sicherheit und Verwaltung des Netzwerks zuständig ist. Eine Peer to Peer-Architektur bietet dagegen den Vorteil, dass Ressourcen besser verteilt werden können und zudem ein Ausfall des Servers nicht zu einem vollständigen Zusammenbruch des Netzwerks

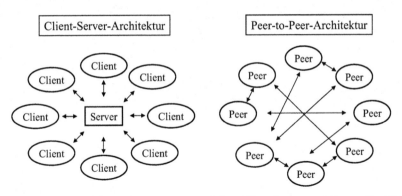

Abb. 3.4 Zusammenarbeit in Rechnernetzen gemäß dem Client Server- und Peer to Peer-Prinzip

führt. Insbesondere für großvolumige Dateien kann die P2P-Struktur vorteilhaft sein, da ansonsten zentrale Serverstrukturen mit erheblichen Kapazitäten bereitgehalten werden müssten. Ein Beispiel für den legalen Einsatz von P2P-Strukturen ist das Streamen von Fernsehsignalen über das Internet. Jeder an dem Netzwerk beteiligte Knoten (Peer) stellt die erhaltenen Signale wiederum als Sender den anderen Knoten zur Verfügung (vgl. z. B. p2p-next.org). Im Gegensatz dazu werden Dateien, die per Download bereitgestellt werden, auf einem Server gehostet.

3.3.1.2 Daten und ihre Struktur

Oben wurde erläutert, dass Anwendungssysteme ihre Funktionalität auf Daten anwenden. Daten liegen in Unternehmen in sehr unterschiedlichen Formen vor. Für den täglichen Umgang mit dieser Ressource ist es wichtig, den Unterschied zwischen strukturierten und unstrukturierten Daten zu kennen. *Strukturierte* Daten sind dadurch gekennzeichnet, dass sie in formatierter Form vorliegen in dem Sinne, dass die Bedeutung einzelner Elemente eindeutig festgelegt ist. Strukturierte Daten lassen sich deswegen gut in Tabellen einer Datenbank ablegen. Zudem können solchermaßen beschaffene Daten gut automatisch verarbeitet werden. Hierunter fällt z. B. das einfache Erstellen von Listen (Kundendaten sortiert nach PLZ-Gebiet oder Warengruppen nach Umsatz), das Berechnen von Werten (Umsatz pro Monat, Quartal, Halbjahr und Jahr) oder das Vergleichen von Werten (Bestellmenge des Händlers ist größer als mein Lagerbestand: Bestellung kann nicht bedient werden). Für viele Geschäftsprozesse ist es unumgänglich, Daten in strukturierter Form vorzuhalten. Dieses liegt zunächst in der schieren Menge an Daten begründet. Selbst kleinere Unternehmen verfügen über eine solche Menge an Daten, dass diese nicht manuell verarbeitet werden können, da dies entweder ineffizient oder zumindest hoch fehleranfällig wäre. Stattdessen wird der Umgang mit Daten innerhalb von Geschäftsprozessen von Anwendungssystemen unterstützt. Ein Beispiel für strukturierte Daten, die in einer Tabelle einer Datenbank gehalten werden, ist nachstehend abgebildet (vgl. Abb. 3.5). Zu sehen ist ein Auszug aus einem Datenbestand bezogen auf den Entitätstyp „Buchtitel". Dieser Entitätstyp wird durch die Attribute „Titel", „ISBN", „Auflage", „Verlag" und „Preis",

Buchtitel						
ID	Titel	ISBN	Auflage	Jahr	Verlag	Preis
1	Grundfragen der Medienwirtschaft	978-3-540-89870-2	4	2011	Springer	27,99 €
2	Buchwissenschaft in Deutschland	978-3-11-029189-6	1	2013	De Gruyter Saur	49,95 €
3	Grundzüge der Wirschaftsinformatik	978-3-642-30514-6	11	2012	Springer	14,99 €
4	Die Softwareindustrie	978-3-642-13360-2	2	2011	Springer	44,99 €
*	(Neu)					

Abb. 3.5 Auszug einer Datenbank-Tabelle

beschrieben. Die in der Tabelle aufgeführten Attributwerte charakterisieren jeweils einen konkreten Buchtitel (Entity oder Entität) und stellen einen Datensatz dar. Ein Entitätstyp kann durch prinzipiell beliebig viele Attribute beschrieben werden. Auch ist die Reihenfolge, mit die Attribute in der Tabelle angeordnet sind, völlig unerheblich für den Umgang mit den Daten. Die Tabelle kann auch in der Länge prinzipiell beliebig groß sein. Ebenso spielt die Reihenfolge der Datensätze keine Rolle, die Tabelle kann diesbezüglich neu sortiert werden (z. B. einmal alphabetisch nach Autorennamen, beim nächsten Mal nach aufsteigend nach Preis). An dem Datenbestand ist des Weiteren ersichtlich, dass Daten unterschiedlichen Typs sein können: Der Buchtitel besteht aus alphanumerischen Zeichen, der Preis hingegen wird numerisch dargestellt. Diese Unterscheidung ist wichtig für die automatisierte Datenverarbeitung. So sieht eine Postleitzahl zwar aus wie eine Zahl, sinnvolle mathematische Operationen lassen sich damit jedoch nicht durchführen. Im Gegensatz dazu ist es aber erforderlich, mit dem Preis eines Buches zu rechnen, um z. B. den Umsatz pro Zeiteinheit ermitteln zu können.

Unstrukturierte Daten liegen unformatiert vor in dem Sinne, dass die Bedeutung einzelner Elemente nicht definiert und festgelegt ist. Solche Daten lassen sich nicht sinnvoll in Tabellen ablegen, sie werden oftmals in Dokumenten mit unterschiedlichen Dateiformaten aufbewahrt. Typische Dokumentenformate, in denen innerhalb eines Unternehmens Daten gespeichert werden, sind Word-Dokumente, PDF-Dokumente oder auch Powerpoint-Folien. Sie enthalten z. B. verbale Lageberichte für den Vorstand oder die Geschäftsführung, Konzepte und Ideen für die Unternehmensentwicklung, Beschreibungen neuer, noch nicht ausgereifter Produkte, oder eben auch den ganzen Textkörper eines belletristischen Buches. Unstrukturierte Daten lassen sich nur sehr schlecht oder nur unter größerem Aufwand mit ganz speziellen Anwendungen (Texterkennung, Werkzeuge zur semantischen Verarbeitung) automatisiert verarbeiten. Aus diesem Grund ist es wichtig, gründlich zu betrachten wie Daten in einem Unternehmen beschaffen sind, um sie adäquat und nutzstiftend im Sinne der Arbeitsökonomie zu speichern.

Anhand des Beispiels einer Bestellung soll nochmals der Unterschied zwischen strukturierten und unstrukturierten Daten anhand der Konsequenzen für die Datenverarbeitung verdeutlicht werden. Ein Buchhändler benötigt 50 neue Exemplare eines Titels, die er beim Zwischenhändler ordert. Die Bestelldaten bestehen (vereinfacht) aus dem Titel, der ISBN und der benötigten Menge sowie dem Preis pro Stück. Des Weiteren muss die Bestellung Informationen zum Adressat der Bestellung sowie zu ihrem Absender haben. Denkbar wäre es nun, die Bestellung per Fax oder E-Mail an den Zwischenhändler zu senden.

Dieser müsste die Daten – trotz ihrer offensichtlichen Strukturiertheit – manuell in sein Warenwirtschaftssystem übernehmen, damit er damit weiterarbeiten kann. Das Potenzial der strukturiert vorliegenden Daten wird so nicht ausgenutzt. Effizienter und auch weniger fehleranfällig ist es, wenn der Medienbruch vermieden wird und die Daten automatisch vom Bestellsystem des Buchhändlers in das Warenwirtschaftssystem des Zwischenhändlers übertragen werden. Hierzu bedient man sich standardisierter Datenaustauschformate (EDI). Voraussetzung hierfür ist es aber, dass Daten strukturiert sind und auch in geeigneter Form, nämlich in Datenbanken, gehalten werden (Hagenhoff 2014b).

Ein großer Teil der in einem Medienunternehmen vorhandenen Datenbestände sind unstrukturierter Art. Dieses sind insbesondere die Vermögensgegenstände, die z. B. in Form von großen linearen Textblöcken, Tonspuren oder Bewegtbild ohne erkennbare Mikrostrukturierung vorliegen. Sie liegen in der Regel in Form von Dateien vor, die als komplexe Objekte abgespeichert werden.

3.3.1.3 Ausgewählte Anwendungssysteme

Content Management Systeme
Das Ergebnis des Leistungsprozesses eines Medienunternehmens im Publisher-Broadcaster-Modell ist ein Medienprodukt bestehend aus einem Inhalt, welcher mit einem Trägermedium verknüpft wird. Der Leistungsprozess wird von Content Management Systemen (CMS) unterstützt (vgl. Schuster und Wilhelm 2000). Sie dienen der arbeitsteiligen Planung, Erzeugung, Gestaltung, Verwaltung und Publikation von Inhalten. Durch die Verwendung von CMS können Format- und Medienbrüche vermieden, Automatisierungsgrad und Flexibilität der Inhalteverarbeitung erhöht sowie deren Wiederverwendung vereinfacht werden. Kernidee von CMS ist die medienneutrale Speicherung von Inhalten.

CMS bestehen aus den drei Komponenten Editorial System, Content Repository und Publishing System (vgl. Abb. 3.6).

Das Editorial System eines CMS unterstützt die redaktionellen Aufgaben der Planung und Erfassung von Inhalten sowie deren Bearbeitung und Gestaltung. Zusätzlich kann es die Steuerung des redaktionellen Workflows unterstützen, in dem z. B. Prüfzyklen und Freischaltmechanismen abgebildet warden.

Das Content Repository dient der Speicherung der Inhalte. Hier sind drei Aspekte von Relevanz. Zum ersten geht es darum eine Trennung von Inhalt und Form auf Ebene der Datenhaltung zu realisieren. Formatvorlagen (Templates, z. B. für Webseiten einerseits und die Ausgabe auf mobile Endgeräte andererseits) werden separat von den eigentli-

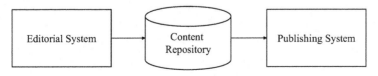

Abb. 3.6 Aufbau eines Content Management Systems. (Vgl. Rawolle 2002, S. 106)

chen Nutzinhalten abgelegt. Zum zweiten müssen die Nutzinhalte mit Strukturen in Form von syntaktischen, semantischen und pragmatischen Auszeichnungen (z. B. Überschrift, Abstract, Textteil, Person, Ort) versehen werden. So können Inhaltselemente später an den passenden Stellen der verschiedenen Templates positioniert werden. Basistechnologie hierfür ist die Auszeichnungssprache XML (vgl. Hagenhoff 2015). Zum Dritten stellen dynamische Medientypen wie Audiospuren oder Filmsequenzen eine besondere Herausforderung dar. Diese Art von Inhalten entzieht sich als unstrukturierte Daten einer Speicherung in klassischen relationalen Datenbanken. Eine Lösung kann darin bestehen, eigene Server für Medientypen wie Audio oder Bewegtbild einzusetzen und in das CMS über Schnittstellen zu integrieren.

Die Ausgabe auf dem gewünschten Zielmedium erfolgt durch das Publishing System. Inhalte werden z. B. über das stationäre Web oder andere für die Darstellung digital vorliegender Informationen geeignete Medien (z. B. Smartphone) aufgespielt. Hierzu werden die ausgezeichneten Inhalte bei einem Seitenaufruf in die entsprechenden Templates integriert. Zum anderen kann das Publishing-Modul auch der Vorbereitung einer physischen Vervielfältigung von Inhalten und damit der Erzeugung von Printprodukten dienen. Im Rahmen dieser Druckvorbereitung müssen die Arbeitsschritte Seitenvorbereitung, Ausschießen und Farbseparation unterstützt werden.

Fallbeispiel 3: Crossmediales Publizieren in Fachverlagen
Eine Umfrage im Herbst 2011 unter deutschen Fachverlagen hatte das Ziel zu eruieren, wie weit das crossmediale Publizieren in diesem Segment des Verlagswesens verbreitet ist und ob Content Management Systeme als Anwendungssysteme eingesetzt werden (Hagenhoff 2014a). Befragt wurden Fachverlage, verstanden als Medienunternehmen, die Inhalte für die berufsbedingte Nachfrage nach Informationen aufbereiten. Die Befragten erlösen ihren Umsatz mehrheitlich mit der Zielgruppe „professionelle Entscheider" sowie mit den Zielgruppen „Wissenschaft (Hochschullehrer, Studierende)" und „fachlich interessierter Laie". Bezogen auf die Erlösquellen dominieren sehr deutlich die Werbeerlöse vor den Rezipientenerlösen. Die Produkte mit den größten Umsatzanteilen sind die Zeitschrift, gefolgt von Büchern. Die Branche ist klein- und mittelständisch strukturiert: so gehören über 75 % der Verlage der Stichprobe gemäß der Definition der Europäischen Union zu den Kleinst- und Kleinunternehmen (max. 2 Mio. € bzw. max. 10 Mio. € Umsatz).

Die Mehrheit der Befragten arbeitet crossmedial im beschriebenen Sinne und bereitet Inhalte in medialen Varianten auf. Dies geschieht allerdings größtenteils ohne Unterstützung durch ein Content Management Systeme stattdessen dominiert die manuelle Bearbeitung des Inhalts. Gefragt nach den Gründen für den Verzicht auf eine Unterstützung der Arbeiten durch ein Anwendungssystem nannten die Verlage u. a. zu hohe Investitionskosten, fehlendes Know-how und fehlende Ressourcen.

Bei den Verlagen, welche ein Anwendungssystem einsetzen, dominiert die Eigenentwicklung gegenüber der Verwendung von Standardsoftware. Nach der Einschätzung von Verlagsvertretern sind Anwendungssysteme zur Unterstützung des crossmedialen Publizierens in Fachverlagen noch nicht als Standard zu bezeichnen. Der Markt für Content Management Systeme weist polypolistische Strukturen auf, es haben sich noch nicht einige wenige dominante Anbieter durchgesetzt. Die Verlage äußern aber deutlich, dass das crossmediale Publizieren – wenngleich es auch noch viel Handarbeit erfordert – erfolgskritisch sei. Unterstützende Anwendungssysteme betrachtet man als überlebenswichtig. Herausforderungen im crossmedialen Publizieren sieht man u. a. in den nach wie vor an Printprodukten orientierten Strukturen, fehlenden Erlösmodellen sowie den hohen Investitionserfordernissen.

Management von Honoraren und Lizenzen

Zuvor wurde unter dem Stichwort Property Rights ausgeführt, dass Vermögensgegenstände nur dann wertschöpfend eingesetzt werden können, wenn ein Medienunternehmen über die Rechte an ihnen verfügt. Diese Rechte, anderen Akteuren eingeräumte Rechte an den eigenen Vermögensgegenständen sowie die rechtebasierten Erlöse korrekt abzubilden, ist Aufgabe eines Anwendungssystems (vgl. Hess und Ünlü 2004). Diese fachlichen Zusammenhänge sind in Abbildung 3.7 dargestellt. Ein Verlag bezieht von Urhebern, wie Autoren oder Übersetzern Inhalte (Manuskripte, Übersetzungen) und Vermögensgegenstandsspezifisch ausdifferenzierte Property Rights. Für die erzeugten Mediengüter wiederum kann er selber Rechte an Rechtenehmer vergeben. Er kann z. B. an einen ausländischen Verlag das Recht vergeben, ein Buch für diesen Markt zu übersetzen und dort zu verlegen.

Abgeleitet aus diesen Zusammenhängen muss ein Anwendungssystem aus Sicht des Verlages die Beschaffungsseite und die Beziehung des Verlages zu Rechteinhabern bzw. Rechteüberlassern sowie die Verwertungsseite und die Beziehung des Verlages zu Rechtenehmern abbilden. Die Beziehungen des Verlages zu den genannten Anspruchsgruppen werden in Verträgen kodifiziert. Damit ergeben sich drei Bereiche, die das Anwendungssystem unterstützen muss: das Vertragsmanagement, das Honorarmanagement und das Lizenzmanagement.

Abb. 3.7 Rechtebeziehungen bei Mediengütern

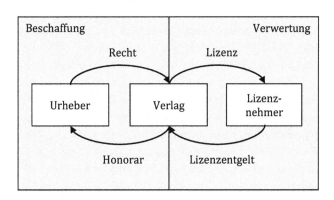

Die Systemkomponente *Vertragsmanagement* soll Hilfestellung beim Erstellen von Verträgen leisten sowie erzeugte Verträge und auch deren Änderungshistorie archivieren. Für das Erstellen der Verträge muss auf die Kontaktdaten von Urhebern bzw. Lizenznehmern zugegriffen werden. Im Vertragsmanagementmodul werden die vereinbarten Konditionen des Rechteerwerbs oder Lizenzverkaufs erfasst. Das Modul kann verschiedene Vertragsarten unterscheiden, wie z. B. Autorenvertrag, Übersetzervertrag oder Herausgebervertrag auf der Seite des Urhebers oder fremdsprachliche Lizenzen bzw. Buchclubverträge auf der Seite des Lizenznehmers. Textbausteine stellen sicher, dass korrekte juristische Formulierungen genutzt werden.

Mit der Komponente *Honorarmanagement* werden die Honorare für die Urheber auf Basis der hinterlegten Konditionen und der Verkaufsvorgänge in der gewünschten Währung und mit den jeweils gültigen Steuerregelungen abgerechnet. Für das Management des Verlags können dazu differenzierte Berichte erstellt werden. Die Komponente benötigt Schnittstellen zum Vertragsmanagement, zur Hauptbuchhaltung sowie zu Finanz- und Vertriebssystemen.

Im *Lizenzmanagement* werden alle eingeräumten Lizenzen verwaltet. Der Verlag kann sehen, welchen Lizenznehmern welche Rechte eingeräumt und für welche Produkte noch keine Rechte vergeben wurden. Auf auslaufende Lizenzen wird aufmerksam gemacht, damit eine Verlängerung des Lizenzvertrags rechtzeitig angestrebt werden kann. Sämtliche Tatbestände, wie Rechtelaufzeiten, Sperrfristen, geografische Eingrenzungen, werden abgerufen und überwacht. Die Komponente erstellt zudem Rechnungen sowie Mahnungen und benötigt hierfür Schnittstellen zur Finanzbuchhaltung. Die Komponente liefert Daten für das Honorarmanagement, in dem aus der Vergabe von Lizenzen resultierende Autorenhonorare identifiziert werden.

Social Reading-Plattform

Social Reading-Plattformen ermöglichen es in einer einfachen Form, Lesern von Büchern ihre Meinungen zu den gelesenen Werken anderer Menschen mitzuteilen und hierüber miteinander in Kommunikation zu kommen. Komplexere Plattformen erlauben es darüber hinaus, Kommentare direkt in den gelesenen, digital bereitstehenden Texten anzubringen und diese zu teilen (vgl. Kuhn 2014), sowie die besprochenen Bücher in Buchhandlungen zu bestellen oder in Bibliotheken nach ihnen zu recherchieren.

Damit Leser ihren selbst erzeugten Content im Web veröffentlichen können, benötigt eine Social Reading-Plattform Nutzeraccounts. Hier werden Daten wie Name, Bild, E-Mailadresse und Password zu jedem Nutzer hinterlegt. Die vom Nutzer generierten Inhalte in Form von Buchbesprechungen müssen einerseits dem jeweiligen Nutzeraccount zugeordnet werden, andererseits müssen die Besprechungen mit den Daten des betroffenen Buchtitels verknüpft werden. Die Funktionalität „Inhalte erstellen" umfasst die Möglichkeit, Bewertungen zu einem Buchtitel als Freitext zu schreiben. In der Regel wird auch die Möglichkeit angeboten, Bewertungen in Form von Sternchen auf einer vordefinierten Skala anzugeben. Auch können vorhandene Kommentare ihrerseits kommentiert werden, sodass zu einem Buchtitel ein Kommentar-Thread entsteht. Zudem ist es möglich, erstellte

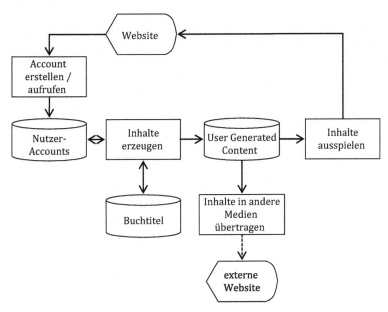

Abb. 3.8 Architektur einer Social Reading-Plattform

Inhalte in andere Plattformen, wie z. B. LinkedIn, zu übertragen, um sie dort ebenfalls zu kommunizieren. Die Architektur einer einfachen Social Reading-Plattform ist in Abbildung 3.8 abgebildet.

3.3.2 Gestaltungsfelder im Technologiemanagement

3.3.2.1 Technologiestrategie

Technologien spielen für Medienunternehmen eine zunehmend große Rolle. Sie werden zum einen in der Wertschöpfung eingesetzt, wo sie sich in Form von Anwendungssystemen zur Unterstützung von Geschäftsprozessen, zur Realisierung von Geschäftsmodellen (Plattformanbieter) oder in Form von Hardware (z. B. Fernsehstudios, Druckstraße eines Zeitungsverlags) manifestieren. Auch sind sie Bestandteil von Produkten, denn eine nicht unerhebliche Anzahl an Medien liegt heute nicht nur in elektronischer, sondern in digitaler Form vor (Fernseh- und Radiosendungen, Musik und Film, Hörbücher, digitale Lesemedien). In Kap. 2.1.2 wurde bereits erläutert, dass Technologien in analoger oder in digitaler Form vorliegen können; in heutigen Medienunternehmen gilt es mittlerweile mehrheitlich, Entscheidungen zu digitalen Technologien zu treffen.

Es lassen sich zwei grundlegende Arten von Technologien beobachten: zum einen gibt es solche Technologien, die lange Zeit benötigen bis sie ihr Nutzenpotenzial offenbaren, ein Leistungsniveau oberhalb etablierter Technologien erreichen, bezahlbar werden, sich in der Breite von vielen Unternehmen einsetzen und verwerten lassen. Schlussendlich lösen sie dann auch etablierte Technologien ab. So hat es etliche Jahre gedauert, bis Bildschirme soweit entwickelt waren, dass E-Book-Reader in ihrer Darstellungsleistung überzeugen konnten und in Konsequenz E-Books in großer Zahl angeboten wurden. Für den Zeitungsdruck war die Digitaltechnologie lange Zeit in Bezug auf Geschwindigkeit, Kosten und Farbeinsatz ungeeignet. Erst jüngst erkennt man, dass diese Technologie nicht als Konkurrenz zum Massendruck auf Offsetmaschinen genutzt werden sollte, sondern vielmehr um neue Geschäftsfelder zu erschließen, in dem man z. B. Druckmedien, wie den Lokalteil einer Zeitung, in sehr kleiner Auflage produziert. Ebenso ist das Nutzenpotenzial semantischer Technologien für Medienunternehmen überhaupt noch gar nicht systematisch ausgeleuchtet.

Zum anderen können Technologien aber auch eine nur sehr kurze Nutzungsdauer haben und schnell von neuen oder weiterentwickelten Technologien abgelöst werden, bevor sich Lösungen amortisiert haben. So ist z. B. der Markt für Konsumenten-Endgeräte (Tablet, Smartphones) durch ein hohes Maß an Innovationsdruck auf Seiten der Hardwareunternehmen gekennzeichnet, aus dem wiederum neue Produkte resultieren (vgl. Hagenhoff 2012, S. 230). Damit müssen Medienunternehmen Technologiemärkte unter ständiger Beobachtung haben, um Trends rechtzeitig zu erkennen und Angebote für die Rezipienten entwickeln zu können.

An diesen Aspekten setzt die Technologiestrategie an. Sie gibt an, „welche Technologien ein Unternehmen zu welchem Zweck einsetzt, welches technologische Leistungsniveau dabei jeweils erreicht oder angestrebt ist, zu welchem Zeitpunkt der Technologieeinsatz erfolgt und woher die jeweilige Technologie bezogen wird" (vgl. Schulte-Gehrmann et al. 2011).

Insbesondere der Technologiefrüherkennung kommt eine bedeutende Rolle zu (vgl. im Folgenden Wellensiek et al. 2011, S. 89 ff.). Kundenanforderungen und auch aufkommende Alternativtechnologien unterliegen einem steten Wandel. Eine Herausforderung für technologieorientierte Unternehmen besteht nun darin, von Entwicklungen nicht überrascht zu werden und die Anschlussfähigkeit an den Wettbewerb nicht zu verlieren. Die Technologiefrüherkennung dient vor diesem Hintergrund dazu, Potenziale von neu aufkommenden Technologien sowie die Leistungsgrenzen etablierter Technologien zu analysieren und abzuschätzen. Ziel ist es, Entwicklungen in relevanten Technologiefeldern zu beobachten, um auf dieser Basis Technologieentscheidungen treffen zu können, bzw. rund um neue Technologien Produkte gestalten zu können. Es gilt dabei, frühzeitig Hinweise zu erkennen, die auf Veränderungen hindeuten, um von einem Modus der Reaktion („after fact approach") und des Krisenmanagements in den Modus des Agierens („before fact approach") zu gelangen. In der jüngeren Vergangenheit ist die Medienwirtschaft eher von technologischen Entwicklungen und den Aktivitäten branchenfremder schöpferischer Zerstörer (vgl. Schumpeter 1950) überrollt worden, als dass sie ihre Branche rechtzeitig selber weiterentwickelt hätte (vgl. Hagenhoff 2012, S. 230 f.), wie die Beispiele zum Vertrieb digitaler Musik (iTunes) oder zum Bezug digitaler Bücher (Amazon) zeigen. Beispie-

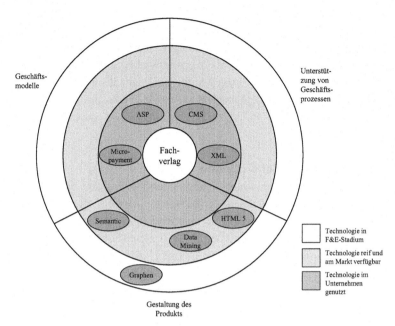

Abb. 3.9 Exemplarische Technologielandkarte

le neuer Materialien zeigen, dass die Medienwirtschaft auch Technologieentwicklungen in sehr frühem F&E-Stadium unter Beobachtung halten sollte. Diese neuen Materialien erlauben es, elektrisch leitfähige Trägermaterialien zu erzeugen, die die physische Flexibilität von Papier bzw. Folie aufweisen. Inhalte könnten auf leicht rollbarer und faltbarer Folie angezeigt werden anstelle hierfür starre Bildschirme auf Tablets oder E-Book-Readern zu nutzen. Ganz neue Möglichkeiten der digitalen Inhaltebereitstellung für ganz neue Rezeptionssituationen wären denkbar.

Als Basisaktivitäten der Technologiefrüherkennung gelten das Technologiescanning, das Technologiescouting und das Technologiemonitoring. Diese Aktivitäten unterscheiden sich im Wesentlichen nach dem Grad der Gerichtetheit des Informationsbezugs von ungerichteter Informationsbeschaffung zur auftragsbezogenen und damit ganz gezielten Informationsbeschaffung (vgl. Wellensiek et al. 2011, S. 93 ff.).

Um sich einen Überblick über die bereits eingesetzten, verfügbaren oder nach der Technologiefrüherkennung zukünftig zu erwartenden Technologien für das eigene Unternehmen zu verschaffen, können sog. Technologie-Landkarten eingesetzt werden (vgl. Steinbock 1994). Abbildung 3.9 stellt die exemplarische Landkarte eines Fachverlages dar. Diese teilt die für einen Fachverlag relevanten Technologien einerseits nach ihrer Verfügbarkeit, andererseits nach dem Objekt oder Bereich, bei dem sich der Nutzen aus der Technologie entfaltet. So werden in diesem speziellen Fall bspw. Micro Payment-Systeme zur Zahlungsabwicklung mit dem Kunden bereits eingesetzt, außerdem werden Mediengüter im B2B-Geschäft in Form eines Application Service Providing bereitgestellt. In der

Redaktion wird ein CMS genutzt. Auch XML findet bereits Einsatz, sowohl innerhalb des CMS als auch zum zwischenbetrieblichen Datenaustausch. Der Nutzen von HTML5 als plattformunabhängiger Technologie für die App-Entwicklung muss noch genauso ausgelotet werden wie das Potenzial von Data Mining und semantischen Technologien. Neue Materialien (Graphen), aus welchem Trägermedien für Fachinformationen gestaltet werden könnten, will man beobachten, um rechtzeitig über Einsatzpotenziale solcher Hardware nachdenken zu können.

3.3.2.2 Make or Buy-Entscheidungen

Wie in vielen anderen Bereichen eines Unternehmens stellt sich auch in Bezug auf die Ressource Technologie die Frage danach, wie diese zu bewirtschaften ist. Unter anderem geht es darum zu entscheiden, ob ein Unternehmen benötigte Ressourcen selber erstellt oder betreibt (make), oder ob es diese vom Markt bezieht (buy). In Bezug auf Technologien stellt sich konkret die Frage, ob selber z. B. eine IT-Abteilung betrieben oder die Leistungen einer solchen Abteilung, wie Systemimplementierung, Rechnerpflege oder Nutzersupport, über einen Dienstleister bezogen werden sollen. Bei dieser Frage sind kurzfristige von langfristigen Überlegungen zu differenzieren.

Kurzfristig können bei der Inanspruchnahme von Leistungen über den Markt Kostenvorteile entstehen, da nur die Leistung bezahlt werden muss, die genutzt wird. Aus kostenrechnerischer Sicht handelt es sich um variable Kosten. Daher kann es vorteilhaft sein, diese Leistungen nicht selber zu erbringen und den Aufbau von Fixkosten für den Unterhalt der eignen sonst notwendigen Ressourcen zu vermeiden. So kommt es z. B. eher selten vor, dass an einem Arbeitsplatz ein Update einer Software aufgespielt werden muss. Ist das Medienunternehmen klein, so sind noch dazu nur sehr wenige Arbeitsplätze betroffen. Auch wenn eine Leistung erstmalig benötigt wird und es mit Unsicherheit behaftet ist, ob sie wiederholt erforderlich sein wird, ist es sinnvoll, diese zunächst vom Markt zu beziehen statt selber Kapazitäten aufzubauen. Ein Verlag, der beispielsweise zunächst testen möchte, ob er sein bisheriges Printprodukt sinnvoll in eine App überführen kann, wird hierfür zunächst einen IT-Dienstleister in Anspruch nehmen, bevor er eine eigene Entwicklungsabteilung aufbaut.

In das Kalkül der kurzen Frist fließen auch Überlegungen dazu ein, wie erfolgskritisch eine Leistung für das operative Geschäft ist. Fällt z. B. die Druckstraße eines Zeitungsverlages aus, so muss die Reparatur zügig erfolgen. Sind Leistungserfordernisse schlecht planbar, aber kritisch für das Endprodukt, so kann es sinnvoll sein, Ressourcen hierfür intern aufzubauen und sie nicht vom Markt zu beziehen, wenn die geforderte Qualität (hier: Reaktionsgeschwindigkeit) nicht sichergestellt werden kann. Kritische Leistungen können aber auch schlecht beherrschbar sein. Ein Plattformanbieter benötigt zum Betreiben seines Geschäftsmodells z. B. eine leistungsfähige IT-Infrastruktur in Form eines oder gar mehrerer Server. Auf diesen Servern läuft die Software, in welcher die eigentliche Leistung der Plattform abgebildet ist und hier liegen die Daten, mit welchen in dem Geschäftsmodell gearbeitet wird (Nutzerprofile, User Generated Content). Die IT-Infrastruktur muss z. B. an 7 Tagen in der Woche 24 h täglich bereitstehen, Belastungsspitzen verkraften und kapazitativ schnell erweiterbar sein. Dieses Leistungsniveau kann nicht ein jeder Platt-formbetreiber selber erreichen. Sinnvoll ist es daher, diese Leistung von spezialisierten Infrastruktur-Dienstleistern zu beziehen. So liegen Videos und Nutzeraccounts des Video-Dienstes Netflix beispielsweise in einem Amazon-Rechenzentrum in Ashburn, Virginia (vgl. Blochhouse und Stillich 2013).

Dem Vorteil einer geringeren Liquiditätsbelastung bei der Eigenerstellung einer benö-tigten Leistung stehen Kosten in Form von Aufwänden gegenüber, die dadurch entstehen, dass ein geeigneter Dienstleister gefunden, Konditionen verhandelt und dessen Arbeit vor allem hinsichtlich der Erfüllung der vereinbarten Leistung kontrolliert werden muss. Während also die Kosten für das Erbringen der Leistung (Produktionskosten) in der Buy-Variante geringer ausfallen können als im Falle der fixkostenlastigeren Eigenerstellung sind ggf. die Transaktionskosten höher als bei einer Make-Lösung.

Langfristig ist jedoch auch zu überlegen, welche Bedeutung eine Ressource aus strate-gischer Sicht für ein Unternehmen hat. Hiervon sind zwei Aspekte betroffen: zum einen muss hinterfragt werden, welchen Beitrag bestimmte Ressourcen zur Differenzierung der Leistung eines Medienunternehmens von seinen Konkurrenten beisteuern. Erzeugen Res-sourcen Differenzierungspotenzial, so ist es sinnvoll, sie im eigenen Unternehmen vorrä-tig zu haben. Das gilt insbesondere je spezifischer diese Ressourcen sind. Vom Markt kann auch ein jeder Konkurrent das Gleiche beziehen, eine Differenzierung von Medienunter-nehmen zu Medienunternehmen findet dann nicht mehr statt. Zum anderen können Trans-formationen von Branchen oder Geschäftsmodellen anstehen. Dann müssen Ressourcen verändert und weiterentwickelt werden, um die Überlebensfähigkeit des Unternehmens auch in der weiter entfernten Zukunft sicherzustellen. Zur Illustration sei das Beispiel eines Kinderbuchverlags betrachtet, der neben gedruckten Büchern nun verstärkt inter-aktive Apps entwickeln möchte. Wenn der Verlag überzeugt davon ist, dass seine Branche einen Paradigmenwechsel durchlaufen wird in der Form, dass dieses Produktformat zu-künftig eine erhebliche Bedeutung auf dem Markt für Kindermedien haben wird, so ist es aus zukunftsorientierten strategischen Gründen sinnvoll, Know-how zur App-Entwick-lung im Unternehmen aufzubauen. Andernfalls kann der Verlag Teile seines Geschäfts an neue Konkurrenten verlieren, die sich auf die App-Entwicklung spezialisieren. Ein Beispiel für einen solchen neuen Akteur auf dem Markt für Kindermedien ist die Firma Fox&Sheep.

3.3.2.3 Auswahl von Projekten

Technologiebasierte Lösungen in Form von z. B. Anwendungssystemen zur Prozessunter-stützung, als Basis für Geschäftsmodelle oder auch in Form von Produktbestandteilen, sind in der Regel sehr komplex und kostenintensiv. Ressourcen in Form von Zeit und Geld sind häufig knapp, sodass Fehlinvestitionen wie an anderen Stellen im Unternehmen auch, zu vermeiden sind. Unabhängig davon, ob ein Medienunternehmen technologiebasierte Lösungen selber erstellt oder vom Markt bezieht, gilt es daher, aus einer Menge an denk-baren Projekten Priorisierungen vorzunehmen, um mit den knappen Ressourcen eines Unternehmens umzugehen und die Menge an denkbaren Projekten zu limitieren. Nicht alle Projekte in einem Unternehmen können realisiert werden, sodass eine Auswahl entsprechend definierter Kriterien getroffen werden muss (vgl. Krcmar 2005, S. 166). Hierzu können Projektportfolios eingesetzt werden. In einem Portfolio wird der Beitrag eines jeden Projektes zu den Unternehmenszielen darstellt, beurteilt beispielsweise anhand der Kriterien Kostensenkung einerseits und Beitrag zur strategischen Differenzierung andererseits. In einem anderen Portfolio wird die technische Machbarkeit abgeschätzt, beurteilt anhand der Kriterien vorhandenes Know-how sowie notwendiger Integrationsgrad der Lösung in bestehende Systeme. In den nachstehenden Portfolios (vgl. Abb. 3.10) sind exemplarisch vier Projekte für einen Fachverlag positioniert. Am Beispiel des Projekts „XML-Workflow" wird verdeutlicht, wie das Gesamtportfolio entsteht: Im linken Portfolio ist das Projekt im Bereich „hoher Nutzenbeitrag" positioniert (dunkelgraues Dreieck). Dieses Ergebnis wird auf die Nutzen-Achse des Gesamtportfolios als „Nutzenbeitrag hoch" übertragen. Im rechten Portfolio ist das Projekt im Bereich „teilweise risikobehaftet" positioniert. Dieses Ergebnis wird auf die Risiko-Achse des Gesamtportfolios als „Risiko mittel" übertragen. Das Projekt ist deswegen auf der Kombination „hoch-mittel" positioniert (Abb. 3.10).

3.3.2.4 Identifikation von Anforderungen

Für die ausgewählten Projekte muss man sich über die Anforderungen verständigen und klären, was mit dem anzustrebenden Produkt oder der Lösung eigentlich erreicht werden soll und welchen Rahmenbedingungen die Arbeitsergebnisse genügen müssen. So muss z. B. identifiziert werden, was ein spezifisches Anwendungssystem fachlich genau können soll und welche Stellen im Unternehmen damit arbeiten müssen. Im Falle eines CMS muss z. B. geklärt werden, ob dieses das medienneutrale Arbeiten sowohl für elektronische wie auch für Printmedien unterstützen soll und ob Chefredakteure andere Rechte haben als Redakteure. Im Falle der Gestaltung einer Magazin-App muss geklärt werden, welche Eigenschaften dieses Produkt aufweisen und über welche Funktionalität es verfügen soll: zu klären sind z. B. Aspekte wie die Art der Navigation und des Inhaltezugangs (z. B. Blättern oder Scrollen, Pinchen oder Doppelklicken), ob das Medium sowohl quer als auch hochkant auf dem Endgerät genutzt werden und auf welchen Plattformen es lauffähig sein soll.

Es gilt daher, die konkreten Anforderungen an die angestrebten Systeme oder Produkte zu erheben, zu analysieren und in geeigneter Form zu dokumentieren. Diese Arbeit wird als „Spezifikation" oder „Requirements Engineering" bezeichnet und ist abzugrenzen von der „Konstruktion" (vgl. Balzert 2009, S. 433 ff.). Hierunter ist die konkrete Umsetzung der Anforderungen in ein System, ein Produkt oder allgemeiner eine Lösung oder die Anpassung und Implementierung vorhandener Lösungen zu verstehen. Während die Konstruktionsarbeiten durchaus außerhalb des Medienunternehmens durch einen Dienstleister erbracht werden können, sind die Spezifikationsarbeiten immer im Medienunternehmen selber, ggf. mit Hilfestellung von Dienstleistern, durchzuführen, denn nur das Unternehmen selber weiß, was es sich von einer angestrebten Lösung erwartet. Ohne gute Spezi-

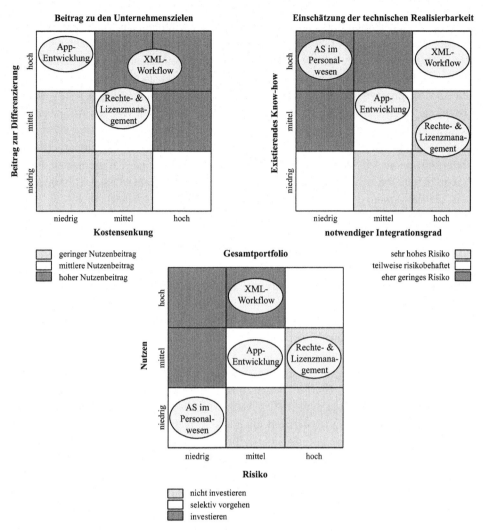

Abb. 3.10 Portfolioanalyse von Projektideen

fikation können weder Lösungen selber entwickelt werden, noch ist man der Lage, den Markt nach geeigneten vorhandenen Lösungen abzusuchen und eine adäquate auszuwählen. Für die Entwicklung von Anwendungssystemen hat Brooks bereits 1987 hinsichtlich der Bedeutung der Spezifikation festgestellt: „The hardest single part of building a software system is deciding precisely what to build. No other part of the conceptual work is as difficult as establishing the detailed technical requirements, including all the interfaces to people, to machines, and to other software systems. No other part of the work so cripples the resulting system if done wrong. No other part is more difficult to rectify later" (vgl. Brooks 1987, S. 8).

Bei der Spezifikation müssen zwei Szenarien des Technologieeinsatzes unterschieden werden. Zum einen kann eine technologiebasierte Lösung der Unterstützung von Geschäftsprozessen bzw. im Falle der Plattformbetreiber dem Aufbau eines Geschäftsmodelles dienen. In diesem Szenario lassen sich die Anforderungen an die Lösung in die folgenden Anforderungstypen klassifizieren: *Funktionale* Anforderungen legen fest, was eine Lösung, z. B. ein Anwendungssystem, können muss. Sie gehen von den Aufgaben aus, die der Nutzer der Lösung erledigen will. Soll das crossmediale Publizieren vereinfacht werden, so muss ein CMS zwingend über eine medienneutrale Datenhaltung verfügen. *Nicht-funktionale* Anforderungen fokussieren auf das Verhalten eines Systems und weitere Eigenschaften, die sich nicht aus der spezifischen Aufgabe ableiten lassen. Hierunter fällt z. B. die Performance, die Gebrauchstauglichkeit oder die Ausfallsicherheit. Eine Plattform, auf die Nutzer ihre Fotos hochladen können, muss zeitgleich mit mehreren tausend Interaktionen umgehen können, ohne dass es zu einer Systemüberlastung kommt. Darüber hinaus existieren *Rahmenbedingungen*, welche aus der Umgebung resultieren, in der eine Lösung zum Einsatz kommen soll. Hierunter fallen z. B. die vorhandene Hardware, auf der eine Lösung lauffähig sein muss oder erforderliche Schnittstellen zu umliegenden Systemen. So muss ein Anwendungssystem, welches Honorare und Lizenzen verwaltet, Schnittstellen zur Finanzbuchhaltung haben. Darüber hinaus können Anforderungen in „Muss" und „Kann" unterschieden werden.

Zum anderen kann Technologie Bestandteil von Produkten eines Medienunternehmens sein. In diesem Szenario geht es um Fragen der Eigenschaften von Produkten und damit um die Produktgestaltung. Hierfür können Anforderungen nach dem Kano-Modell unterschieden werden (vgl. Kano et al. 1984). Als *Basisanforderungen* oder Hygienefaktoren sind solche Anforderungen klassifiziert, die als selbstverständlich angenommen werden und nicht verzichtbar sind. Sind sie nicht erfüllt, wird das Produkt nicht genutzt. Sie erzeugen keine Zufriedenheit, sondern sie vermeiden Unzufriedenheit. Basisanforderung an ein digitales Schriftmedium wäre die Lesbarkeit der Beiträge. *Leistungsanforderungen* werden von Kunden explizit verlangt. Die Zufriedenheit des Kunden steigt mit dem Leistungsgrad. Diese Anforderungen nutzt der Kunde, um das zu beurteilende Produkt mit den Lösungen der Mittbewerber hinsichtlich der Bedürfnisbefriedigung zu vergleichen. So könnte die App eines überregionalen Zeitungsverlags gegenüber einem Konkurrenzprodukt mit prinzipiell gleichem Nachrichtengehalt bevorzugt werden, weil sie eine bessere Bedienbarkeit oder eine übersichtlichere Darstellung der Inhalte aufweist. *Begeisterungsanforderungen* sind solche Leistungsmerkmale, mit denen ein Kunde nicht rechnet und nach denen er deswegen nicht explizit fragt. Sie führen zu überproportionaler Zufriedenheit des Kunden, erzeugen aber auch keine Dissonanzen, wenn sie nicht erfüllt sind. Um sich mit einem Produkt in einem Wettbewerb zu positionieren, der durch nahezu austauschbare Leistungen gekennzeichnet ist, können über Begeisterungsmerkmale Differenzierungen von der Konkurrenz erzeugt werden. So könnte sich ein Zeitungs- oder Magazinverlag dadurch differenzieren, dass er mit seiner App ermöglicht, Artikel losgelöst vom ganzen Heft aufbewahren zu können.

Es ist wichtig, diese Anforderungen und ihre Nutzenbeiträge zu einem technologie-basierten Produkt zu unterscheiden, da sämtliche gewünschten Anforderungen schluss-endlich realisiert werden müssen. Oftmals bedeutet dieses, softwaretechnische Funktio-nalität zu programmieren oder programmieren zu lassen oder komplexe Autorentools zu verwenden, mit denen ein technologiebasiertes Medienprodukt erstellt werden kann. In Bezug auf die Beherrschbarkeit eines Projektes und die schlussendlichen Kosten des Me-dienprodukts gilt es auch, verzichtbare Anforderungen und damit verzichtbare Aufwände zu identifizieren.

Die Ergebnisse aller Spezifikationsarbeiten werden in einem sog. Pflichtenheft fest-gehalten, welches entweder als Basis für einen Auftrag an einen Dienstleister genutzt wird oder aber die Grundlage für die hausinterne Entwicklung einer Lösung darstellt.

3.4 Aufgaben zu Kap. 3

1. Warum sind Vermögensgegenstände für Medienunternehmen so wichtig? Welche Arten von Vermögensgegenständen lassen ich unterscheiden?
2. Welche Arten von Property Rights gibt es?
3. Erläutern Sie die Idee der Mehrfachnutzung. Unterscheide Sie verschiedene Arten.
4. Beschreiben Sie den rechtlichen Rahmen der Personalwirtschaft.
5. Grenzen Sie strukturierte und unstrukturierte Daten voneinander ab und erläutern Sie diese Datenarten anhand selbst erstellter Beispiele.
6. Erläutern Sie die Idee der medienneutralen Datenhaltung. Zeigen Sie Nutzenpotenziale im Vergleich zur medienspezifischen Datenhaltung anhand eines Beispiels auf.
7. Ein Verlag benötigt für die Herstellung seiner Magazine ein CMS. Welche Gründe sprechen dafür, eine Standardsoftware zu wählen? Welche Gründe sprechen dagegen?
8. Erläutern Sie, was man unter Requirements Engineering versteht. Weshalb sind die damit verbundenen Aktivitäten für Medienunternehmen relevant?

Literatur

Balzert, H. (2009). *Lehrbuch der Softwaretechnik: Basiskonzepte und Requirements Engineering* (3. Aufl.). Heidelberg: Spektrum Akademischer Verlag.

Becker, T., Dammer, I., Howaldt, J., Killich, S., & Loose, A. (Hrsg.). (2007). *Netzwerkmanagement – Mit Kooperation zum Unternehmenserfolg* (2. Aufl.). Berlin: Springer.

Benkert, W., & Michel, L. P. (1999). Neue Selbständige in der Medienbranche – Ein Modellfall fü den Dienstleistungssektor?, Arbeitsbericht Nr. 138/1999 der Akademie für Technikfolgenab-schätzung in Baden-Württemberg, Stuttgart.

Blochhouse, J., & Stillich, S. (2013). Auf den Schultern von Giganten. http://www.zeit.de/zeit-wis-sen/2013/02/Internetfirmen-Onlinekonzerne-Cloud.

Breyer-Mayländer, T., & Werner, A. (2003). *Handbuch der Medienbetriebslehre*. München: Olden-bourg.

Brooks, F. Jr. (1987). No silver bullet: Essence and accidents of software engineering. *Computer, 20* (4), (S. 10–19).

Buxmann, P., & Hess, T. (2012). *Die Softwareindustrie.* Berlin: Springer.

Cyert, R. M., & March, J. G. (1995). *Eine verhaltenswissenschaftliche Theorie der Unternehmung* (2. Aufl.). Wiesbaden: Schäffer-Poeschel.

DJV, Deutscher Journalisten-Verband, Freie Journalisten. (2008). Wie ihr Alltag aussieht und wie sie die Branche verändern. http://www.djv.de/Freie-Journalisten-Wie-ihr-Al.62.0.html. Zugegriffen: 2. Juli 2008.

Hagenhoff, S. (2012). Produktpflege. In S. Fedtke & L. Reinerth (Hrsg.), *Erfolgreich publizieren im Zeitalter des E-Books* (S. x227–234). Wiesbaden: Springer Vieweg.

Hagenhoff, S. (2014a). Content-Management-Systeme in Fachverlagen: Ergebnisse einer empirischen Erhebung. Erlanger Beiträge zur Medienwirtschaft 1/2014. Erlangen. http://opus4.kobv. de/opus4-fau/frontdoor/index/index/docId/4195.

Hagenhoff, S. (2014b). Ökonomische Bereitstellungsorganisationen. In U. Rautenberg & U. Schneider (Hrsg.), *Lesen - Ein Handbuch.* Berlin: Walter de Gruyter. (in Vorbereitung).

Hagenhoff, S. (2015). Stichwort Datenaustauschformat. In U. Rautenberg (Hrsg.), *Reclams Sachlexikon des Buchs.* Stuttgart: Philipp Reclam jun. (im Druck).

Hennig-Thurau, T., & Dallwitz-Wegner, D. (2003). Zum Einfluss von Filmstars auf den ökonomischen Erfolg von Spielfilmen, Arbeitspapier Nr. 2, Professur für Marketing und Medien, Bauhaus-Universität Weimar, Weimar.

Hess, T., & Ünlü, V. (2004). Systeme für das Management digitaler Rechte. *Wirtschaftsinformatik, 46*(4), 273–280.

Hess, T., Eggers, B., & Schulze, B. (2003). Management von Medieninhalten – Eine Fallstudienuntersuchung zur Ausgestaltung von Mehrfachnutzung und Verwertungsketten, Arbeitsbericht des Instituts für Wirtschaftsinformatik und Neue Medien Nr. 7/2003, LMU München, München.

Kano, N., Nobuhiku, S., Fumio, T., & Shinichi, T. (1984). Attractive quality and must-be quality. *Journal of the Japanese Society for Quality Control, 14* (2), (S. 39–48).

Krcmar, H. (2005). *Informationsmanagement* (4. Aufl.). Berlin: Springer.

Kroes, N. (2012). Helping European films thrive. European Commission – SPEECH/12/704 09/10/2012. http://europa.eu/rapid/press-release_SPEECH-12-704_en.htm?locale=en. Zugegriffen: 7. Feb. 2014.

Kuhn, A. (2014). Lesen in digitalen Netzwerken. In U. Rautenberg & U. Schneider (Hrsg.), *Lesen - Ein Handbuch.* Berlin: Walter de Gruyter. (2015, im Druck).

Kuhn, A., & Hagenhoff, S. (2014). Digitale Lesemedien. In U. Rautenberg & U. Schneider (Hrsg.), *Handbuch Lesen.* Berlin. (2015, im Druck).

Löffelholz, M., Quandt, T., Hanitzsch, T., & Altmeppen, K.-D. (2003). Onlinejournalisten in Deutschland. Zentrale Befunde der ersten Repräsentativbefragung deutscher Onlinejournalisten. *Media Perspektiven, 10,* (S. 477–486).

Maslow, A. (1987). *Motivation and personality* (3. Aufl.). New York: Harper & Row.

Mertens, P., Bodendorf, F., König, W., Picot, A., Schumann, M., & Hess, T. (2012). *Grundzüge der Wirtschaftsinformatik* (11. Aufl.). Berlin: Springer.

Rawolle, J. (2002). *Content Management integrierter Medienprodukte. Ein XML-basierter Ansatz.* Wiesbaden: DUV.

Runte, M. (2000). *Personalisierung im Internet – Individualisierte Angebote mit Collaborative Filtering.* Wiesbaden: DUV.

Schulte-Gehrmann, A.-L., Klappert, S., Schuh, G., & Hoppe, M. (2011). Technologiestrategie. In G. Schuh & S. Klappert (Hrsg.), *Technologiemanagement* (2. Aufl, S. 55–88). Heidelberg: Springer.

Schumpeter, J. (1950). *Kapitalismus, Sozialismus und Demokratie* (2. Aufl.). Bern: Francke.

Schuster, E., & Wilhelm, S. (2000). Content management. *Informatik Spektrum, 23,* (S. 373–375).

Simon, H. (1997). *Administrative behavior* (4. Aufl.). New York: Macmillan.

Stadlbauer, F., Köhler, L., & Hess, T. (2003). Cross-Media-Bemühungen klassischer Medienunternehmen im Internet – Eine empirische Untersuchung zur Mehrfachnutzung von Inhalten deutscher Anbieter, Arbeitsbericht des Instituts für Wirtschaftsinformatik und Neue Medien Nr. 2/2003, LMU München, München.

Steinbock, H.-J. (1994). *Potentiale der Informationstechnik: State of the Art und Trends aus Anwendungssicht.* Stuttgart: Teubner.

Stock-Homburg, R., (2013). *Personalmanagement – Theorien, Konzepte, Instrumente* (3. Aufl.). Wiesbaden: Springer Gabler.

Weichler, K. (2003). *Handbuch für freie Journalisten.* Wiesbaden: VS Verlag für Sozialwissenschaften.

Wellensiek, M., Schuh, G., Hacker, P. A., & Saxler, J. (2011). Technologiefrüherkennung. In G. Schuh & S. Klappert (Hrsg.), *Technologiemanagement* (2. Aufl., S. 89–170). Heidelberg: Springer.

Wirtz, B. (2013). *Medien- und Internetmanagement* (8. Aufl.). Wiesbaden.

Zerdick, A., Picot, A., Schrape, K., Artopé, A., Goldhammer, K., Heger, D. K., Lange, U. T., Vierkant, K. E., López-Escobar, E., & Silverstone, R. (2001). *Die Internet-Ökonomie – Strategien für die digitale Wirtschaft* (3. Aufl.). Berlin: Springer.

Die kaufmännische Perspektive

4

4.1 Rechnungswesen in Medienunternehmen

4.1.1 Grundlagen des Rechnungswesens

4.1.1.1 Aufbau und Systematik

Hauptaufgabe des betrieblichen Rechnungswesens ist es, alle ökonomisch relevanten Aktivitäten in einem Unternehmen zu erfassen, darzustellen und zu bewerten. In Bezug auf den Adressaten dieser Informationen sind das *externe* und das *interne* Rechnungswesen zu unterscheiden.

Externe Adressaten sind v. a. solche Personen oder Institutionen, die aus einem Vertragsverhältnis Forderungen gegenüber dem Unternehmen haben (Gläubiger wie z. B. Lieferanten, Kreditgeber, Arbeitnehmer, Staat). Die externen Adressaten sind daher an solchen Informationen interessiert, die im Sinne des Gläubigerschutzes Auskunft über Schuldendeckungsmöglichkeiten oder über die Höhe des durch Steuern belastbaren Gewinns (Staat) geben und die wirtschaftliche Lage des Unternehmens wiederspiegeln. Der Aufbau dieser Informationen beruht auf speziellen Vorschriften, die z. B. im HGB und in rechtsformspezifischen Gesetzestexten wie etwa dem AktG, dem GmbHG sowie im Steuerrecht festgehalten sind. Börsengehandelte Unternehmen oder die Zulassung zur Börse beantragende Unternehmen müssen darüber hinaus den Jahresabschluss nach den Regeln der International Financial Reporting Standards (IFRS) aufstellen. Das interne Rechnungswesen richtet sich demgegenüber an unternehmensinterne Informationsempfänger. Interne Adressaten sind an entscheidungsrelevanten Informationen wie Kosten, Erlösen und Gewinnen interessiert, um den Betriebsprozess (z. B. Preisermittlung, Sortimentsplanung) zielorientiert lenken und steuern zu können. Für das interne Rechnungswesen gibt es keine gesetzlichen Vorgaben, es sei denn, es müssen Berichtspflichten staatlicher Regulierung oder Branchenvereinbarungen beachtet werden.

© Springer-Verlag Berlin Heidelberg 2014   107
M. Schumann et al., *Grundfragen der Medienwirtschaft,* Springer-Lehrbuch,
DOI 10.1007/978-3-642-37864-5_4

4.1.1.2 Doppelte Buchführung als Basis

Aufgabe der Buchführung ist es, alle Geschäftsvorfälle mengen- und wertmäßig zu erfassen, um einen Überblick über die bestandsmäßigen Veränderungen des Vermögens und
Kapitals zu erhalten. Sie ist die Basis für internes und externes Rechnungswesen.

Rechtliche und organisatorische Grundlagen

Nach § 238 Absatz 1 HGB ist jeder Kaufmann verpflichtet, Bücher zu führen und in diesen seine Handelsgeschäfte ersichtlich zu machen. Die Buchführungspflicht betrifft damit
alle laut HGB definierten Kaufleute. Ausgenommen sind Kleinunternehmer als Einzel-
kaufleute mit weniger als 500.000 € Umsatz und weniger als 50.000 € Gewinn in zwei
aufeinander folgenden Jahren gemäß § 241a HGB.

Der Kaufmann muss bei der Durchführung der Buchführung gewisse Regeln einhalten,
die sog. *Grundsätze ordnungsmäßiger Buchführung* (GoB). Als wesentliche Grundsätze
werden im Allgemeinen nach §§ 238, 239 HGB folgende Normen angesehen:

* Jeder Geschäftsvorfall muss durch Belege nachweisbar sein.
* Sämtliche Geschäftsvorfälle müssen vollständig im Grundbuch erfasst und aufgezeich-
  net werden.
* Die Geschäftsvorfälle müssen sachlich klar und übersichtlich geordnet werden.
* Die Geschäftsvorfälle müssen sachlich und formell richtig, d. h. der Wahrheit und den
  formellen Anforderungen entsprechend, erfasst werden.

Die Buchführung wird in sog. „Büchern" vorgenommen. Zum Erfassen sämtlicher Geschäftsvorfälle dient zunächst das *Grundbuch*. In ihm werden die Geschäftsvorfälle chro-
nologisch geordnet aufgeführt. Eine sachlich geordnete Erfassung erfolgt im *Hauptbuch*,
mit dem die eigentliche Buchführung beginnt. Dazu wird auf Basis der Schlussbilanz
des vorangegangenen Jahres, die sog. Eröffnungsbilanz des jeweiligen Jahres, nach ihren
einzelnen Positionen aufgegliedert. Für jede Bilanzposition wird ein Konto (Bestandskonten: Vermögens- und Kapitalkonten) geführt. Die Bestandswerte aus der Eröffnungsbilanz
werden als Anfangsbestände eingetragen. Die in der laufenden Periode angefallenen, er-
folgsneutralen (also solche, die nicht das Eigenkapital erhöhen oder mindern), aber be-
standswirksamen Geschäftsvorfälle werden als Zu- bzw. Abgänge verbucht. Das Ergebnis
wird in der Bilanz verdichtet. Erfolgswirksame Geschäftsvorfälle werden dagegen auf
Erfolgskonten (Aufwands- und Ertragskonten) verbucht und deren Ergebnis in der Ge-
winn- und Verlustrechnung (GuV) abgebildet. Während die Bilanz den Vermögensstand
einer Unternehmung nur am Bilanzstichtag bzw. den Erfolg nur im Block abbildet, gibt
die GuV Auskunft über die Zusammensetzung des Erfolges auf der Basis von Aufwand
und Ertrag. Ergänzend werden in der Praxis auch Nebenbücher eingesetzt. Diese finden
sich z. B. für Debitoren (z. B. für die Abonnenten einer Zeitschrift), für Kreditoren (wie
Internet-Provider und andere Lieferanten) und für Mitarbeiter im Rahmen der Lohn- und
Gehaltsabrechnung.

In der Praxis werden Geschäftsvorfälle nicht nur auf Papier dokumentiert, Bücher nicht mehr als „physische Bücher" geführt und eine Abschlussbilanz nicht mehr manuell erstellt. Vielmehr erfolgt die Buchführung weitgehend unterstützt durch Anwendungssysteme.

Die Buchführungspflicht beginnt bereits mit der Gründung des Unternehmens. Zum Gründungszeitpunkt werden das Vermögen und die Schulden durch Zählen und Bewerten erfasst. Dieser sich stichtagsbezogen wiederholende Vorgang der mengen- und wertmäßigen Erfassung der vorhandenen Vermögensgegenstände und Schulden wird als Inventur bezeichnet. Auch zum Ende eines jeden Geschäftsjahres sowie bei Unternehmensauflösung ist eine Inventur vorgeschrieben. Mit der jährlichen Inventur wird geprüft, ob die tatsächlich vorhandenen und die in den Büchern dokumentierten Bestände (z. B. die Rechner im Redaktionsbüro oder die Bücher im Verlagslager) übereinstimmen.

In der Praxis spielen standardisierte Kontenpläne, sog. Kontenrahmen, eine wichtige Rolle. Sie geben Unternehmen eine Orientierung, um einen eigenen Kontenplan zu entwickeln. In Konzernen (vgl. Kap. 5.3.2.2) werden Kontenrahmen auch eingesetzt, um Vergleiche zwischen Konzerngesellschaften durchführen zu können.

Begriffliche Grundlagen

In Kap. 1 wurde erläutert, dass ein betriebswirtschaftliches Formalziel darin bestehen kann, den Gewinn eines Unternehmens zu maximieren. Je nach Betrachtungsperspektive lässt sich der Gewinn eines Unternehmens unterschiedlich definieren: als periodenbezogener Überschuss der *Erlöse* über die *Kosten* (kalkulatorischer Gewinn), als Überschuss der *Erträge* über die *Aufwendung* (buchhalterischer Gewinn) oder als Überschuss der *Einzahlungen* über die *Auszahlungen*. Als Auszahlungen bezeichnet man alle Zahlungsmittelabflüsse eines Unternehmens. Aufwendungen sind erfolgswirksame Abgänge von Geld- und Sachwerten, so z. B. Gehaltszahlungen (vgl. Abb. 4.1). Nicht erfolgswirksame Auszahlungen wären hingegen z. B. Kredittilgungen, die zu keinem Güterverbrauch führen. Auch durch Kosten wird der Werteverzehr ausgedrückt. Anders als beim Aufwand muss dieser Werteverzehr aber mit dem Betriebszweck verbunden sein sowie in der betrachteten Periode verursacht worden sein. In diesem Sinne entstehen durch Instandsetzungsmaßnahmen für den betriebseigenen Kindergarten Aufwendungen, aber keine Kosten. Analog sind Einzahlungen, Erlöse und Erträge zu definieren (vgl. Abb. 4.2).

Auch Medienunternehmen orientieren sich für interne Analysen am kalkulatorischen Gewinn bzw. für die Darstellung gegenüber Anteilseignern und anderen Interessengruppen am buchhalterischen Gewinn.

Erfassung von Geschäftsvorfällen

Die Buchführung bedient sich formal einer Kontorechnung. Ein Konto ist eine zweispaltige tabellarische Darstellung zur getrennten Erfassung von Bestands- oder Erfolgswerten aus unterschiedlicher Perspektive (vgl. Wedell und Dilling 2010, S. 13 f.). Unterschieden werden Bestands- und Erfolgskonten, je nachdem ob sie aus der Bilanz oder der GuV abgeleitet bzw. wieder zu diesen aggregiert werden. Die Grundstruktur von *Bestandskonten* ist in Abbildung 4.3 beschrieben.

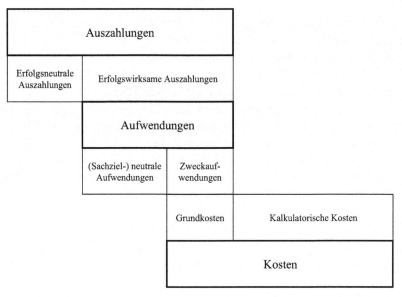

Abb. 4.1 Begriffsabgrenzung Auszahlungen, Aufwendungen und Kosten. (Vgl. Schweitzer und Küpper 2011, S. 20)

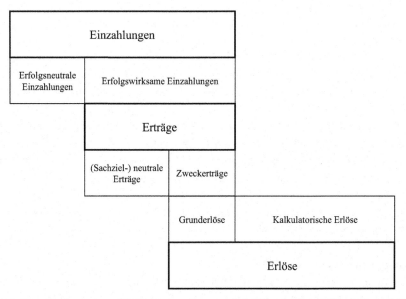

Abb. 4.2 Begriffsabgrenzung Einzahlungen, Erträge und Erlöse. (Vgl. Schweitzer und Küpper 2011, S. 26)

Abb. 4.3 Grundstruktur von
Konten. (Bestandskonten)

Soll	Aktivkonto	Haben
Anfangsbestand	Abgänge	
Zugänge	Endbestand (Saldo)	
Σ	Σ	

Soll	Passivkonto	Haben
Abgänge	Anfangsbestand	
Endbestand (Saldo)	Zugänge	
Σ	Σ	

In Aktivkonten werden Vermögensgegenstände (z. B. Schreibtische oder Lizenzrechte an Filmproduktionen) und deren Veränderungen abgebildet, auf Passivkonten entsprechend Kapitalbestände und -bewegungen. Die Zweiseitigkeit des Kontos ermöglicht eine Trennung von bestandserhöhenden und bestandsmindernden Vorgängen. Der Saldo zwischen den beiden Kontenseiten stellt den Endbestand dar, der in die Bilanzrechnung eingeht. Ein Konto muss immer ausgeglichen sein, d. h. die Summe der Sollseite muss gleich der Summe der Habenseite eines Kontos sein. Die Differenz zwischen den Soll- und Habenbuchungen bildet den Saldo des Kontos.

Da also jeder Geschäftsvorfall zwei Seiten hat, wird jeder Geschäftsvorfall doppelt erfasst und betrifft mindestens zwei Konten. Daher rührt die Bezeichnung „*System der doppelten Buchführung*". Jeder Geschäftsvorfall wird einmal im Soll des einen Kontos (Sollbuchung) und einmal im Haben eines anderen Kontos (Habenbuchung) erfasst, wobei beide Veränderungen sowohl im Soll als auch im Haben in gleicher Höhe erfolgen müssen. Soll- und Habenbuchungen lassen sich in Anlehnung an eine Bilanz umschreiben. Eine Bilanz hat als Konto zwei Seiten: Auf der linken Seite steht die Wertverwendung (Vermögen) und auf der rechten Seite die Wertherkunft (Kapital). Analog kann die Buchung von Geschäftsvorfällen verstanden werden: Eine Sollbuchung kann mit der Fragestellung „Wofür wurde der Wert verwendet?" (z. B. Kauf der Rechte an einem Buchmanuskript) bzw. „Wohin ist der Wert gegangen?" umschrieben werden, eine Habenbuchung mit der Fragestellung „Woher kommt der Wert?" (z. B. Abbuchung vom Bankkonto) (vgl. Wedell und Dilling 2010, S. 72 f.).

Die bisherigen Darstellungen bezogen sich auf Bestandsveränderungen. Der Geschäftsbetrieb in Medienunternehmen verursacht aber auch Aufwendungen (z. B. Gehälter, Büromaterial, Werbung) und Erträge (z. B. aus dem Verkauf von Zeitschriften oder Werbeflächen), die keinen Beständen zugeordnet werden können.

Aufwendungen und Erträge werden in der Buchführung auf Erfolgskonten (Aufwands- und Ertragskonten) erfasst. Im Unterschied zu den Bestandskonten gibt es hier keine Anfangsbestände, da nur die in der betrachteten Periode angefallenen Aufwendungen und

Erträge erfasst werden. Deren Saldo wird dann am Ende der Periode in die GuV übertragen. Aufwands- und Ertragskonten werden dabei als Unterkonten des Eigenkapital-
kontos geführt, sodass Erträge letztendlich Eigenkapitalmehrungen und Aufwendungen
Verminderungen des Eigenkapitals darstellen. Der Erfolg einer Periode ergibt sich aus der
Differenz von Erträgen und Aufwendungen und kann im Saldo der GuV abgelesen werden. Dabei spricht man von „Erfolg", unabhängig ob ein Gewinn (die Erträge übersteigen
die Aufwendungen einer Periode) oder ein Verlust (die Aufwendungen übersteigen die Erträge einer Periode) erzielt wurde. Der Gewinn bzw. Verlust geht in das Eigenkapitalkonto
und damit wieder in das Bilanzkonto ein.

Entwertungsvorgänge von Gegenständen des Anlagevermögens mit einer begrenzten
Nutzungsdauer, wie z. B. einer Druckmaschine oder der Technikausstattung eines Schnitt-
platzes, werden in der Buchführung in sog. *Abschreibungen* als Aufwendungen berücksichtigt. Anschaffungs- oder Herstellungskosten von Anlagegegenständen sind um plan-
mäßige, periodische Abschreibungen zu vermindern. Dabei werden die Anschaffungs-
oder Herstellkosten auf die Geschäftsjahre der voraussichtlichen Nutzung verteilt.

4.1.2 Externes Rechnungswesen

Mit Hilfe der doppelten Buchführung dokumentierte Geschäftsvorfälle werden für eine
Periode (typischerweise einem Jahr) in Form des Jahresabschlusses (Bilanz, Gewinn-
und Verlustrechnung, ggf. Anhang und Lagebericht) verdichtet. Wertgrößen des externen
Rechnungswesens sind Aufwendungen und Erträge.

Der einzelgesellschaftliche Abschluss muss für inländische Unternehmen auf Basis des
Handelsrechts und ggf. unter Berücksichtigung des Steuerrechts erstellt werden. Börsennotierte Konzerne sind dagegen dazu verpflichtet (§ 315 a Abs. 1 HGB) ihren konsoli-
dierten Abschluss nach International Financial Reporting Standards (IFRS) zu erstellen.
Börsennotierte Unternehmen in Deutschland haben nach § 325 Abs. 2a HGB das Wahlrecht den Einzelabschluss nach HGB oder IFRS zu erstellen. Gleiches gilt für nicht börsennotierte Konzerne.

In den meisten Fällen muss der einzelgesellschaftliche Abschluss auf Basis des Handelsrechts erstellt werden. Im Nachfolgenden wird daher näher auf die Vorschriften des
HGB eingegangen.

4.1.2.1 Jahresabschluss

Nach § 242 HGB sind Kaufleute verpflichtet, am Ende eines jeden Geschäftsjahres einen
Jahresabschluss, bestehend aus der Bilanz (auch als Handelsbilanz bezeichnet) und der
GuV, zu erstellen. Für große Kapitalgesellschaften wird zudem die Erweiterung des Jahresabschlusses um einen Anhang sowie die Aufstellung eines Lageberichts vorgeschrieben. Der Anhang enthält dabei Erläuterungen zur Bilanz und zur GuV, während der Lage-

bericht einen Überblick über den Geschäftsverlauf und die Lage der Kapitalgesellschaft gibt sowie auf voraussichtliche Entwicklungen der Gesellschaft und auf den Bereich Forschung und Entwicklung eingehen soll. Bei der Aufstellung des Jahresabschlusses müssen die Grundsätze ordnungsgemäßer Buchführung beachtet werden (vgl. Kap. 4.1.1.2), um so ein den tatsächlichen Verhältnissen entsprechendes Bild der Vermögens-, Finanz- und Ertragslage der Unternehmung zu vermitteln.

Seit Jahresbeginn 2007 sind Kapitalgesellschaften (GmbH, GmbH & Co. KG, AG) sowie eingetragene Genossenschaften dazu verpflichtet, ihre Jahresbilanzen im elektronischen Unternehmensregister beim Bundesanzeiger zu veröffentlichen. Unter www.bundesanzeiger.de sind diese Informationen über das Internet einsehbar.

Aufbau und Inhalt einer Bilanz

Die Bilanz gibt die Vermögens- und Kapitalstruktur einer Unternehmung an einem Stichtag wieder. Die Aktivseite umfasst das *Vermögen* der Unternehmung und beschreibt die Wertverwendung, die Passivseite stellt das *Kapital* dar und gibt Auskunft über die Wertherkunft (vgl. Abb. 4.4). Für die Bilanz ist die Gleichung

$$\text{Summe des Vermögens} = \text{Summe des Kapitals}$$

stets gültig.

Für das Vermögen ist eine Untergliederung in Anlage- und Umlaufvermögen, für das Kapital in Eigen- und Fremdkapital handelsrechtlich vorgeschrieben. Zum Anlagevermögen zählen Vermögensgegenstände, die für eine längere Zeitdauer genutzt werden, z. B. Gebäude, Druckmaschinen oder Filmstudios. Es besteht aus immateriellen Vermögensgegenständen (wie gekaufte Rechte und Lizenzen), Sachanlagen (z. B. Grundstücke, PCs) und Finanzanlagen (z. B. Beteiligung an anderen Unternehmen).

Das Umlaufvermögen umfasst Wirtschaftsgüter, die innerhalb einer kürzeren Periode umgeformt oder umgesetzt werden. Es wird aufgeteilt in Vorräte (z. B. gelagerte oder halbfertige Bücher, Papier), Forderungen (z. B. aufgrund ausgelieferter Büchern), Wertpapiere und Zahlungsmittel (u. a. Bankguthaben, Kassenbestand, Schecks).

Abb. 4.4 Vereinfachtes Schema einer Bilanz

Aktiva	Bilanz	Passiva
Anlagevermögen		Eigenkapital
Umlaufvermögen		Fremdkapital
Vermögen	=	Kapital

Eigenkapital ist der Teil des Kapitals, der von am Unternehmen Beteiligten bzw. den Eigentümern zur Verfügung gestellt wird. Fremdkapital sind durch Dritte (z. B. Banken, Lieferanten) gewährte Kredite.

Das Eigenkapital umfasst bei Kapitalgesellschaften neben dem Gezeichneten Kapital auch Rücklagen, die u. a. durch nicht ausgeschüttete Gewinne gebildet werden können. Fremdkapital umfasst neben den Verbindlichkeiten Rückstellungen. Letztere werden angesetzt für in späteren Perioden anfallende Auszahlungen, deren Erfolgswirksamkeit aber in der betrachteten Periode anfällt. Ein Beispiel sind Pensionsrückstellungen, die während der Beschäftigungszeit der Arbeitnehmer für den Eintritt seiner Pensionszeit angesammelt werden (zu Besonderheiten der Bilanzierung im Medienbereich siehe auch Gläser 2010, S. 571 ff.).

Aufbau und Inhalt einer Gewinn- und Verlustrechnung (GuV)
Der Jahresüberschuss oder -fehlbetrag wird in der GuV ermittelt. Als Jahresüberschuss (Gewinn) wird das Anwachsen des Eigenkapitals innerhalb einer Periode bezeichnet, ein Jahresfehlbetrag (Verlust) ist somit die Verringerung des Eigenkapitals in einer Periode. Teile des Jahresüberschusses/-fehlbetrages werden in Rücklagen eingestellt. Unter der Bilanzposition Jahresüberschuss/-fehlbetrag wird der Jahresüberschuss oder -fehlbetrag demzufolge nicht vollständig abgebildet.

Die GuV enthält sämtliche Aufwendungen und Erträge einer Periode und zeigt so – im Gegensatz zur Bilanz – die Quellen des Erfolgs.

Für Kapitalgesellschaften sind Form und Gliederung der GuV in § 275 HGB vorgeschrieben. Danach muss die GuV in Staffelform dargestellt werden. Wahlweise kann nach dem *Gesamt- oder Umsatzkostenverfahren* gegliedert werden (s. Abb. 4.5).

Gesamt- und Umsatzkostenverfahren unterscheiden sich im Umfang der einbezogenen Erträge. Während beim Gesamtkostenverfahren als Erträge Umsatzerlöse aus verkauften Erzeugnissen und auch die Werte der auf Lager gehenden nicht verkauften Halb- und Fertigfabrikate eingeschlossen sind, bezieht das *Umsatz*kostenverfahren nur Erträge aus *verkauften* Erzeugnissen ein. Beim Gesamtkostenverfahren werden Aufwendungen für die Gesamtproduktion (einschließlich Lagerbestandsveränderungen) erfasst, beim Umsatzkostenverfahren nur die entsprechenden Aufwendungen der verkauften Erzeugnisse. Der in der GuV ermittelte Jahresüberschuss ist jedoch bei beiden Verfahren gleich.

Wichtige Ansatz- und Bewertungsvorschriften
Durch *Ansatz- und Bewertungsvorschriften* soll der Willkür bei der Bewertung von Vermögens- und Kapitalbeständen entgegengewirkt sowie die Vergleichbarkeit gewährleistet werden. Die Vorschriften beschreiben, ob und in welcher Höhe ein Wirtschaftsgut bilanziert werden muss, darf oder kann. Die Grundlage für die Bilanzierungsfähigkeit und die Bewertung von Vermögens- oder Kapitalwerten ergibt sich aus dem Handels- und Steuerrecht. Im Handelsgesetzbuch (HGB) wird eine Reihe grundsätzlicher Prinzipien zur Bilanzierung und Bewertung genannt (vgl. § 252 Absatz 1 HGB). Der Grundsatz der Unternehmensfortführung (*Going-concern-Prinzip*) besagt, dass die Bewertung von Vermögen

Gliederung Gewinn-und Verlustrechnung (§ 275 HGB)	
Gesamtkostenverfahren	Umsatzkostenverfahren
1. Umsatzerlöse	1. Umsatzerlöse
2. Erhöhung oder Verminderung des Bestandes an fertigen und unfertigen Erzeugnissen	2. Herstellkosten des Umsatzes
	3. Bruttoergebnis vom Umsatz
	4. Vertriebskosten
3. Andere aktivierte Eigenleistungen	5. Allgemeine Verwaltungskosten
4. Sonstige betriebliche Erträge	6. Sonstige betriebliche Erträge
5. Materialaufwand	
6. Personalaufwand	
7. Abschreibungen	
8./7. Sonstige betriebliche Aufwendungen	
9./8. Erträge aus Beteiligungen	
10./9. Erträge aus Wertpapieren	
11./10. Sonstige Zinsen und ähnliche Erträge	
12./11. Abschreibungen auf Finanzanlagen und auf Wertpapiere	
13./12. Zinsen und ähnliche Aufwendungen	
14./13. Ergebnis der gewöhnlichen Geschäftstätigkeit	
15./14. Außerordentliche Erträge	
16./15. Außerordentliche Aufwendungen	
17./16. Außerordentliches Ergebnis	
18./17. Steuern vom Einkommen und vom Ertrag	
19./18. Sonstige Steuern	
20./19. Jahresüberschuss/Jahresfehlbetrag	

Abb. 4.5 Gliederung der Gewinn- und Verlustrechnung. (Vgl. Wöhe und Döring 2013, S. 754)

und Schulden unter dem Gesichtspunkt der Weiterführung des Betriebes zu erfolgen hat. Das *Prinzip der Einzelbewertung* fordert, Vermögensgegenstände und Schulden einzeln zu bewerten. Ein weiterer wichtiger Leitsatz der Bilanzierung nach HGB ist das *Prinzip kaufmännischer Vorsicht*, das insbesondere auf dem Gedanken des Gläubigerschutzes beruht. Die Bewertung ist so vorzunehmen, dass die Schuldendeckungsfähigkeit des Unternehmens nicht durch buchmäßige Gewinne beeinträchtigt wird. Aus dem Vorsichtsprinzip leiten sich das Realisationsprinzip und das Imparitätsprinzip ab. Ersteres verbietet es, einen Gewinn auszuweisen, solange der notwendige Umsatz noch nicht tatsächlich realisiert wurde. Letzteres verlangt, Verluste bereits dann auszuweisen, wenn sie aus der Abwicklung laufender Geschäfte zu erwarten sind.

Als weiterer Grundsatz formuliert das HGB das *Prinzip der Periodenabgrenzung*. Dieses besagt, dass Aufwendungen und Erträge eines Geschäftsjahres unabhängig vom Zeitpunkt des zugehörigen Zahlungsvorgangs im entsprechenden Jahresabschluss zu berücksichtigen sind.

Ein *Aktivierungsgebot* (d. h. die Pflicht zur Aktivierung) besteht für alle materiellen oder entgeltlich erworbenen Vermögensgegenstände.

Selbst erstellte (also nicht entgeltlich erworbene) immaterielle Vermögensgegenstände sind differenzierter geregelt (§ 248 Absatz 2 HGB). So besteht ein Wahlrecht bei immateriellen Vermögensgegenständen des Anlagevermögens, z. B. selbst erstellten CMS.

Aktivseite	Passivseite
Wertobergrenze: Anschaffungswert	Eigenkapital
	• Ausweis nach rechtsformtypischen Merkmalen
bei Wertminderungen:	
Anlagevermögen	Fremdkapital
• der um Abschreibungen verminderte Anschaffungswert	Verbindlichkeiten
• der niedrigere Wert, der sich aufgrund einer voraussichtlich andauernden Wertminderung ergibt (Gemildertes Niederstwertprinzip)	• in Höhe des vertraglichen Rückzahlungsbetrages bzw. der Zahlungsverpflichtung
Umlaufvermögen	Rückstellungen
• der niedrigere Wert am Abschlussstichtag (Strenges Niederstwertprinzip)	• Ansatz nach „vernünftiger kaufmännischer Beurteilung"

Abb. 4.6 Wichtige Bewertungsvorschriften bei Kapitalgesellschaften. (Wedell und Dilling 2010, S. 50)

Selbst geschaffene Markennamen, Zeitschriftentitel oder Verlagsrechte dürfen aber nicht aktiviert werden.

Nach der Erfassung aller in der Bilanz erscheinenden Wirtschaftsgüter erfolgt deren Bewertung. Generell gilt, dass nach § 253 Absatz 1 HGB der Anschaffungswert die Obergrenze des Wertansatzes von Vermögensgegenständen ist. Der Anschaffungswert umfasst nach § 255 HGB neben dem eigentlichen Kaufpreis auch alle Aufwendungen, um den Gegenstand „… in einen betriebsbereiten Zustand zu versetzen …".

Abbildung 4.6 gibt abschließend einen Überblick über wesentliche *Bewertungsvorschriften* bei Kapitalgesellschaften. Um Wirtschaftsgüter im externen Rechnungswesen aktivieren zu können, muss die sog. konkrete Aktivierungsfähigkeit gegeben sein. Die konkrete Aktivierungsfähigkeit knüpft an die Eigenschaft eines Vermögensgegenstandes an. Wirtschaftsgüter, die keinen Vermögensgegenstand darstellen, dürfen nur dann in der Bilanz angesetzt werden, wenn dies durch eine Norm ausdrücklich erlaubt wird (Bilanzierungshilfen). Ein Wirtschaftsgut ist ein Vermögensgegenstand, wenn es einen selbständig bewertbaren und verkehrsfähigen, d. h. einzeln veräußerbaren Wert darstellt.

Analysiert man, inwieweit die oben skizzierten Ansatz- und Bewertungsvorschriften in der Lage sind, ein tatsächliches Bild von der wirtschaftlichen Lage eines Medienunternehmens zu geben, fallen schon auf den ersten Blick eine Reihe von Unzulänglichkeiten auf. So finden z. B. das spezifische Wissen der Mitarbeiter, Zeitschriftentitel, Verlagsrechte und auch der Abonnentenstamm in der handelsrechtlichen Bilanz keinerlei Berücksichtigung, obwohl diese gerade in Medienunternehmen die wichtigsten Quellen für zukünftige Gewinne sind (vgl. Kap. 3.1). Dies führt letztlich auch zu auffälligen Diskrepanzen zwischen dem Marktwert, d. h. dem Wert, der sich aus dem Verkauf des Unternehmens ergibt, und dem Buchwert, d. h. dem in den Büchern ausgewiesenen Wert eines Medienunternehmens, wie sie in letzter Zeit z. B. beim Verkauf von Medienunternehmen zu beobachten waren. Probleme ergaben sich dadurch i. d. R. auch bei der Finanzierung von Medienunternehmen, da Kreditgeber die handelsrechtliche Bilanz üblicherweise als Basis für ihre Kreditentscheidung heranziehen, in der besonders relevante immaterielle Vermögenswerte aber weitgehend nicht abgebildet werden können. Da die Bewertung des immateriellen Vermögens insgesamt an Bedeutung gewonnen hat, haben sich verschiedene Verfahrensansätze herausgebildet. Diese lassen sich trennen in Bottom Up-Ansätze, bei denen die Ermittlung durch Aggregation der einzelnen Potentiale erfolgt, oder Top Down-Ansätze, die auf der Differenz zwischen Unternehmenswert (z. B. aufgrund der Börsennotierung) und dem ausgewiesenen Vermögen (z. B. bilanziell) beruhen.

Die erste Gruppe basiert dabei auf induktiv-analytischen Vorgehensweisen, die zumeist mit mehrdimensionalen Bewertungsverfahren verbunden sind. Die zweite Gruppe geht deduktiv-summarisch vor und konzentriert sich auf die angeführten Wertdifferenzen. Somit lassen sich die Verfahren auch danach klassifizieren, ob sie monetär bewerten oder nicht-monetäre Größen bestimmen oder eine Kombination darstellen.

Die nachfolgende Abbildung systematisiert ausgewählte Ansätze. Tobin's q versucht dabei über eine Kennzahl ein Verhältnis zwischen dem tatsächlichen Marktwert und den Wiederbeschaffungskosten für die Vermögensgegenstände des Unternehmens herzustellen. Sowohl beim Skandia's Navigator als auch bei Balanced Scorecards werden mehrere Dimensionen (z. B. Kundenpotential, Humankapital, Organisatorische Effizienz der Prozesse und Anpassungsfähigkeit an neue Umfeldbedingungen) betrachtet und mit Kennzahlen bewertet. Auch der Intangible Assets Monitor ist ein Scorecard-basiertes Verfahren, das Zeitvergleiche zulässt, aber keine monetären Größen aufweist. Der IC-Index geht einen Schritt weiter, indem er die unterschiedlichen Bereiche des intellektuellen Kapitals zu einer Kennzahl verdichtet. In den Wissensbilanzmodellen wird schließlich ein nach verschiedenen Dimensionen gegliederter Überblick zu den Kompetenzen im Unternehmen gegeben (vgl. Abb. 4.7).

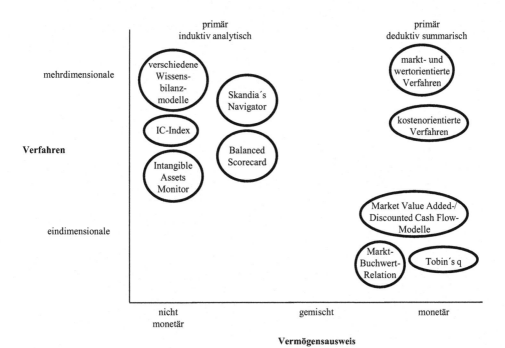

Abb. 4.7 Ansätze zur Bewertung immateriellen Vermögens. (North 2011, S. 232)

Ergänzend sei auf ein zweites Problem bei der Aktivierung von immateriellen Vermögensgegenständen verwiesen. Auch wenn die Aktivierung nach HGB erlaubt ist (z. B. nicht selber geschaffene Filmrechte), ist die Werthaltigkeit von Rechten von den stark wechselnden Präferenzen der Konsumenten abhängig, was zu kurzfristigen Wertverlusten führen kann.

Fallbeispiel 4: Immaterielle Vermögensgegenstände der früheren EM.TV & Merchandising AG

Die EM.TV & Merchandising AG wurde 1989 von Thomas Haffa, einem ehemaligen Kirch-Mitarbeiter, gegründet. Das Kerngeschäft des Unternehmens lag in der Vermarktung von Fernseh- und Merchandisingrechten im Bereich Kinder- und Familienentertainment sowie in der Co- bzw. Eigenproduktion von Zeichentrickserien. Spätestens mit dem Börsengang 1997 sowie dem Erwerb der Jim Henson Company („Muppet Show") und des Formel 1-Rechteinhabers SLEC wollte „EM. TV in die Weltliga der Medienkonzerne aufsteigen" (Financial Times Deutschland, 19.02.2000). Auf dem Höhepunkt der „Internet-Blase" im März 2000 ist EM.TV mit einem Börsenwert von 12 Mrd. € höher bewertet als zwölf DAX-Unternehmen.

Der Konzernabschluss des Unternehmens für das Jahr 2000 zeigt deutlich, welche Probleme in der bilanziellen Abbildung von Lizenzen und Rechten bestehen können. Bei einem Gesamtvermögen von 6,67 Mrd. € sind 4,42 Mrd. € als immaterielle Vermögensgegenstände ausgewiesen. Die Gewinn- und Verlustrechnung zeigt bei einem Umsatz von 1,28 Mrd. € eine Abschreibung auf dieses Vermögen in Höhe von 2,30 Mrd. €.

Das Unternehmen hatte bei Erwerb der Jim Henson Company sowie der Holding-Gesellschaft SLEC in der Phase der Euphorie mit 0,65 Mrd. € bzw. 1,70 Mrd. € – zumindest nach heutigen Maßstäben – deutlich überhöhte Kaufpreise gezahlt.

Noch im gleichen Jahr musste das unter Druck geratene Unternehmen die Rechte für einen drastisch reduzierten Preis wieder verkaufen. Für den Verkauf eines 50%-Anteils von SLEC an die damalige Kirch-Gruppe erhielt EM.TV lediglich 0,61 Mrd. €. Für die Jim Henson Company konnte nach langer Suche nach einem Käufer schließlich nur noch ein Preis von 74 Mio. € erzielt werden.

Im April 2004 verschmolz die EM.TV & Merchandising AG auf die EM.TV Vermögensverwaltungs AG. Das Unternehmen firmiert ab diesem Zeitpunkt unter EM.TV AG und seit Juli 2007 unter EM.Sport Media AG. 2009 beschloss die Hauptversammlung den Firmennamen in „Constantin Media AG" zu ändern.

In der Konzernbilanz aus dem Geschäftsjahr 2007 werden – trotz Bilanzierung nach IFRS – nur noch 5,1 Mio. € immaterielle Vermögenswerte bei einem Anlagevermögen von insgesamt 205,1 Mio. € ausgewiesen. Hierunter fielen im Wesentlichen Software sowie im Rahmen von Kaufpreisallokationen aufgedeckte immaterielle Werte, wie z. B. Kundenbeziehungen, deren Bewertung zu Anschaffungskosten abzüglich planmäßiger linearer Abschreibungen und Wertminderungen erfolgte. Des Weiteren wurden Produktionskosten für Lizenzen nach der Fertigstellung als immaterielle Vermögenswerte ausgewiesen. 2012 sind in der Konzernbilanz der Constantin Media AG bei einem Anlagevermögen von 233 Mio. € wieder 211 Mio. € immaterielle Vermögenswerte, primär in Form von Filmvermögen, enthalten.

Eine Bilanz soll die Vermögens- und Kapitalstruktur einer Unternehmung an einem Stichtag wiedergeben. Das obige Beispiel zeigt, wie schwierig es ist, diese Aufgabe zu erfüllen, wenn die Vermögenswerte – wie für Medienunternehmen typisch – immaterieller Art sind.

Angemerkt sei, dass die Entwicklung von Verfahren zum Bewerten immaterieller Vermögensgegenstände erst am Anfang steht. Besonders interessant ist, dass sich die Diskussion zunehmend auf Ansätze konzentriert, die – wie die zuvor skizzierten Lösungen – außerhalb der Bilanz liegen. Seit Inkrafttreten des Bilanzrechtsmodernisierungsgesetzes im Jahr 2009 (BilMoG) entsprechen sich die IFRS- und HGB-Regelungen weitgehend. Dazu müssen die Anschaffungs- und Herstellkosten des immateriellen Vermögens zuverlässig bemessen werden können und es muss ersichtlich sein, dass der mit dem immateriellen Vermögenswert verbundene wirtschaftliche Nutzen dem Unternehmen zufließen wird. Einschränkend bestehen Aktivierungsverbote für einen selbstgeschaffenen originären Firmenwert sowie für selbstgeschaffene Markennamen, Schriftzüge und Publikationstitel.

4.1.2.2 Jahresabschlussanalyse

Mittels der Jahresabschlussanalyse werden in Bilanz, GuV und Anhang enthaltene Informationen über die Finanz- und Ertragslage eines Unternehmens gewonnen und verdichtet. Insbesondere externe Adressaten nutzen die Informationen der Jahresabschlussanalyse. Im Allgemeinen ist mit der Jahresabschlussanalyse die Zielsetzung verbunden, Erkenntnisse über

- die Ertragslage der Unternehmung,
- die Art und Zusammensetzung von Vermögen und Kapital sowie über
- die finanzielle Lage der Unternehmung

zu gewinnen (vgl. Schierenbeck und Wöhle 2012, S. 760 f.). Die Jahresabschlussanalyse verdichtet die Daten der Bilanz und GuV in Kennzahlen (vgl. Kap. 5.3.1.2).

Kennzahlen zur Ertragslage

Zur Beurteilung der Ertragslage werden häufig *Rentabilitäten* betrachtet. Diese sind das Verhältnis aus einer Ergebnisgröße und einer weiteren Größe, die den Werteinsatz beschreibt. Beispielsweise beziehen sog. Kapitalrentabilitäten als Ergebnisgröße den Jahresüberschuss/-fehlbetrag auf den durchschnittlichen Kapitaleinsatz. Besonders häufig verwandte Rentabilitätskennzahlen sind die Eigenkapital- und Gesamtkapitalrentabilität (vgl. Kap. 5.3.1):

$$\text{Eigenkapitalrentabilität} = \frac{\text{Jahresüberschuss/-fehlbetrag}}{\text{(durchschnittliches) Eigenkapital}}$$

$$\text{Gesamtkapitalrentabilität} = \frac{\text{Jahresüberschuss/-fehlbetrag}}{\text{(durchschnittliches) Gesamtkapital}}$$

Die Umsatzrentabilität bezieht den Jahresüberschuss nicht auf das eingesetzte Kapital, sondern auf den Umsatz.

$$\text{Umsatzrentabilität} = \frac{\text{Jahresüberschuss/-fehlbetrag}}{\text{Umsatzerlöse}}$$

Mit der steigenden Bedeutung US-amerikanischer bzw. internationaler Rechnungslegungsstandards finden auch bei Verwendung des HGB die Ertragskennzahlen *Earnings Before Interest and Taxes* (EBIT) bzw. *Earnings Before Interest, Taxes, Depreciation and Amortization* (EBITDA) zunehmende Verbreitung. Der EBIT bzw. EBITDA wird abgeleitet aus dem Ergebnis der gewöhnlichen Geschäftstätigkeit, einem Zwischenposten der GuV (s. Abb. 4.5), indem das Finanzergebnis unberücksichtigt bleibt. Bei ersterem handelt es sich um eine Erfolgsgröße der operativen Tätigkeit, in der Erträge und Aufwendungen aus Finanzgeschäften sowie Erfolgssteuern nicht enthalten sind. Im EBITDA wird das Ergebnis außerdem um Abschreibungen sowie Sondereinflüsse bereinigt. Das Ziel derartiger rechentechnischer Korrekturen ist es, die Einflüsse von Bewertungsspielräumen der Rechnungslegungsvorschriften (z. B. bei Abschreibungen) zu vermeiden. EBITDA wird zur Analyse des Erfolgs der operativen Betriebstätigkeit verwendet. Unternehmen, die andere Firmen gekauft haben, nutzen bevorzugt diese Ertragskennzahl, weil die vermutlich hohen Abschreibungen unberücksichtigt bleiben und so das Ergebnis nicht verringern.

Seit den 1990er Jahren werden unter dem Begriff der *Wertorientierung* neuere Ansätze zur Erfolgsmessung von Unternehmen diskutiert. Ausgangspunkt der Wertorientierung ist die Unzufriedenheit mit den „traditionellen" Gewinngrößen aus dem externen Rechnungswesen, den buchhalterischen Gewinngrößen. Die wichtigsten Kritikpunkte sind (vgl. Günther 2001, S. 184):

• Vergangenheitsorientierung,
• mangelnde Berücksichtigung des Zeitwertes des Geldes,
• keine Berücksichtigung von Kapitalkosten,

- mangelnde Berücksichtigung von Risiken sowie
- mangelnde Korrelation mit der Wertentwicklung am Kapitalmarkt.

Als eine mögliche Antwort auf diese Probleme wurde die *Shareholder Value-Analyse* entwickelt. Den Ausgangspunkt dieser Methode bildet die Zielgröße der Eigenkapitalgeber. Die Kapitalgeber erwarten eine Verzinsung ihres eingesetzten Kapitals, die sich am Marktwert ihres überlassenen Kapitals und an der Rendite bei Anlagen mit vergleichbarem Risiko orientiert. Bei Fremdkapitalgebern sind die Renditen in Verträgen festgelegt, bei Eigenkapitalgebern werden Renditen in geforderten Mindestrenditen quantifiziert.

Kennzahlen zur Finanzlage
Zur Gruppe der Liquiditäts-, Finanzierungs- und Investitionskennzahlen lassen sich *Kapitalstrukturkennzahlen* zählen. Abhängig von den berücksichtigten Bilanzpositionen werden horizontale und vertikale Kapitalstrukturkennzahlen unterschieden. Vertikale Kapitalstrukturkennzahlen informieren über die Struktur der Kapitalbeschaffung auf der Passivseite der Bilanz. Bekanntes Beispiel ist der *Verschuldungsgrad*, der die Höhe der Verschuldung der betrachteten Unternehmung beziffert, indem er das Fremdkapital in Beziehung zum Eigenkapital setzt. Ein geringer Verschuldungsgrad kann von den Fremdkapitalgebern des Unternehmens als eine geringe Verlustwahrscheinlichkeit interpretiert werden.

$$\text{Verschuldungsgrad} = \frac{\text{Fremdkapital}}{\text{Eigenkapital}} * 100$$

Entsprechend sollte der Anteil des Eigenkapitals am Gesamtkapital eine gewisse Untergrenze nicht unterschreiten. Eine solche Untergrenze lässt sich wie alle anderen Bilanzkennzahlen jedoch nicht allgemeingültig festlegen. Als Kennzahl hilft hier die *Eigenkapitalquote*:

$$\text{Eigenkapitalquote} = \frac{\text{Eigenkapital}}{\text{Gesamtkapital}} * 100$$

Horizontale Kapitalstrukturkennzahlen beziehen hingegen gleichzeitig beide Seiten der Bilanz ein, die der Kapitalbindung und die der Kapitalbeschaffung. Als bekanntes Beispiel werden im Folgenden die sog. *Liquiditätsgrade* oder kurzfristigen Deckungsgrade vorgestellt, welche durch Gegenüberstellung von Zahlungsverpflichtungen und liquiden Mitteln bestimmt werden.

$$\frac{\text{Liquidität}}{\text{(1. Grades)}} = \frac{\substack{\text{Zahlungsmittel} \\ \text{(Kassenbestand, Guthaben bei Kreditinstituten)}}}{\text{kurzfristiges Fremdkapital}} * 100$$

$$\frac{\text{Liquidität}}{(2.\ \text{Grades})} = \frac{\text{monetäres Umlaufvermögen}}{\text{kurzfristiges Fremdkapital}} * 100$$

Umlaufvermögen

– Vorräte

– sonst. Vermögensgegenstände

= monetäres Umlaufvermögen

$$\frac{\text{Liquidität}}{(3.\ \text{Grades})} = \frac{\text{Umlaufvermögen}}{\text{kurzfristiges Fremdkapital}} * 100$$

Es gilt der Grundsatz, dass die Liquiditätslage einer Unternehmung umso besser ist, je höher der Wert dieser Liquiditätsgrade ist. Gleichzeitig bedingt ein sehr hoher Liquiditätsgrad aber auch Einbußen bei der Rentabilität, da in diesem Fall sehr viele liquide Mittel vorgehalten werden und nicht mit Zinsertrag angelegt werden können. Ist ein Unternehmen dagegen zahlungsunfähig, muss es seinen Geschäftsbetrieb einstellen. Letzteres gilt bei Kapitalgesellschaften auch bei einer Überschuldung, die ein Fortführen des Unternehmens verhindert. Der Schuldner ist bei Vorliegen von Zahlungsunfähigkeit bzw. Überschuldung verpflichtet, ohne schuldhaftes Zögern jedoch spätestens nach drei Wochen, die Eröffnung des Insolvenzverfahrens zu beantragen.

Integrierende Kennzahlen zur Ertrags- und Finanzlage
Der Cashflow gibt Auskunft einerseits über die Innenfinanzierungskraft (d. h. Finanzierung aus dem betrieblichen Umsatzprozess) und andererseits über die Ertragskraft einer Unternehmung. Insofern ist diese Kennzahl beiden Gruppen von Kennzahlen zuzuordnen: sowohl den Liquiditäts-, Finanzierungs- und Investitionskennzahlen als auch den betrachteten Ertragskennzahlen. Zur Ermittlung des Cashflows sind im Wesentlichen zwei Ermittlungsverfahren anwendbar: die direkte und die indirekte (auch retrograde) Berechnung. Nach der direkten Ermittlung ergibt sich der Cashflow aus der Differenz der Einzahlungen (Zugänge an Bar- und Buchgeld bzw. zahlungswirksame Erträge) und der Auszahlungen (Abgang an Bar- und Buchgeld bzw. zahlungswirksame Aufwendungen) einer Periode (vgl. Kap. 4.1.1.2). Allerdings ist diese Kennzahl aus der Buchhaltung kaum zu erhalten. In der Praxis wird daher häufig auf einen indirekten Berechnungsweg zurückgegriffen. Die indirekte Ermittlung geht sozusagen „rückwärts" vom Jahresüberschuss aus, addiert auszahlungsunwirksame Aufwendungen (z. B. Abschreibungen, Bildung von Pensionsrückstellungen) und subtrahiert einzahlungsunwirksame Erträge (z. B. Zuschreibungen, Auflösung von Rückstellungen).

Fallbeispiel 5: Jahresabschlussanalyse der Axel Springer SE

Die Axel Springer SE ist eine Aktiengesellschaft nach dem Recht der Europäischen Union. Sie ist eines der größten Medienhäuser in Europa und strebt eine führende Rolle als digitaler Verlag an. Axel Springer ist der größte deutsche Zeitungsverlag insbesondere mit „Die Welt" und Bild-Zeitung und besitzt einen großen Marktanteil im Zeitschriftenmarkt. Zum Konzern gehören neben dem Nachrichtensender N24 weitere Beteiligungen an Fernsehsendern und TV-Produzenten. Hinzu kommen Online-Rubrikenmärkte, -Marktplätze und -Portale, wie z. B. immonet.de, buecher. de oder finanzen.net.Außerdem vermarktet Axel Springer Massenreichweiten bei Werbekunden. Das Unternehmen ist in mehr als 40 Ländern aktiv. In der Rechtsform einer Aktiengesellschaft ist das MDAX-notierte Unternehmen wie andere Kapitalgesellschaften zur Offenlegung des Jahresabschlusses verpflichtet.

Investoren und andere Interessenten erhalten damit Einblick in die finanzielle Lage des Unternehmens. Die Bilanz des Einzelabschlusses der Axel Springer SE des Jahres 2013 ist in der folgenden Abbildung dargestellt.

Aktiva	Mio. EUR	Passiva	Mio. EUR
A. Anlagevermögen	**3.477,7**	**A. Eigenkapital**	**1.552,4**
I. Immaterielle Vermögensgegenstände	37,1	I. Gezeichnetes Kapital	98,9
1. Rechte und Lizenzen	32,6	II. Kapitalrücklage	93,9
2. Geleistete Anzahlungen	4,5	III. Gewinnrücklagen	1.181,5
		IV. Bilanzgewinn	178,1
II. Sachanlagen	208,7		
1. Grundstücke und Gebäude	170,8		
2. Technische Anlagen und Maschinen	16,7	**B. Rückstellungen**	**375,8**
3. Andere Anlagen, Betriebs- und Geschäftsausstattung	17,3	I. Pensionsrückstellungen	161,5
4. Geleistete Anzahlungen und Anlagen im Bau	3,9	II. Steuerrückstellungen	22,1
		III. Sonstige Rückstellungen	192,2
III. Finanzanlagen	3.231,9		
1. Anteile an verbundenen Unternehmen	3.159,3		
2. Ausleihungen an verbundene Unternehmen	47,4	**C. Verbindlichkeiten**	**1.894,7**
3. Beteiligungen	18,8	I. Verbindlichkeiten gegenüber Kreditinstituten	150,0
4. Ausleihungen an Beteiligungen	4,7	II. Schuldscheindarlehen	500,0
5. Sonstige Ausleihungen	1,7	III. Erhaltene Anzahlungen	0,4
		IV. Verbindlichkeiten aus Lieferungen und Leistungen	39,8
B. Umlaufvermögen	**407,1**	V. Verbindlichkeiten gegenüber verbundenen Unternehmen	1.160,1
		VI. Verbindlichkeiten gegenüber Unternehmen mit Beteiligungs-	
I. Vorräte	17,6	verhältnis	5,3
II. Forderungen und sonstige Vermögensgegenstände	326,9	VII. Sonstige Verbindlichkeiten	39,1
1. Forderungen aus Lieferungen und Leistungen	136,9		
2. Forderungen gegen verbundene Unternehmen	42,7	**D. Rechnungsabgrenzungsposten**	**63,4**
3. Forderungen gegen Unternehmen mit denen ein Beteiligungsverhältnis besteht	4,8		
4. Sonstige Vermögensgegenstände	142,5		
III. Kassenbestand, Guthaben bei Kreditinstituten	62,6		
C. Rechnungsabgrenzungsposten	**1,5**		
Bilanzsumme	**3.886,3**	**Bilanzsumme**	**3.886,3**

Bilanz der Axel Springer SE im Geschäftsjahr 2013. (Axel Springer 2014)

Die GuV der Axel Springer SE zeigt die nachfolgende Abbildung.

	2013 Mio. EUR	2012 Mio. EUR	Veränderung in Prozent
1. Umsatzerlöse	1.442,8	1.507,1	-4 %
2. Bestandsveränderungen	-0,4	0,7	
3. Andere aktivierte Eigenleistungen	1,5	1,7	-12 %
4. Sonstige betriebliche Erträge	132,3	115,4	15 %
5. Materialaufwand	-368,3	-387,2	-5 %
6. Personalaufwand	-481,3	-441,5	9 %
7. Abschreibungen auf immaterielle Vermögensgegenstände des Anlagevermögens und Sachanlagen	-34,0	-33,2	2 %
8. Sonstige betriebliche Aufwendungen	-550,5	-523,8	5 %
9. Erträgeaus Gewinnabführungsverträgen	65,8	244,7	-73 %
10. Aufwendungen aus Verlustübernahme	-39,2	-9,2	326 %
11. Erträge aus Beteiligungen	105,2	21,0	401 %
12. Abschreibungen auf Finanzanlagen	-21,2	-0,9	2255 %
13. Erträge aus anderen Wertpapieren und Ausleihungen des Finanzvermögens	1,3	3,3	-61 %
14. sonstige Zinsen und ähnliche Erträge	4,7	11,9	-60 %
15. Zinsen und ähnliche Aufwendungen	-29,2	-52,4	-44 %
Ergebnis der gewöhnlichen Geschäftstätigkeit	229,5	457,6	-50 %
16. Steuern vom Einkommen und Ertrag	-38,6	-82,4	-53 %
17. Sonstige Steuern	-4,5	-3,3	36 %
Jahresüberschuss	186,4	371,9	-50 %
Einstellung Gewinnrücklagen	-8,3	-185,9	-96 %
Bilanzgewinn	178,1	186,0	-4 %

GuV der Axel Springer SE im Geschäftsjahr 2013. (Axel Springer 2014)

Daneben veröffentlich die Axel Springer SE auch ihren Konzernabschluss. Die folgende Abbildung stellt die zuvor erläuterten Kennzahlen zur Ertrags- und Finanzlage am Beispiel der Axel Springer SE für das Jahr 2013 dar.

Kennzahl	Axel Springer SE
Eigenkapitalrentabilität	12,2 %
Gesamtkapitalrentabilität	4,8 %
Umsatzrentabilität	12,9 %
EBIT	254 Mio. Euro
EBITDA	309,2 Mio. Euro
Verschuldungsgrad	146 %
Eigenkapitalquote	40 %
Liquidität (1. Grades)	5 %
Liquidität (2. Grades)	25,7 %
Liquidität (3. Grades)	32,5 %
Cashflow aus der betrieblichen Tätigkeit	237,9 Mio. Euro

Beispiele für Kennzahlen zur Ertrags- und Finanzlage des Geschäftsjahres 2013

4.1.3 Internes Rechnungswesen

Wesentlicher Bestandteil des internen Rechnungswesens ist die Kostenrechnung. Sie soll nachfolgend in ihren Grundzügen vorgestellt werden.

4.1.3.1 Aufbau der Kostenrechnung

Aufgabe der Kostenrechnung ist es, den Betriebsprozess durch Bewertung des Güterverbrauchs (Bedrucken von Papier, Zeit des Regisseurs) und der Güterentstehung (Online-Zeitung) abzubilden sowie Informationen für Planung, Steuerung und Kontrolle des Betriebsprozesses bereitzustellen (vgl. Schweitzer und Küpper 2011, S. 27). Beispielsweise werden mit Hilfe der Kostenrechnung Preise kalkuliert, Wirtschaftlichkeitskontrollen durchgeführt oder der betriebliche Erfolg einer Periode ermittelt.

Die theoretische Basis der Kostenrechnung ist die Produktions- und Kostentheorie. Die *Produktionstheorie* modelliert die quantitativen Beziehungen zwischen Produktionsfaktoren (Input) und Produkten (Output) und identifiziert Einflussgrößen für den Faktorverbrauch. Zu diesem Zweck wird der Zusammenhang zwischen Input und Output mit sog. Produktionsfunktionen abgebildet (vgl. Kap. 2.3.1). Im Rahmen der Kostentheorie wird der mengenmäßige Faktorverbrauch mit Faktorpreisen bewertet. Eine Kostenfunktion bildet die Höhe der Kosten in Abhängigkeit von der Ausbringungsmenge ab.

Aus diesen Relationen können verschiedene Kostenkategorien abgeleitet werden. Die Unterscheidung in variable und fixe Kosten in Abhängigkeit von der Produktions- bzw. Absatzmenge wurde bereits in Kap. 2.1.3.6 vorgestellt. Sie findet sich auch in der Kostenrechnung wieder. Daneben werden zusätzlich nach der Zurechenbarkeit der Kosten zu einem Bezugsobjekt (z. B. Produkte, Organisationseinheiten) Einzel- und Gemeinkosten unterschieden. Als Bezugsobjekt von Einzel- und Gemeinkosten werden im Allgemeinen Kostenträger verstanden. Den Kostenträgern direkt zurechenbar sind nur (Kostenträger-) Einzelkosten, dem Kostenträger nicht direkt zurechenbar sind (Kostenträger-) Gemeinkosten, da sie für mehrere Kostenträger anfallen. Sie können nur über bestimmte Schlüsselgrößen einer Mengeneinheit eines Produktes zugeordnet werden.

Zwischen den Kostenkategorien der fixen/variablen Kosten und der Einzel-/Gemeinkosten besteht ein Zusammenhang. Einzelkosten sind auch immer abhängig von der Veränderlichkeit der Ausbringungsmenge eines Produktes (z. B. der Auflage einer Zeitung); sie stellen also auch variable Kosten dar. Alle fixen Kosten (von der Auflage unabhängige Kosten) sind auch immer Gemeinkosten. Umgekehrt gelten diese Aussagen nicht (vgl. Abb. 4.8). Diese Kostenkategorien sind für den Zusammenhang der Bereiche der Kos-

Zurechenbarkeit auf Produkteinheiten	Einzel-kosten	Gemeinkosten	
Veränderlichkeit bei Beschäftigungs-änderung	Variable Kosten		Fixe Kosten
Beispiele bei Medien-unternehmen	Kosten für Werkstoffe wie Papier, Verpackung, Vertriebsprovision	Kosten für Hilfsstoffe (Farbe), und Betriebsstoffe (Energie, Büromaterial)	Kosten der Produktart und Produktgruppe: Abschreibungen, Gehälter, Miete, Personalkosten, Zinsen, fremd-bezogene redaktionelle Teile

Abb. 4.8 Wichtige Kostenkategorien

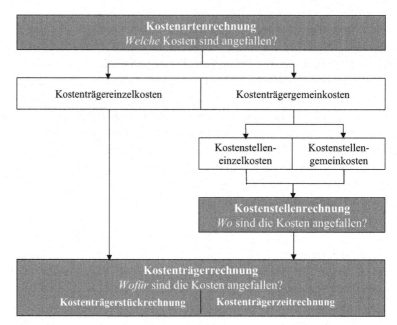

Abb. 4.9 Zusammenhang der Bereiche der Kostenrechnung. (Vgl. Coenenberg 2012, S. 72; Götze 2010, S. 21 ff.)

tenrechnung entscheidend (vgl. Abb. 4.9). Die Kostenrechnung wird in drei miteinander verbundene Elemente unterteilt: Kostenartenrechnung, Kostenstellenrechnung und Kostenträgerrechnung.

Der Ablauf der Kostenrechnung ergibt sich aus dem Kriterium der Zurechenbarkeit der Kosten zu Kostenträgern. In der *Kostenartenrechnung* werden die gesamten Kosten einer Periode erfasst und nach Kostenarten gegliedert. Gefragt wird also, *welche* Kosten angefallen sind. In der Terminologie der Kostentheorie gliedert die Kostenartenrechnung die Kosten nach der Art des verbrauchten Produktionsfaktors.

So erfasst beispielsweise die Kostenart Personalkosten die Inanspruchnahme des Produktionsfaktors menschliche Arbeit. In den folgenden Kostenrechnungsstufen werden die in der Kostenartenrechnung erfassten Kosten auf Kostenstellen bzw. Kostenträger verteilt. Nach der Art ihrer Zurechenbarkeit zu Kostenträgern werden die Einzelkosten direkt den Kostenträgern zugerechnet und die Gemeinkosten zunächst den Orten ihrer Entstehung, den *Kostenstellen* (z. B. Redaktion, Layout, Druckerei) zugeordnet und zwischen diesen verrechnet. Hier wird ermittelt, *wo* die Kosten angefallen sind. Erst dann werden sie den Kostenträgern zugeordnet, um die Frage zu beantworten, *wofür* die Kosten angefallen sind. Die *Kostenträgerrechnung* wiederum gliedert sich in die Kostenträger*stück*rechnung und die Kostenträger*zeit*rechnung. In der Kostenträgerstückrechnung (Kalkulation) werden die Stückkosten der Produkte ermittelt. Beispielsweise wird errechnet, wie viel die Produktion einer einzelnen Zeitung kostet. In der Kostenträgerzeitrechnung (Betriebsergebnisrechnung oder kurzfristige Erfolgsrechnung) wird der Erfolg einer Periode aus der betrieblichen Tätigkeit, beispielsweise des gesamten Zeitungsproduktionsprozesses, ermittelt. Systeme der Kostenrechnung lassen sich nach verschiedenen Kriterien differenzieren. Nach dem Kriterium des Umfangs der Kostenverrechnung auf Kostenträger werden Voll- und Teilkostensysteme unterschieden. *Vollkosten* sind die einem Kostenträger zurechenbaren gesamten variablen und fixen Kosten. Hingegen sind *Teilkosten* nicht die gesamten Kosten, sondern eben nur ein Teil der Gesamtkosten, z. B. die in Abhängigkeit von der Ausbringungsmenge variablen Kosten oder die direkt auf den Kostenträger zurechenbaren Kosten (Einzelkosten).

Grenzt man Kostenrechnungssysteme nach dem Merkmal des Zeitbezugs voneinander ab, lassen sich die Ist-, Normal- und Plankostenrechnung unterscheiden. *Istkosten* sind in der Vergangenheit tatsächlich angefallene Kosten, bei *Normalkosten* hingegen handelt es sich um in vergangenen Perioden durchschnittlich angefallene Kosten. Die *Plankostenrechnung* verrechnet die in zukünftigen Perioden bei einer geplanten Produktions- und Ausbringungsmenge zu erwartenden Kosten.

4.1.3.2   Kostenartenrechnung

In der Kostenartenrechnung werden die gesamten in einer Periode angefallenen Kosten nach Kostenarten aufgeteilt und so für die Weiterverrechnung in der Kostenstellen- und Kostenträgerrechnung vorbereitet. Darüber hinaus wird mit der Erfassung von Kostenarten die Analyse von Kostenstrukturen und deren Veränderungen (z. B. als Folge von Lohnerhöhungen) möglich.

Kosten für Personal
Bereits in Kap. 3.2 wurde auf die hohe Bedeutung des Produktionsfaktors Personal in Medienunternehmen hingewiesen. *Personalkosten* umfassen alle Kosten, die für den Einsatz des Produktionsfaktors Arbeit anfallen. Dazu gehören:

- Gehälter,
- Löhne,
- gesetzliche Sozialkosten,
- freiwillige Sozialkosten,
- kalkulatorischer Unternehmerlohn und
- sonstige Personalkosten.

Gehälter, Sozialkosten und kalkulatorischer Unternehmerlohn stellen Gemeinkosten dar, da sie nicht in unmittelbarem Zusammenhang zu den gefertigten Produkten stehen. Als Einzelkosten können allenfalls Teile der Löhne betrachtet werden. Löhne werden als Akkord- oder Zeitlöhne gezahlt. Nur die Ausprägung des Akkordlohns ist ggf. auf einzelne Produkte zurechenbar.

Gehälter werden für eine bestimmte Zeitdauer an Angestellte gezahlt und gehören daher zur Zeitentlohnung. Gesetzliche Sozialkosten sind die Arbeitgeberanteile für Sozialversicherungen (Renten-, Kranken-, Pflege-, Unfall- und Arbeitslosenversicherung).

Freiwillige Sozialkosten sind zum einen direkte Leistungen an einzelne Arbeitnehmer wie freiwillige Zahlungen zur betrieblichen Altersversorgung oder zur Ausbildung. Zum anderen zählen dazu die Kosten für die von allen Arbeitnehmern gleichermaßen nutzbaren Einrichtungen wie Kantine oder Bücherei. Sonstige Personalkosten sind z. B. Umzugs- oder Vorstellungskosten.

Der kalkulatorische Unternehmerlohn wird für die Arbeitsleistung von Eigentümern, von Einzelunternehmungen oder Personengesellschaften angesetzt. Da Eigentümern in Personengesellschaften kein Gehalt gezahlt wird, sondern diese an den Gewinnen partizipieren und eine Vergütung ihrer Arbeitsleistung im externen Rechnungswesen nicht aufgeführt wird, berechnet man stattdessen in der Kostenrechnung den kalkulatorischen Unternehmerlohn.

Die Personalkosten seien am Beispiel eines Zeitungsverlages näher betrachtet. Beim Erstellen und Bündeln der Inhalte fallen dort Personalkosten vor allem für die angestellten Redakteure an. Werden dagegen Texte von freien Mitarbeitern zugekauft, dann handelt es sich um Kosten für bezogene Waren. Auf der nachfolgenden Stufe der Distribution der Inhalte sind Personalkosten der Herstellung, z. B. für Satz, Gestaltung und Einrichten des Druckvorgangs und des Vertriebs, z. B. Provisionen für Anzeigenvertreter oder Löhne für Zusteller, zuzuordnen.

Kosten für Material

Materialkosten sind die mit ihren Preisen bewerteten Verbrauchsmengen an Roh-, Hilfs- und Betriebsstoffen. Roh- und Hilfsstoffe gehen unmittelbar in das Produkt ein. Während Rohstoffe wesentliche Produktbestandteile sind (z. B. Papier bei Printprodukten), sind Hilfsstoffe nur Zusatzbestandteile (z. B. Verpackungsmaterial, Farbe). Betriebsstoffe gehen nicht in das Endprodukt ein, werden aber im Produktionsprozess verbraucht (z. B. Büromaterial oder Elektrizität). In Medienunternehmen sind Materialkosten von geringerer Bedeutung, insbesondere wenn der stoffliche Träger der Inhalte extern hergestellt bzw. die Inhalte extern distribuiert werden.

Betriebsstoffe sind den fertigen Erzeugnissen im Allgemeinen nicht direkt zurechenbar, Hilfsstoffe sind zum Teil zwar dem Produkt zurechenbar, aus Gründen der Rechnungsvereinfachung wird davon aber regelmäßig abgesehen. Kosten für Rohstoffe sind im Wesentlichen Einzelkosten.

Kosten für Anlagennutzung (Abschreibungen)

Kalkulatorische Abschreibungen dienen der verursachungsgerechten Erfassung des Wertverzehrs im Anlagevermögen. Die bilanzielle Abschreibung ist davon zu unterscheiden, da sie handels- und steuerbilanzpolitischen Zielen folgt. Abschreibungen in der Kostenrechnung sollen möglichst den *tatsächlichen* Wertverzehr im Anlagevermögen erfassen, nicht den bilanziell vorgegebenen. In der Gewinn- und Verlustrechnung werden Abschreibungen dagegen nach steuerrechtlichen Vorschriften vorgenommen. Bestehen Bewertungsspielräume, werden diese genutzt, um den zu versteuernden Gewinn zu reduzieren.

Die Wertminderung von Betriebsmitteln des Anlagevermögens (z. B. bei Sendern die Ausstattung des Studios mit Film-, Licht, Bild- und Tontechnik) ist zum einen auf Gebrauch und zum anderen auf zeitliche Abnutzung zurückzuführen. Bei der Berechnung der kalkulatorischen Abschreibungen sollen beide Ursachen der Wertminderung berücksichtigt werden. Dazu stehen in Abhängigkeit vom angenommenen Wertminderungsverlauf im Wesentlichen folgende Abschreibungsmethoden zur Verfügung:

- lineare Abschreibung (zeitlich gleichmäßige/proportionale Wertminderung),
- degressive Abschreibung (zeitlich überproportionale Wertminderung) und
- Leistungsabschreibung (Wertminderung in Abhängigkeit von der Beschäftigung).

Abschreibungen auf immaterielle Anlagegüter beziehen sich in Medienunternehmen vor allem auf Rechte und Lizenzen. Diese werden aufgrund ihrer besonderen Bedeutung für Verlage und Sender als eigene Kostenart erfasst, die im Folgenden betrachtet wird.

Kosten für Kapitaleinsatz (Zinsen)
Kalkulatorische Zinsen fallen für das eingesetzte betriebsnotwendige Kapital an. So werden nicht nur Fremdkapitalzinsen angesetzt, sondern Zinsen auf das gesamte betriebsnotwendige Kapital. Es wird nicht zwischen Eigen- und Fremdkapital unterschieden. Dies soll eine Vergleichbarkeit von Unternehmen unterschiedlicher Kapitalstruktur gewährleisten.

Kosten für Rechte und Lizenzen
Rechte an Inhalten erlauben dem Besitzer ihre beliebige Verwertung, aus Rechten abgeleitete Lizenzen können hingegen nur in dem vom Besitzer der Rechte festgelegten Umfang genutzt werden.

Beispielhaft sei ein Buchverlag genannt, der Rechte an einem Bestseller vom Autor erwirbt und ein Taschenbuchverlag, der von diesem Buchverlag wiederum Lizenzen für eine Taschenbuch-Ausgabe erwirbt (vgl. Kap. 3.1.2.2). Bei Zeitungsverlagen fallen Rechte- und Lizenzkosten vor allem für fremdbezogene Zeitungteile, Bild- und Texthonorare für Nachrichtenagenturen und Pressedienste an.

In Rundfunkunternehmen spielen Senderechte und -lizenzen von Fernsehsendungen und Hörfunkprogrammen eine besonders große Rolle, sowohl im Beschaffungs- als auch im Produktionsbereich. Eine Lizenz im Beschaffungsbereich beinhaltet das Recht, eine Sendung ein- oder mehrmalig innerhalb eines festgelegten Zeitraumes auszustrahlen. Lizenzen werden oft als Paket gekauft, dabei werden neben Lizenzen für hochwertige Sendungen auch Lizenzen für nicht im Programm des Senders ausstrahlbare Sendungen erworben. Bei Erwerb von Lizenzen mit mehrfacher Ausstrahlung werden Abschreibungen auf den Lizenzbetrag vorgenommen. Beispielsweise wird bei drei Ausstrahlungen eines Kinofilms eine Schlüsselung der Lizenzkosten in Höhe von 60 % bei der ersten Ausstrahlung, 30 % bei der zweiten und 10 % bei der dritten Ausstrahlung vorgenommen. Ein populäres Beispiel für Rechte und Lizenzen eines Fernsehsenders im Beschaffungsbereich sind insbesondere die von den Sportverbänden erworbenen Übertragungsrechte für Sportereignisse. So liegen z. B. für die Jahre 2013 bis 2017 die Bundesliga-Erstverwertungsrechte für Samstags- und Sonntagsspiele bei dem Pay-TV-Sender Sky, die ARD hat aber z. B. auch sieben Live-Übertragungsrechte, darunter das Eröffnungsspiel einer Saison sowie die Verwertungsrechte zur „Sportschau"-Zeit.

Kosten für extern bezogene Leistungen

Die Erfassung der *Kosten für extern bezogene Leistungen* (Fremdleistungen, Leistungen Dritter) kann zumindest für Ist-Kosten ohne besondere Probleme erfolgen, da diese der entsprechenden Rechnung entnommen werden können. Sie fallen in Medienunternehmen zum einen für bereichsbezogene Fremdleistungen an und zum anderen für allgemeine Fremdleistungen (vgl. BDZV 1986, S. 33–39).

Bereichsbezogene Fremdleistungen können bei einem Verlag in Leistungen für Druckerei, Verlag und Redaktion unterschieden werden. Dazu gehören auch die von einem Softwarehaus erstellten Apps für die Online-Ausgabe eines Schriftmediums. Leistungen für die Druckerei sind z. B. Entwürfe, Vorlagengestaltungen und Satzarbeiten. Kosten für Fremddienste im Verlagsbereich und in der Redaktion sind vor allem Kosten für Lizenzen und Rechte auf Inhalte, die aufgrund ihrer Bedeutung als eigene Kostenart geführt werden. Bei einem Fernsehsender entstehen Kosten für bereichsbezogene Fremdleistungen z. B. im Bereich der Inhalteerstellung und der Werbezeitenvermarktung. Ein Beispiel für fremdbezogene Leistungen der Inhalteerstellung sind Auftragsproduktionen. Dabei übernimmt ein Produktionsunternehmen für ein vom Sender vorgegebenes Drehbuch das Erstellen der Sendung. Als Beispiel für fremdbezogene Leistungen im Bereich der Werbezeitenvermarktung sei der ausgelagerte Vertrieb von hergestellten Werbekontakten genannt (vgl. Becker et al. 2001).

Allgemeine Fremdleistungen umfassen sowohl bei Verlagen als auch bei Sendern Mieten, Beratungen, Fremdreparaturen und -wartungen.

4.1.3.3 Kostenstellenrechnung

Mit der Kostenartenrechnung werden alle im Betrieb angefallenen Kosten nach Kostenarten strukturiert. Ein Teil der in der Kostenartenrechnung erfassten Kosten (Einzelkosten) kann den einzelnen Kostenträgern direkt zugerechnet werden (vgl. Kap. 4.1.3.1). In eher kleinen Medienunternehmen ist der Anteil der Einzelkosten an den Gesamtkosten sehr gering. Die den Produkten nicht direkt zurechenbaren Kosten, die *Gemeinkosten,* werden in der Kostenstellenrechnung auf die sie verursachenden Betriebsbereiche, die Kostenstellen, verteilt.

Die *Kostenstellenrechnung* hat im Wesentlichen zwei Aufgaben. Die erste Aufgabe ist die möglichst genaue Zurechnung der Gemeinkosten auf Kostenträger. Dabei werden die Gemeinkosten auf Kostenstellen verteilt, um sie dann nach der Inanspruchnahme der in den Kostenstellen erbrachten Leistungen den Kostenträgern zuordnen zu können. Eine zweite Aufgabe ist die Steuerung und Kontrolle der Wirtschaftlichkeit der Kostenstellen v. a. durch Budgetierung (vgl. Götze 2010, S. 73).

Bei der Bildung von *Kostenstellen* als den Orten der Kostenentstehung ist Folgendes zu beachten (vgl. Eisele und Knobloch 2011, S. 827 f.):

- Die Gemeinkosten sollen eindeutig auf die Kostenstellen zugeordnet werden können.
- Die Kostenstellen sollen selbstständige Verantwortungsbereiche sein, d. h. der Kostenstellenverantwortliche sollte auch direkt Einfluss auf die Höhe der Kosten haben.
- Für die jeweiligen Kostenstellen müssen sich geeignete Maßgrößen der Kostenverursachung finden lassen.

Bei der Kostenstellenbildung muss allerdings ein Unternehmen Wirtschaftlichkeit wahren, d. h. ein zu starkes Herunterbrechen des Betriebes auf Kostenstellen würde zwar die Genauigkeit der Kostenverursachung erhöhen, andererseits aber zu hohe Kosten verursachen.

Eine Kostenstellenbildung kann – wie in der Praxis üblich – ausgehend von betrieblichen Verantwortungsbereichen erfolgen. In einem kleinen Zeitungsverlag liegt es nahe, z. B. zwischen den Kostenstellen Redaktion, Anzeigen/Vertrieb, Druckerei, Verwaltung, Unternehmensleitung und Vertriebsbüro zu unterscheiden.

Nach rechnungstechnischen Gesichtspunkten können *Vor- und Endkostenstellen* unterschieden werden. Die Kosten der Vorkostenstellen (z. B. der Kantine) können nicht direkt auf die Kostenträger umgelegt werden. Sie sind daher zunächst auf die Endkostenstellen zu verteilen. Die Kosten der Endkostenstellen werden schließlich den Kostenträgern zugeordnet.

Die Kostenstellenrechnung lässt sich anhand eines *Betriebsabrechnungsbogens* (BAB) darstellen. Der schematische Aufbau eines BAB und das Vorgehen bei der Kostenstellenrechnung werden in Abbildung 4.10 dargestellt.

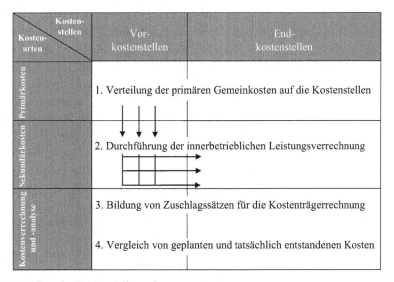

Abb. 4.10 Aufbau der Kostenstellenrechnung

Zuerst werden die in der Kostenartenrechnung erfassten Gemeinkosten auf die Neben-
und Endkostenstellen verteilt, in denen die Gemeinkosten angefallen sind. Diese Kosten
werden als *Primärkosten* bezeichnet. Die Zuordnung der Gemeinkosten zu den Kostenstellen soll möglichst verursachungsgerecht erfolgen. Es gibt Gemeinkosten, die direkt
einer Kostenstelle zugeordnet werden können (Stelleneinzelkosten) und solche die für
mehrere Kostenstellen anfallen (Stellengemeinkosten). Beispielsweise kann das Gehalt
des Personals der Sportredaktion eindeutig der Sportredaktion zugeteilt werden, in mehreren Kostenstellen anfallende Kosten für Energie oder Kosten für in mehreren Kostenstellen tätige Personen (z. B. Leiter von mehreren Teilredaktionen) dagegen nicht. Die
Verteilung auf die Kostenstellen erfolgt mittels geeigneter Schlüsselgrößen (bei den Ener-
giekosten z. B. anhand der genutzten Flächen).

Im zweiten Schritt wird die *innerbetriebliche Leistungsverrechnung* durchgeführt,
d. h. es werden innerbetriebliche Leistungen zwischen den Vorkostenstellen verrechnet
und dann auf die Endkostenstellen verteilt, da sie innerhalb des Betriebes verzehrt werden.
Beispielsweise ist die Kostenstelle Fuhrpark eine Vorkostenstelle, deren Leistungen durch
andere Kostenstellen, wie z. B. die Redaktion, in Anspruch genommen werden. Aufgabe
der innerbetrieblichen Leistungsverrechnung ist die Verteilung der in Schritt eins erfassten
Primärkosten der Vorkostenstellen auf die Endkostenstellen entsprechend der abgegebe-
nen und in Anspruch genommenen Leistungen. Die Verrechnung der primären Kosten
wird möglichst gemäß dem Verursachungsprinzip vorgenommen und dabei werden solche
Bezugsgrößen genutzt, für die angenommen wird, dass diese proportional zu der abgege-
benen Leistung und zu den anfallenden Kosten sind. Beispielsweise eignen sich für die
Kostenstelle Fuhrpark die gefahrenen Kilometer. Die in der innerbetrieblichen Leistungsverrechnung verteilten Kosten sind die *Sekundärkosten*. Aus der Summe der Primär- und
Sekundärkosten der Endkostenstellen ergeben sich schließlich die Gemeinkosten.

Zur Verrechnung der primären Stellenkosten der Vorkostenstellen auf die Endkostenstellen wurden verschiedene Verfahren entwickelt, die in unterschiedlichem Ausmaß die
Leistungsverflechtungen zwischen den Kostenstellen berücksichtigen. Das Anbau- oder
Blockverfahren vernachlässigt Leistungsbeziehungen unter Vorkostenstellen und unter
Endkostenstellen und berücksichtigt nur den Leistungsaustausch von Vor- auf Endkostenstellen. Die Kosten der Vorkostenstellen werden im Block auf die Endkostenstellen verteilt. Für das Stufenleiterverfahren ist kennzeichnend, dass die Leistungsverrechnung nur
einseitig vorgenommen wird. Dazu werden die Kostenstellen in der Reihenfolge der Verrechnung der Leistungen angeordnet, wobei die Reihenfolge so festgelegt wird, dass der
Ungenauigkeitsfehler möglichst gering ist. Im Gegensatz zum Anbauverfahren können
auch einseitige Leistungsverflechtungen zwischen Vorkostenstellen verrechnet werden.
Anbau- und Stufenleiterverfahren sind nur „grobe" Verfahren, da sie den Leistungsaustausch zwischen den Kostenstellen nicht erfassen.

Sämtliche Leistungsbeziehungen zwischen Kostenstellen, also auch die wechselsei-
tigen Austauschbeziehungen, werden mit dem Gleichungsverfahren, mit iterativen Verfahren und mit dem Gutschrift-Lastschrift-Verfahren berücksichtigt. Im Gleichungsverfahren werden alle Leistungsbeziehungen von Kostenstellen durch ein Gleichungssystem

dargestellt. Die Lösung des Gleichungssystems ergibt exakte Verrechnungspreise für die Leistungen. Allerdings wird das Gleichungssystem mit steigender Anzahl der Kostenstellen recht komplex, selbst für eine rechnergestützte Lösung. Iterative Verfahren und Gutschrift-Lastschrift-Verfahren können als Näherungsverfahren genutzt werden, die eine relativ genaue Annäherung an die exakten Verrechnungspreise liefern. Iterative Verfahren erweitern das Stufenleiterverfahren um zurückfließende Leistungsströme. Beim Gutschrift-Lastschrift-Verfahren wird angenommen, dass Verrechnungspreise z. B. aus vergangenen Perioden bekannt sind.

Nach Beendigung der innerbetrieblichen Leistungsverrechnung in der Kostenstellenrechnung sind alle Gemeinkosten den Endkostenstellen zugeordnet.

Im dritten Schritt der Kostenstellenrechnung werden für die in den Endkostenstellen zugeordneten Gemeinkosten Kostenschlüssel gebildet. Die Gemeinkosten einer Endkostenstelle werden zu einer Bezugsgröße in Relation gesetzt. Dabei werden Mengen- und Wertgrößen unterschieden. Mengengrößen wie z. B. Seitenzahlen, das Transportgewicht oder Arbeitsstunden führen zu Zuschlagsätzen pro Bezugsgrößeneinheit, Wertgrößen wie die Herstellkosten oder der Warenumsatz zu prozentualen Zuschlagsätzen.

Zur Kontrolle der Wirtschaftlichkeit der jeweiligen Kostenstellen werden die Istkosten den Sollkosten (z. B. durchschnittliche Vergangenheitswerte) regelmäßig gegenübergestellt. Die positive bzw. negative Differenz der Ist- und Sollkosten stellt eine Unter- bzw. Überdeckung dar. Signifikante Abweichungen müssen vom Kostenstellenleiter verantwortet werden bzw. werden diesem zugerechnet, bis hin zu seinem Gehalt (vgl. Kap. 3.2.2.4). Beispielsweise gestaltet sich der BAB der Kostenstelle Nachrichtenredaktion wie in Abbildung 4.11 dargestellt.

(Euro)	Kostenstelle Nachrichtenredaktion		
	Istkosten	Sollkosten	Über-/Unterdeckung
Stelleneinzelkosten:			
Personalkosten	600.000	500.000	+100.000	20 %
Hilfs- und Betriebsstoffe	5.000	5.800	-800	14 %
Stellengemeinkosten:			
Abschreibungen	8.000	6.000	+2.000	33 %
Energiekosten	2.600	2.000	+600	30 %
gesamte Primärkosten	**615.600**	**513.800**	**+101.800**	**20 %**
Umlage Fuhrpark	13.000	10.000	+3.000	30 %
Umlage Gebäude	22.080	22.000	+80	0 %
Umlage Nachrichtenredaktion	-2.400	-2.400	0	0 %
Umlage Sportredaktion	3.840	3.840	0	0 %
Deckungsumlage	500	0	+500	
gesamte Sekundärkosten	**37.020**	**33.440**	**+3.580**	**11 %**
Summe der Gemeinkosten	**652.620**	**547.240**	**+105.380**	**19 %**

Abb. 4.11 Beispiel einer Kostenstellenabrechnung

4.1.3.4 Kostenträger- und Erlösrechnung

In der Kostenträgerrechnung werden die Kosten der Herstellung einzelner Produkte (Kostenträger*stück*rechnung) sowie der betriebliche Erfolg aus der Gegenüberstellung der Erlöse und Kosten einer bestimmten Periode ermittelt (Kostenträger*zeit*rechnung). Nachfolgend soll die Kostenträgerstückrechnung vorgestellt werden.

Die Kostenträgereinzelkosten können direkt aus der Kostenartenrechnung entnommen werden. Die Kostenträgergemeinkosten werden in der Kostenstellenrechnung auf Endkostenstellen verteilt. Diese werden in der Kostenträgerstückrechnung als Stückherstellkosten oder Stückselbstkosten (Stückherstellkosten zuzüglich Verwaltungs- und Vertriebskostenanteile) zusammengefügt. Dazu gibt es verschiedene Kalkulationsverfahren, deren Eignung von den Produkteigenschaften und den Produktionsbedingungen abhängt.

Wichtige Verfahren auf Vollkostenbasis sind die Divisionskalkulation, die Äquivalenzziffernkalkulation und die Zuschlagkalkulation. Bei der *Divisionskalkulation* werden die gesamten Kosten des Betriebes (einstufige Divisionskalkulation) bzw. differenziert nach Kostenstellen (mehrstufige Divisionskalkulation) auf die Produkte verteilt. Das Verfahren wird bei der Kalkulation solcher Produkte angewendet, die in Einproduktartenfertigung hergestellt werden (z. B. eine Tageszeitung als einziges Verlagsprodukt). Eine Trennung von Einzel- und Gemeinkosten ist aufgrund nur eines Kostenträgers nicht erforderlich. In Medienunternehmen kann im Normalfall nicht von Einproduktartenfertigung ausgegangen werden. Es werden vielmehr regelmäßig verschiedene Zeitungen oder Zeitschriften hergestellt, die sich zudem jeweils in der Zusammensetzung ihrer Ausgabe unterscheiden. Ebenso gilt dies für die Herstellung von Fernseh- und Hörfunksendungen sowie die Bereitstellung von Online-Angeboten.

Eine ganz spezielle Variante der Divisionskalkulation lässt sich im Rundfunkgeschäft anwenden (vgl. Heinrich 2010). Zu diesem Zweck sind die Erlöse pro Tausend Kontakten (TKP, vgl. Kap. 2.1.1.2) den Kosten pro Tausend Kontakten (TKK) gegenüberzustellen. Ein Sender arbeitet wirtschaftlich, wenn die Erlöse größer sind als die Kosten. Die Erlöse – im Sinne dieser Kalkulation – ergeben sich als Produkt aus TKP und dem zeitlichen Anteil der Werbung am Gesamtprogramm (Werbeanteil w, vgl. Abb. 4.12).

Mittels der *Zuschlagkalkulation* werden zu den Einzelkosten der Produkte die Gemeinkosten nach entsprechenden Zuschlagsätzen zugerechnet. Da sich der Zuschlagsatz als Quotient aus Gemein- und Einzelkosten ergibt, ist das Verfahren der Zuschlagkalkulation nur sinnvoll, wenn der Anteil der Gemeinkosten an den Gesamtkosten relativ klein ist.

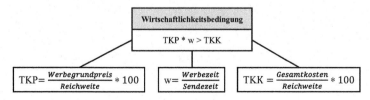

Abb. 4.12 Divisionskalkulation im Rundfunkgeschäft

Da bei Medienunternehmen jedoch, wie oben erläutert, die Gemeinkosten einen überwiegenden Teil an den Gesamtkosten ausmachen, soll auf dieses Kalkulationsverfahren nicht näher eingegangen werden. Die hohe Dominanz von Personalkosten in vielen Bereichen (z. B. dem Lektorat eines Verlags) führt zu diesem Dilemma. Helfen kann die Prozesskostenrechnung. Dazu werden Prozesse und Teilprozesse im Unternehmen identifiziert (Abfolge von Tätigkeiten), die einen Beitrag zur Leistungserstellung liefern und abgrenzbar sind (Lektorat oder Satz im Verlag). Den Prozessen werden verursachungsgerecht z. B. die relevanten Personalkosten zugeordnet. Mit Hilfe von Kostentreibern werden nun die Prozesskostensätze ermittelt (z. B. Lektorenzeit pro Buchseite). Diese Kosten können dann über den Prozesskostensatz anhand der Kostentreiber verursachungsgerechter auf die Kostenträger verteilt werden.

Die bisher vorgestellten Verfahren sind der Vollkostenrechnung zuzuordnen. Alternativ existieren auch teilkostenbasierte Verfahren. Als Beispiel für eine kurzfristige Erfolgsrechnung auf Teilkostenbasis soll die *Deckungsbeitragsrechnung* vorgestellt werden. Grundidee ist, dass von den erzielten Erlösen zunächst nicht die gesamten Kosten, sondern nur die direkt zurechenbaren Kosten subtrahiert werden. Je nach Betrachtungsweise können dies Einzelkosten oder variable Kosten sein. Nachfolgend sind zwei Beispiele für Deckungsbeitragsrechnungen dargestellt.

Abbildung 4.13 zeigt eine einfache Deckungsbeitragsrechnung für ein Exemplar einer Zeitschrift, d. h. eine Stückdeckungsbeitragsrechnung (Werte in Euro pro Exemplar). In einem ersten Schritt werden die Erlöse den Kosten gegenübergestellt, die einem Exemplar

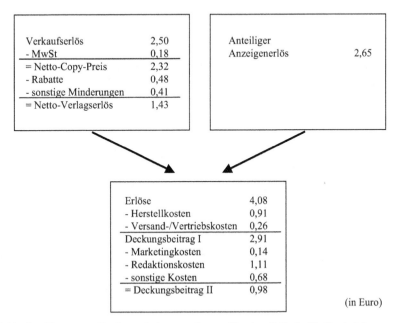

Abb. 4.13 Stückbezogene Deckungsbeitragsrechnung für eine Zeitschrift. (In Anlehnung an Ludwig 1996, S. 94)

Tab. 4.1 Periodenbezogene Deckungsbeitragsrechnung für einen Fernsehsender. (In Anlehnung an Bamme 1996, S. 115)

(in Tsd. Euro)	Fernsehen								
Ressort	Nach-richten	Sport	Politik	Spiel-film	Unter-haltung	Kultur/ Wiss.	Familie	Dok.-film	An-dere
Zurechenbare Erlöse	7.127	8.374	10.156	9.087	7.483	4.276	8.552	8.196	8.018
Ausstrahlungs-kosten	24	59	225	93	111	87	79	51	245
direkte Kosten	2.139	3.931	1.411	5.014	3.789	1.286	2.166	3.876	1.583
anteilige Betriebskosten	722	664	1.678	1.261	2.198	1.345	1.994	1.937	791
Produktions-kosten	322	650	379	816	769	204	301	677	276
Programmkosten	206	411	239	517	487	129	193	429	175
sonstige Kosten	541	912	583	1.051	985	293	422	940	384
DB I je Sendung	3.173	1.747	5.641	335	−856	932	3.397	286	4.564
Ressortfixkosten	287	577	336	723	681	181	270	600	245
DB II je Ressort	2.886	1.170	5.305	−388	−1.537	751	3.127	−314	4.319
Bereichsfix-kosten	2.573								
DB III je Bereich	12.746								

direkt zurechenbar sind. Ergebnis ist der Deckungsbeitrag I. Deckungsbeitrag II ergibt sich nach Berücksichtigung der anteiligen Gemeinkosten für Redaktion und Marketing.

Als zweites Beispiel sei eine einfache Deckungsbeitragsrechnung für einen Fernsehsender, d. h. eine Gesamtdeckungsbeitragsrechnung, betrachtet. Die Rechnung ist jetzt nicht als Kostenträgerstückrechnung, sondern als Kostenträgerzeitrechnung konzipiert. Auch erfolgt die Kostenspaltung nicht nach ihrer Zurechenbarkeit zum Kostenträger in Einzel- und Gemeinkosten, sondern im Hinblick auf ihre Veränderbarkeit in fixe und variable Kosten. Tabelle 4.1 zeigt eine derartige Rechnung am Beispiel eines Fernsehsenders mit neun Programmbereichen.

Auf Basis von Tabelle 4.1 ist zu prüfen, ob das bisherige Angebot des Senders langfristig aufrechterhalten werden soll. Besonders fällt auf, dass der Deckungsbeitrag II von drei Ressorts negativ ist, diese Ressorts also auf den ersten Blick nicht positiv zum Gesamtergebnis beitragen. Vor einer definitiven Entscheidung über die Einstellung einzelner Ressorts sind zumindest zwei Aspekte zu überprüfen:

- Verbundeffekt: Hätte der Wegfall des Unterhaltungsangebotes negative Auswirkungen auf andere Programmbereiche?
- Publizistische Ziele: Hat der Sender explizit das (nicht-ökonomische) Ziel, bestimmte Inhalte anzubieten?

Die Erlösrechnung stellt das Gegenstück zur Kostenrechnung dar. Es wird untersucht, womit und in welcher Höhe Umsatz generiert wird. Geht man von einer engen Betrachtungsweise aus, umfassen die Erlöse die Einnahmen, die dem Unternehmen durch die am Markt abgesetzten Produkte und Dienstleistungen zufließen. Bei weiterer Betrachtung wird auch der Wertzuwachs für eigenerstellte Leistungen berücksichtigt. Bleibt man bei der engen Definition, so lassen sich für Einzelprodukte die produktbezogenen Erlöse und Einzelerlöse einer Produkteinheit direkt auf Erlösträgerbasis parallel zu Kostenträgern für Deckungsbeitragsrechnungen bestimmen (vgl. Tab. 4.1). Nun sind Preismodelle zu beobachten, die eine Erlöszurechnung schwieriger machen:

- Es werden Produkte im Bündel („Bündelprodukte") verkauft. Das Bündel setzt sich aus mehreren Komponenten zusammen, die prinzipiell auch einzeln verkauft werden könnten. Smartphones werden z. B. im Verbund mit einem Telefonvertrag verkauft. In den Gesamtpreis ist ein Anteil für das Smartphone einkalkuliert, der Wert der Hardware wird erst nach mehreren Perioden gedeckt. Ein anderes Beispiel findet sich bei Wissenschaftsverlagen. Diese bieten ihr Produkt „Zeitschrift" Wissenschaftlichen Bibliotheken in der Regel so an, dass diese aus mehreren Disziplinen im Paket offeriert werden. Ein Erwerb einer einzelnen Zeitschrift ist oftmals gar nicht möglich. Publikumszeitschriften oder Zeitungen sind ein weiteres Beispiel für Produktbündel. Den Abonnenten eines gedruckten Periodikums wird für einen geringen Aufpreis auf den bisherigen Abo-Preis der Zugriff auf die digitale Version ermöglicht.
- Es wird der Zugang zu umfänglichen Beständen an Medienprodukten oder Daten angeboten („Access" anstelle von „Kauf"). Der Zugang wird in Form einer „Flatrate" bepreist, die den Zugriff pro Zeiteinheit regelt. Ein Beispiel hierfür ist der Musikdienst Spotify, der den Hörern unbegrenzten Zugriff auf digital vorliegende Musiktitel für 10 € pro Monat erlaubt. Analog funktioniert das Geschäftsmodell von Skoobe für Buchtitel. In der analogen Welt funktioniert eine klassische Bibliothek nach diesem Modell.
- Als Gegensatz zum „Produktbündel" werden „entbündelte" Produkte verkauft, was aufgrund der Digitalisierung der Medienprodukte realisierbar ist. So ist es digital relativ einfach möglich, z. B. einzelne Buchkapitel oder Einzelartikel einer Wissenschaftszeitschrift anzubieten. Der Leser muss nicht das gesamte Medienprodukt erwerben, wenn er lediglich an einzelnen, singulär nutzbaren Objekten interessiert ist. Deren Preis lässt sich nicht direkt aus dem Produktbündel bestimmen.

Das Bilden von Produktbündeln ist ein absatzpolitisches Instrument, welches sich konkret in der Form der Preisdifferenzierung niederschlägt und als Ziel die Gewinn- oder Umsatzmaximierung hat (vgl. Kap. 2.2.3.4). Ebenso können eine Stärkung der Wettbewerbsposition oder höhere Kundenzufriedenheit Ziel solcher Maßnahmen sein. Für Konsumenten sind Produktbündel vor allem dann interessant, wenn der Bündelpreis geringer ist als die Summe der Preise der Komponenten des Bündels.

Die Herausforderung in der Erlösrechnung besteht nun darin, dass der Bündelpreis auf die einzelnen Komponenten des Bündels aufgeteilt werden muss, sich also die Frage stellt, welchen Erlösbeitrag eine jede Komponente erbracht hat (vgl. Ortelbach et al. 2005). Dieses ist deswegen nötig, da der Deckungsbeitrag eines jeden einzelnen Medienprodukts, also z. B. eines jeden einzelnen Buchtitels oder Songs, berechnet werden muss, damit man Aussagen zum finanziellen Erfolg oder Mißerfolg eines jeden Produkts machen kann. Auf dieser Basis können dann auch unternehmerische Entscheidungen getroffen werden, z. B. hinsichtlich des Verbleibs des Produkts im Portfolio des Unternehmens oder Angebots (vgl. Kap. 5.3.1.1). Weitere Entscheidungstatbestände knüpfen an, wie z. B. die erfolgsabhängige Vergütung der jeweiligen Bereichsverantwortlichen (vgl. Kap. 3.2.2.3).

Für die Erlösrechnung stellt sich konkret die Frage, wie der sog. Gemeinerlös des Bündels den einzelnen Komponenten zugerechnet werden kann. Es geht in Analogie zur Gemeinkostenrechnung also um die Aufschlüsselung des Gemeinerlöses. Liegen für die einzelnen Komponenten Einzelpreise vor, können diese zur Schlüsselung herangezogen werden, in dem die Einzelpreise zueinander in Relation gesetzt und der Gemeinerlös den Relationen entsprechend aufgeteilt wird. Die Komponente mit dem höchsten Einzelpreis erhält dann den größten Anteil vom Gemeinerlös des Bündels. Als Schlüsselungsparameter sind beispielsweise auch die Kosten oder die Gewichtigkeit (Hauptkomponente, Nebenkomponente) der Komponenten denkbar. Bei der Wahl des Schlüsselungsverfahrens muss geklärt werden, welche Ziele man genau mit der Erlösrechnung erreichen möchte. In Abhängigkeit davon können die Verfahren hinsichtlich ihrer Tauglichkeit beurteilt werden (vgl. Ortelbach et al. 2005). Die Erlösrechnung für Produktbündel kann sehr komplex werden, oder manchmal auch gar nicht befriedigend erfüllt werden: Beispielsweise werden Vertriebsrechte häufig nicht für Einzelprodukte, sondern eine gesamte Produktpalette erworben, die dann auch nur der jeweiligen Produktgruppe als Ganzes zugeordnet werden können. Verträge können komplexe Lizenzgebührenmodelle aufweisen, die neben einmaligen Kaufpreisen auch umsatzabhängige Provisionen, eine Kombination aus beidem und zusätzlich Rabattstaffeln enthalten können.

Abschließend sei auf zwei für Medienunternehmen besonders relevante Ansätze der Kostenträgerrechnung noch kurz eingegangen: Lebenszyklusrechnung und Break-Even-Analyse. Bei der *Kundenlebenszyklusrechnung* handelt es sich um eine neuere Form der Kostenträgerstückrechnung. Grundlegende Idee ist es, alle im Rahmen einer Kundenbeziehung anfallenden Kosten und Erlöse gegenüberzustellen und auf diesem Weg die ökonomische Vorteilhaftigkeit einer Kundenbeziehung zu überprüfen.

Im Gegensatz zum Produktlebenszyklus (vgl. Kap. 2.2.1.2) ist somit in diesem Fall nicht das Produkt, sondern die Kundenbeziehung das Betrachtungsobjekt. Lebenszyklusrechnungen werden meist als Prognoserechnung verwendet. Ursprünglich wurden lebenszyklusorientierte Konzepte der Kostenrechnung für den Großanlagenbau entwickelt (vgl. Riezler 1996), sie lassen sich aber auf Medienunternehmen übertragen. Am Anfang der Kundenbeziehung fallen zunächst Kosten für die Kundengewinnung an (z. B. durch Abonnentenprämien). Während des Lebenszyklus werden einem Kunden verschiedene Produkte angeboten, zunehmend auch über verschiedene Medien. So bieten manche Zeitungsverlage ihren Abonnenten nicht „nur" die wochentägliche Zeitung, sondern auch den vergünstigten Zugang zu Online-Informationen an. Bei der Lebenszyklusrechnung werden all die damit verbundenen Erlöse und Kosten einem Kunden zugerechnet. Berücksichtigung finden dabei alle Erlösarten, z. B. Abonnentenerlöse, Transaktionserlöse und Werbeerlöse. Dabei werden Werbeerlöse aber nur in dem Umfang einem Kunden zugerechnet, insofern sie abhängig von der Angebotsnutzung sind. Beispielsweise können bei der Nutzung eines Angebotes im Internet die durch den Kunden erzeugten Pageimpressions mit TKP bewertet und dem Kunden zugerechnet werden. Bei den klassischen Kostenträgerrechnungen, die auf Produktgruppen oder Perioden fokussiert sind, sind all diese Zuordnungen nicht möglich.

Fallbeispiel 6: Lebenszyklusrechnung bei der AOL Deutschland Medien GmbH

Bei der AOL Deutschland Medien GmbH diente die Lebenszyklusrechnung im Jahr 2003 zur Beurteilung verschiedener Absatzkanäle und Marketingaktionen bei der Gewinnung von Neukunden. Ausgangspunkt der Analyse waren die Kosten pro Neukundengewinnung (Cost per Registration, CPR) sowie die Haltbarkeit (Retention) der gewonnenen Kunden (vgl. Bauer 2003).

Die CPR ergeben sich, indem alle mit der Werbeaktion verbundenen Kosten (Adressbeschaffung, CD-Produktion, Porti und Händlerprämien im Partnermarketing) durch die Anzahl der mit einer Aktion verbundenen Neuregistrierungen dividiert wurden. Neben den eigentlichen CPR wurde außerdem das Verhältnis der Akquisitionskosten und der nach einer bestimmten Anzahl an Tagen noch verbleibenden Kunden betrachtet. Beispielsweise stellte die Kennzahl CPO360 (Cost per Order 360 Tage) die Akquisitionskosten einer Aktion im Verhältnis zur Anzahl der Mitglieder dar, die nach 360 Tagen noch immer ein Vertragsverhältnis hatten.

Da der Markt für Online-Access schon im Jahr 2003 nicht mehr so stark wuchs, gewann neben der Neukundenakquisition das Halten eines Kunden immer mehr an Bedeutung. Dieses wurde gemessen durch die sog. Retention-Rate (Anteil der aus einer Aktion verbleibenden Kunden) bzw. die Churn-Rate (Anteil der wieder verlorenen Neukunden). Auch diese Größen wurden auf bestimmte Zeiträume bezogen.

Mit einer Lebenszyklusbetrachtung wurde schließlich der Gesamtwert eines Kunden während der Verweildauer bei AOL Deutschland ermittelt und hieraus wurden Erkenntnisse für die Auswahl geeigneter Marketing-Kanäle gewonnen.

Die Bewertung des Kunden erfolgte anhand der von ihm zu erwartenden Zahlungsströme. In diese Erwartungen flossen ein:

- Erfahrungen über die Verweildauer von Kunden, die ein ähnliches Nutzungsverhalten aufwiesen (Tarif, Durchschnittsnutzung etc.)
- Direkt der Kundenaktivität zuzuordnende Umsätze und Kosten (z. B. Netzwerkkosten)
- Erwartete Umsätze aus Premiumdiensten (z. B. Musikdownloads), die diese Kundengruppe ansprachen

Anhand dieser Werte lässt sich für den Durchschnittskunden einer speziellen Kundengruppe ein individueller monatlicher Deckungsbeitrag ermitteln. (vgl. nachfolgende Abbildung).

Deckungsbeitrag je Kunde	Kosten Neugewinnung je Kunde
Direkt zurechenbare Umsätze und Kosten	Adressbeschaffung
Verweildauer vergleichbarer Kunden	CD-Produktion
Erwartete Umsätze aus Premiumdiensten	Porti
	Händlerprämien

Gesamtdeckungsbeitrag eines Kunden von AOL im Lebenszyklus

Bewertung einer Neukundengewinnung bei AOL

Wird von der Summe der abgezinsten Deckungsbeiträge der CPR subtrahiert, ergibt sich der Gesamtdeckungsbeitrag des Kunden. Setzt man diesen wiederum ins Verhältnis zum CPR ergibt sich ein *kundenspezifischer Return on Investment*. Ebenso wie für einen Kunden können auch für bestimmte Aktionen spezifische Deckungsbeiträge bestimmt werden.

Mit dieser Lebenszyklusrechnung lassen sich Entscheidungen über einzelne Marketing-Kanäle sowie über die Dimensionierung des gesamten Marketingbudgets ableiten.

Ergänzend sei auch das grundlegende Prinzip der *Break-Even-Analyse* vorgestellt. Generelles Ziel einer Break-Even-Analyse ist es, diejenige Produktionsmenge zu bestimmen, bei der die einem Produkt zurechenbaren Kosten gerade durch Erlöse gedeckt sind (vgl. Schweitzer und Trossmann 1998). Dieser Punkt wird als Break-Even-Punkt oder auch Gewinnschwelle bezeichnet.

Zur Illustration sei davon ausgegangen, dass durch das Verlegen eines Sachbuches für den Einsatz des Lektors, für die Vermarktung etc. auflagenunabhängige Kosten in Höhe von 20.000 € entstehen. Darüber hinaus entstehen für Druck und Honorar des Autors pro Exemplar 20 € an Kosten, die damit auflagenabhängig sind. Der Preis des Buches beträgt 40 € pro Exemplar. Abbildung 4.14 zeigt die grafische Bestimmung des Break-Even-Punktes im Beispielfall. Auf der x-Achse ist die Produktionsmenge (die Auflage) auf der y-Achse sind der Deckungsbeitrag des Buches und die auflagenunabhängigen bzw. fixen Kosten berechnet. Der Deckungsbeitrag wird aus der Differenz von Erlösen und variablen (auflagenabhängigen) Kosten berechnet, er beträgt im Beispiel 20 € pro Buch. Der Gewinn ergibt sich nach Abzug der fixen (auflagenunabhängigen) Kosten. Im Beispiel liegt der Break-Even-Punkt bei einer Auflage von 1.000 Exemplaren.

Abb. 4.14 Bestimmung des
Break-Even-Punktes für ein
Buch

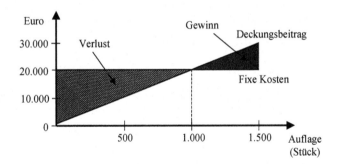

Wegen des hohen Anteils fixer Kosten wird die Break-Even-Analyse in Medienunternehmen gerne genutzt. Sie hilft insbesondere, die einer Kalkulation zu Grunde liegenden Annahmen über die Vermarktungschancen (im Beispiel ausgedrückt durch die Auflage) zu validieren. Auch lassen sich die Chancen und Risiken alternativer Preise bzw. zusätzlicher Werbemaßnahmen verdeutlichen.

4.2   Finanzwirtschaft in Medienunternehmen

4.2.1   Grundfragen der Finanzwirtschaft

Beim Beschreiben der grundlegenden Funktionsweise eines Unternehmens wurden bereits in Kap. 1.2 Güter- und auch Kapitalströme erwähnt. Nachdem die Güterströme in den vorausgehenden Kapiteln bereits intensiv dargestellt wurden, stehen im nachfolgenden Kapitel nun die Kapitalströme (Zahlungsströme) im Mittelpunkt, d. h. die Einzahlungen und Auszahlungen eines Unternehmens. Das grundlegende Problem, wie bereits in Kap. 1.2 angedeutet, wird nachfolgend an einem einfachen Beispiel aus der Medienbranche dargestellt.

Betrachtet sei dazu die Herstellung einer neuen Zeitschrift in einem Druck- und Verlagshaus. Lange bevor die neue Zeitschrift verfügbar ist, fallen Auszahlungen an. Das Unternehmen muss eine Redaktion aufbauen, Produktionsmittel, wie Maschinen und Roh-, Hilfs- und Betriebsstoffe (Papier, Druckerfarbe, Strom), beschaffen und entsprechende Auszahlungen dafür tätigen. Erst Monate oder sogar Jahre später fließen Einzahlungen an den Verlag zurück, z. B. durch die Erlöse im Straßenverkauf oder durch die Jahresbeiträge der Abonnenten. Aus finanzwirtschaftlicher Perspektive stellen sich dem Verlag zwei vordringliche Fragen:

- Über einen langen Zeitraum übersteigen die Auszahlungen die Einzahlungen. Wie soll dieser Zeitraum überbrückt werden?
- Neben dem Entwickeln einer neuen Zeitschrift besteht im Verlag auch die Idee, das Online-Angebot für eine bereits bestehende Zeitschrift deutlich auszubauen. Der Verlag

verfügt nur über begrenzte finanzielle Mittel. Für welches dieser beiden Projekte sollte sich der Verlag entscheiden?

Die erste Frage ist dem Komplex der *Finanzierung* zuzurechnen. Hier stehen Fragen der Mittelbeschaffung im Zentrum. In Kap. 4.2.2 werden die wichtigsten Varianten der Mittelbeschaffung, die sog. Finanzierungsformen, präsentiert. Die zweite Frage fällt in den Bereich der *Investitionsrechnung*. Die Investitionsrechnung unterstützt Fragen der Vorteilhaftigkeit von Investitionsalternativen (Mittelverwendung) durch geeignete Rechenverfahren. In Kap. 4.2.3 sind die wichtigsten Verfahren der Investitionsrechnung dargestellt.

Mittelverwendung und Mittelbeschaffung müssen aufeinander abgestimmt werden. Dabei sind zwei Aspekte zu berücksichtigen. Es ist zu jedem Zeitpunkt die *Zahlungsfähigkeit* des Unternehmens sicherzustellen (vgl. Kap. 4.1.2.2). Ist die Zahlungsfähigkeit nicht gegeben, führt dies zur Insolvenz des Unternehmens. Gleichzeitig ist die Bereitstellung von Mitteln mit Kosten verbunden, z. B. für beanspruchte Bankkredite. Zentrale Aufgabe der Finanzplanung ist es, Mittelbeschaffung und -verwendung bestmöglich aufeinander abzustimmen. Erste Informationen dazu liefern die in Kap. 4.1.2.2. beschriebenen Kennzahlen zur Finanzlage, die aber bei der Detailplanung noch durch Sonderrechnungen ergänzt werden müssen.

4.2.2   Finanzierungsformen

4.2.2.1   Finanzierungsformen im Überblick

Der Bedarf an Zahlungsmitteln kann durch unterschiedliche *Finanzierungsformen* gedeckt werden. Die verschiedenen Finanzierungsarten lassen sich zum einen nach der Rechtsstellung der Kapitalgeber und zum anderen nach der Mittelherkunft unterscheiden (vgl. auch Perridon et al. 2012, S. 353–357).

Nach der Rechtsstellung der Kapitalgeber wird die *Eigenfinanzierung* von der *Fremdfinanzierung* getrennt. Bei der Eigenfinanzierung werden dem Eigenkapital durch Einlagen der Unternehmenseigner oder durch den Gewinn des Unternehmens (sog. *Selbstfinanzierung*) Finanzmittel zugeführt. Im Gegensatz zum Fremdkapital haftet das Eigenkapital gegenüber den Gläubigern des Unternehmens für die Verbindlichkeiten und Risiken und wird daher auch als Haftungskapital bezeichnet. Es wird dem Unternehmen zeitlich unbefristet zur Verfügung gestellt. Für das Fremdkapital besteht aus Sicht des Unternehmens eine Verzinsungs- sowie eine Rückzahlungspflicht. Es wird dem Kapitalnehmer zeitlich befristet überlassen. Fremdkapitalgeber (z. B. Banken) stellen Gläubiger der Unternehmung dar. Im Insolvenzfall werden die Gläubiger anteilsmäßig aus dem Vermögen des Unternehmens befriedigt. Die wichtigsten Unterscheidungsmerkmale zwischen Eigen- und Fremdkapital sind in Tabelle 4.2 gegenübergestellt.

Als eine Mischform von Eigen- und Fremdkapital kann sog. Mezzanine-Kapital aufgrund der rechtlichen und wirtschaftlichen Ausgestaltung angesehen werden. Üblicher-

Tab. 4.2 Merkmale von Eigen- und Fremdkapital. (Vgl. Perridon et al. 2012, S. 354)

Kriterien	Eigenkapital	Fremdkapital
Haftung	Mind. in Höhe der Einlage	Keine Haftung
Ertragsanteil	Teilhabe an Gewinn und Verlust (Residualanspruch)	i. d. R. Zinsanspruch (Festbetragsanspruch)
Vermögensanspruch	Quotenanspruch, wenn Liquidationserlös > Schulden	In Höhe der Forderung
Unternehmensleitung	i. d. R. berechtigt	Grundsätzlich ausgeschlossen
Überlassungsdauer	i. d. R. unbegrenzt	i. d. R. begrenzt
Finanzierungskapazität	Begrenzt durch die private Vermögenslage der Eigner	Unbegrenzt, vom Vorliegen von Sicherheiten abhängig

weise wird dabei einem Unternehmen Eigenkapital zugeführt, ohne den Kapitalgebern im Gegenzug Stimm- und Einflussrechte zu gewähren. Das Mindestvolumen für Mezzanine-Kredite beträgt aufgrund höherer Transaktionskosten (aufwendigere Prüfung des Kapitalgebers anhand von externen Ratings) in der Regel mindestens 0,5 Mio. € (vgl. Häger und Elkemann-Reusch 2007).

Als weiteres Unterscheidungskriterium für Finanzierungsformen kommt die Herkunft der Finanzmittel in Betracht. Je nachdem, ob die Finanzmittel dem Unternehmen aus dem betrieblichen Umsatzprozess oder durch Inanspruchnahme von Finanzierungsmärkten (Kreditmärkte, Kapitalmärkte) zufließen, handelt es sich um Formen der *Außen-* oder *Innenfinanzierung*.

Die Außenfinanzierung umfasst zum einen die Zuführung von Finanzmitteln zum Unternehmen in Form von zusätzlichen Einlagen der bisherigen Eigenkapitalgeber bzw. Beteiligungen neuer Gesellschafter (sog. *Einlagen-* bzw. *Beteiligungsfinanzierung*). Zum anderen besteht die Möglichkeit der Kreditgewährung von Gläubigern (sog. *Kreditaufnahme*) sowie das Veräußern von Vermögensteilen des Unternehmens (vgl. Abb. 4.15).

Die Filmförderung ist eine staatliche Subvention, die der Förderung und dem Erhalt nationaler bzw. regionaler Filmproduktionen dient. Förderungsmöglichkeiten bestehen auf Landes-, Bundes- sowie auf europäischer Ebene. Die Grundlage der Förderung auf

	Fremdkapital	Eigenkapital	(Rechtsposition unverändert)
Außen-finanzierung	Kreditaufnahme	Einlagen-/ Beteiligungs-finanzierung	Vermögens-liquidation
Innen-finanzierung	Mittelbindung aus Rück-stellungsbildung	Selbst-finanzierung	Abschreibungs-rückflüsse

Abb. 4.15 Systematik der Finanzierungsformen

Bundesebene ist das *Gesetz über Maßnahmen zur Förderung des deutschen Films* (Film-förderungsgesetz). Daneben gibt es weitere staatliche Finanzierungsmöglichkeiten.

Wenn dem Unternehmen Zahlungsmittel von innen zufließen und es sich dabei um Fremdkapital handelt, spricht man von einer Finanzierung aus Rückstellungsgegenwerten. Rückstellungen sind gem. HGB definiert als zukünftige Auszahlungsverpflichtungen eines Unternehmens, die dem Grunde und/oder der Fälligkeit sowie der Höhe nach ungewiss sind und für die Bestimmung des Jahresergebnisses periodisiert werden. Als Beispiel können Pensionsrückstellungen genannt werden, die aus Personalaufwand gebildet werden. Der Finanzierungseffekt entsteht, wenn die periodisch gebildeten Aufwandsgegenwerte dem Unternehmen über die Umsatzerlöse wieder als Zahlungsmittel zufließen, ohne dass Pensionen in gleichem Umfang ausgezahlt werden müssen. Durch einen vergleichsweise höheren Aufwand werden auch gewinnabhängige Auszahlungen wie z. B. dividenden- und gewinnabhängige Steuerzahlungen reduziert.

Um eine Finanzierung aus Abschreibungsrückflüssen handelt es sich, wenn durch die Abschreibung von Gegenständen des Anlagevermögens Aufwendungen (Abschreibungs-aufwendungen) entstehen und diesen während der Nutzungsdauer der Gegenstände keine Auszahlungen gegenüberstehen (vgl. Kap. 4.1.3.2). Voraussetzung für den Finanzierungs-effekt ist, dass die Abschreibungsgegenwerte am Markt über die Umsatzerlöse verdient werden, d. h. dem Unternehmen als Zahlungsmittel zufließen. Wie bei der Finanzierung aus Rückstellungsgegenwerten ist mit der Bildung von Abschreibungen auch eine indirek-te Liquiditätswirkung verbunden, wenn der zu versteuernde Gewinn und die Dividenden-ansprüche der Gesellschafter reduziert werden.

Da die „verdienten" Abschreibungen das in den Vermögensgegenständen gebundene Kapital im Unternehmen freisetzen und dieses nun für Finanzierungszwecke zur Verfü-gung steht, spricht man auch von einem *Kapitalfreisetzungseffekt*.

Abbildung 4.15 gibt einen Überblick über die wichtigsten Finanzierungsformen.

Nachfolgend werden die Einlagen-/Beteiligungsfinanzierung sowie die Kreditaufnah-me vertieft dargestellt.

4.2.2.2 Einlagen-/Beteiligungsfinanzierung

Wenn die Anteilseigner einer Kapitalgesellschaft (AG, GmbH) oder die Miteigentümer einer Personengesellschaft (OHG, KG) Eigenkapital von außen zuführen, handelt es sich um eine Beteiligungs- bzw. Einlagenfinanzierung (vgl. Wöhe et al. 2013, S. 75–97). Da-bei ist es für die Finanzierungsfunktion unerheblich, ob dem jeweiligen Unternehmen liquide Mittel (Finanzmittel) oder Vermögenswerte (Sachmittel) überlassen werden. Bei der Überlassung von Sachmitteln (z. B. dem Einbringen einer Content-Management-Plattform) entsteht die Finanzierungsfunktion daraus, dass für den Erwerb dieser Vermö-gensgegenstände keine Zahlungsmittel aus dem Unternehmen abfließen. Werden liquide Mittel überlassen, entsteht die Finanzierungsfunktion aufgrund von Einzahlungen. Der Bezahlsender Sky Deutschland AG hat sich z. B. im Frühjahr 2013 durch Ausgabe neuer Aktien ca. 90 Mio. € zusätzliche liquide Mittel beschafft und sein Eigenkapital erhöht.

Am Beispiel der Rechtsform der Aktiengesellschaft soll die Beteiligungs- bzw. Einlagenfinanzierung genauer erläutert werden: Eine Aktiengesellschaft besitzt ein in seiner Höhe fixiertes Nominalkapital (auch als *Gezeichnetes Kapital* oder *Grundkapital* bezeichnet). Nach den Bestimmungen des Aktiengesetzes beträgt dessen Höhe mindestens 50.000 €. Zusammen mit den Kapital- und den Gewinnrücklagen, bildet es das Eigenkapital der Aktiengesellschaft. Das Grundkapital ist aufgeteilt in *Aktien*, d. h. in Wertpapiere, die auf einen Nennwert in bestimmter Höhe lauten. Sie verbriefen das Mitgliedschaftsrecht der Anteilseigner (Aktionäre) am Unternehmen. *Stammaktien* verbriefen die gewöhnlichen Rechte der Aktionäre:

• Dividendenrecht bzw. Gewinnbeteiligung,
• Teilnahme, Stimmrecht und Auskunftsrecht durch den Vorstand der AG in der Hauptversammlung,
• Recht auf Bezug junger Aktien und
• Anteil am Erlös bei Auflösung des Unternehmens.

Daneben existieren auch *Vorzugsaktien*. Besitzer von Vorzugsaktien haben im Vergleich zu Stammaktionären Vorzüge bzw. Vorrechte. Üblicherweise erhalten Vorzugsaktionäre einen Anspruch auf eine höhere Dividende, besitzen dann aber häufig kein Stimmrecht.

Eine AG kann sich durch die Ausgabe von Aktien auf dem *Kapitalmarkt* (i. d. R. Börsen) unbefristet Eigenkapital beschaffen. Die erstmalige Ausgabe von Aktien am Kapitalmarkt wird auch als Initial Public Offering (IPO) bezeichnet. Liegt der Veräußerungserlös einer Aktie über dem Nennwert, fallen in dieser Höhe (sog. Agio) *Kapitalrücklagen* an.

Zur Illustration sei angenommen, dass ein junges Unternehmen der Medienbranche in der Rechtsform einer AG an die Börse geht. Der Nennwert ihrer Aktien soll 5 € betragen. Am Tag des Börsengangs kann das Unternehmen für eine Aktie den Preis von 20 € erzielen. Am ersten Tag des Handels werden an der Börse in Frankfurt 30.000 Aktien veräußert. Damit hat das Unternehmen sein Eigenkapital um 600.000 € erhöht. Das gezeichnete Kapital wurde um 150.000 €, die Kapitalrücklage um 450.000 € aufgestockt. Die wesentlichen Vorteile der Aktienfinanzierung können wie folgt zusammengefasst werden:

• unbefristete Überlassung des Kapitals und
• unbegrenztes Finanzierungspotenzial.

Als Kapitalmärkte für Eigenkapital kommen in Deutschland der regulierte Markt (mit dem Börsengesetz geregelt) und der Freiverkehr (von der jeweiligen Börse selbst reguliert) in Betracht. Neben den sog. Präsenzbörsen, bei denen die persönliche Kommunikation zwischen den Marktteilnehmern erfolgt, existiert in Deutschland auch ein elektronisches Handelssystem für Wertpapiere, die Börse XETRA (Exchange Electronic Trading). Der Vorteil dieses Systems der Frankfurter Wertpapierbörse liegt darin, dass es 24 h zur Verfügung steht. Die Präsenzbörse hat damit stark an Bedeutung verloren.

Die Kursentwicklung an den Börsen wird über Indexe abgebildet (DAX, MDAX, SDAX, TecDAX), die die Kursentwicklung der enthaltenen Aktien widerspiegeln. Die Aufnahme in einen Index erfolgt u. a. anhand der Marktwertkapitalisierung des Unternehmens über den Börsenkurs. Im MDAX finden sich 2013 die Medienunternehmen Axel Springer SE, RTL Group SA und Sky Deutschland AG.

Eine innovative Möglichkeit für Unternehmen, Eigenkapital zu erhalten, stellt der *Venture Capital*-Markt dar (vgl. Wöhe et al. 2013, S. 170 ff.). Dieser Markt wurde insbesondere für kleine und mittlere Unternehmen etabliert, die keinen Zugang zur Börse und darüber hinaus, mangels banküblicher Sicherheiten, ein Problem der langfristigen Kreditaufnahme besitzen. Kleine und mittlere Unternehmen, die mit Venture Capital (VC) finanziert werden, stehen oftmals in der Lebenszyklusphase der Gründung (Start-Up), Expansion oder Umstrukturierung. In diesen Phasen benötigen sie langfristig zur Verfügung stehendes Kapital, das – anders als bei der Kreditfinanzierung – keinem Anschlussrisiko unterliegt. Zudem soll die Liquidität der Unternehmen in diesen Phasen nicht unnötig durch hohe laufende Zinszahlungen gefährdet werden. So finanziert sich z. B. das Startup Unternehmen tripwolf, das internetbasiert individuell zusammenstellbare Reiseführer anbietet, genauso über Venture Capital, wie z. B. die E-Book-Plattform PaperC für Fach- und Lehrbücher.

Das Risiko für die Unternehmen, in den genannten Phasen Verluste zu erzielen, ist hoch. VC soll helfen, die ggf. eintretenden Verluste des Unternehmens aufzufangen. Es stellt risikotragendes Eigenkapital dar und wird daher auch als Risiko- oder *Wagniskapital* bezeichnet. Von der klassischen Eigenkapitalfinanzierung unterscheidet sich eine VC-Finanzierung zunächst darin, dass Kapitalgeber und finanziertes Unternehmen in einem aktiven Betreuungsverhältnis zueinander stehen. Die Kapitalgeber beeinflussen häufig die Entwicklung der betreffenden Unternehmen. Der Einfluss kann von regelmäßigen Besprechungen mit der Geschäftsführung bis hin zur Auswahl von Managern reichen. VC-Geber beteiligen sich nur für eine begrenzte Dauer an den betreffenden Unternehmen und versuchen Ihre Beteiligung dann mit großem Wertzuwachs zu verkaufen.

Als Kapitalgeber treten zum einen *Kapitalbeteiligungsgesellschaften* (auch VC-Gesellschaften genannt) auf. Sie bündeln und verwalten das Kapital von Unternehmen, privaten Haushalten oder staatlichen Einrichtungen, um es dann an die Unternehmen weiterzugeben. Zum anderen gewähren Privatpersonen VC. Häufig handelt es sich dabei um Familienmitglieder oder Bekannte der Unternehmensgründer sowie sog. „Business Angels" (z. B. Unternehmer und Unternehmensberater), die mit dem Unternehmen in geschäftlichem Kontakt stehen.

4.2.2.3   Kreditaufnahme

Bei der Kreditaufnahme ist nach den Kreditgebern zu unterscheiden. Als Kreditgeber eines Unternehmens treten Banken, öffentliche Haushalte, private Haushalte und Unternehmen auf. Innerhalb der Unternehmen und privaten Haushalte sind Lieferanten und Kunden hervorzuheben. Bei ihnen handelt es sich um Kreditgeber, die dem Unternehmen über den betrieblichen Leistungsprozess Fremdkapital zur Verfügung stellen. Demgegenüber

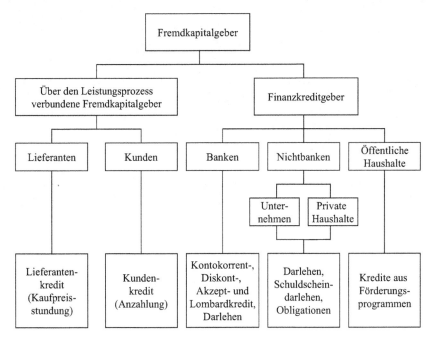

Abb. 4.16 Kreditgeber und Kreditformen. (Vgl. Wöhe et al. 2013, S. 217)

handelt es sich bei den übrigen Gläubigern um Finanzkreditgeber. Diese Systematisierung bestimmt auch die Art der Kredite, wie in Abbildung 4.16 verdeutlicht.

Ein weiteres Einteilungskriterium stellt die Dauer der Kapitalüberlassung bzw. die Fristigkeit des Fremdkapitals dar. So ist eine Unterscheidung zwischen kurz-, mittel- und langfristiger Finanzierung möglich. Üblicherweise liegt die Grenze zwischen kurzfristig und mittelfristig bei 90 Tagen. Dies betrifft z. B. *Diskontkredite* und *Lieferantenkredite*. Eine Ausnahme bildet der *Kontokorrentkredit*, der als kurzfristig gilt, jedoch eine Frist von 360 Tagen aufweist. Die Grenze zwischen mittelfristig und langfristig beträgt vier Jahre. Zu den mittelfristigen Krediten zählen beispielsweise *Darlehen* und *Kundenkredite im Anlagenbau*. Beispiele für langfristige Kredite stellen *Schuldscheindarlehen* und *Obligationen* dar.

Im Folgenden sollen das Darlehen, der Kontokorrentkredit und der Lieferantenkredit (vgl. Kap. 4.1.2.1) näher erläutert werden.

Darlehen, die an Unternehmen vergeben werden, dienen i. d. R. der Finanzierung von Investitionen, wie beispielsweise dem Kauf von Gebäuden oder umfangreichen Produktionsanlagen. Besitzen sie eine Laufzeit von mehreren Jahren, dann werden sie üblicherweise mit Grundpfandrechten besichert. Man spricht daher auch von *Hypotheken-* oder *Grundschulddarlehen*.

Neben der Rückzahlung (*Tilgung*) hat der Kreditnehmer Zinsen für die Kapitalüberlassung an den Gläubiger zu zahlen. Der Zinssatz kann entweder fix oder variabel gestaltet sein. Ein variabler Zinssatz wird in gewissen zeitlichen Abständen an die Entwicklung des Marktzinses angepasst. Aufwendungen, die dem Kreditnehmer im Zusammenhang mit Darlehen in Rechnung gestellt werden, sind im Wesentlichen Bearbeitungsgebühren und ggf. ein Disagio. Das Disagio stellt einen prozentualen Abschlag auf die Summe der Darlehensauszahlung dar, sodass der Kreditnehmer nicht über den gesamten Betrag (Nominalbetrag) des Darlehens verfügen kann.

Die Rückzahlung des Kredits kann in drei Varianten erfolgen. Wenn die Darlehenssumme in einem Betrag am Ende der Kreditlaufzeit zurückgezahlt wird, spricht man von einem endfälligen Darlehen. Davon zu unterscheiden sind Darlehen, die mit jährlich gleich lautenden Tilgungsraten bedient werden sowie die sog. *Annuitätendarlehen*. Bei Letzteren steigen die Tilgungsbeträge bis zum Fälligkeitstermin. Der Darlehensnehmer zahlt eine Annuität, d. h. einen jährlich konstant hohen Betrag für Zinsen und Tilgung, über die gesamte Laufzeit. Damit sinkt der Anteil an Zinsen und es steigt der Anteil an Tilgung.

Der Kontokorrentkredit räumt dem Kreditnehmer eine sog. Kreditlinie ein. Innerhalb dieses Höchstbetrags kann das Unternehmen beliebig verfügen und sein Konto überziehen. Auf Kontokorrentkonten wird der Zahlungsverkehr (z. B. Zahlungen von Löhnen und Gehältern, Rohstoffen, etc.) abgewickelt, weshalb die Inanspruchnahme des Kredits im Zeitablauf schwankt. Da der Kontokorrentkredit im Wesentlichen der Finanzierung des Warenumschlags dient, wird er auch als *Betriebsmittelkredit* bezeichnet.

Der Kontokorrentkredit wird kurzfristig gewährt (z. B. für sechs Monate). Aus ökonomischer Sicht handelt es sich aber um einen langfristigen Kredit. Solange der Gläubiger keinen Grund zur Auflösung der Kreditbeziehung besitzt, wird die Kreditlinie verlängert (prolongiert).

Die Kosten für den Kontokorrentkredit beinhalten zum einen die Sollzinsen für den tatsächlich in Anspruch genommen Kredit. Die Höhe des Zinssatzes richtet sich nach dem Zinsniveau am Markt. Zum anderen berechnen die Banken häufig eine Bereitstellungsprovision auf den zugesagten, aber noch nicht in Anspruch genommenen Kredit sowie Umsatzprovisionen oder Kontoführungsgebühren (auf die Zahl der Buchungen).

Ein Vorteil des Kontokorrentkredits aus Sicht des Kreditnehmers besteht in der ihm gewährten Dispositionsfreiheit, d. h. der flexiblen Möglichkeit der Inanspruchnahme je nach seiner Liquiditätssituation. Ist die Kreditlinie nicht in voller Höhe genutzt, besteht in der Differenz zum Höchstbetrag eine Liquiditätsreserve. Darüber hinaus werden Kontokorrentkredite oftmals ungesichert („blanko") gewährt.

Im Gegensatz zum Darlehen und zum Kontokorrentkredit erfolgt bei der Vergabe eines Lieferantenkredits keine Überlassung von Zahlungsmitteln. Der Lieferant gewährt dem Kreditnehmer (i. d. R. Käufer der gelieferten Gegenstände) ein Zahlungsziel (z. B. „zahlbar in 30 Tagen"). Damit erhält der Abnehmer die Möglichkeit, die Zahlung der gelieferten Gegenstände hinauszuzögern. Nutzt er diese Möglichkeit, kann er das ihm bei Sofortzahlung gewährte Skonto nicht in Anspruch nehmen. Das Skonto ist Ausdruck für die anfallenden Zinsen bei Inanspruchnahme des Zahlungsziels. Dies sei an einem Beispiel illustriert. Das Unternehmen erhält eine Papierlieferung in Höhe von 50.000 €. Die Zahlungsbedingungen lauten wie folgt: bei Zahlung innerhalb der nächsten 10 Tage Skonto 2 %, innerhalb von 30 Tagen netto Kasse. Es wird ein Lieferantenkredit mit 20

Tagen Laufzeit angeboten. Neben der Möglichkeit, den gesamten Betrag nach 30 Tagen zu zahlen, kann man das Skonto in Anspruch nehmen und innerhalb von 10 Tagen 49.000 € begleichen.

Lieferantenkredite haben den Nachteil, dass sie – verglichen mit anderen Finanzierungsformen – teuer sind. Dies wird deutlich, wenn man die Zinsaufwendungen in Form des Skontos (1.000 €) in einen Zinssatz umrechnet. Für das Beispiel ergibt sich ein Zinssatz von 36,73 % p. a. Lieferantenkredite besitzen jedoch auch Vorteile, weshalb sie ein gängiges Finanzierungsinstrument in der Praxis darstellen: Lieferantenkredite werden im Gegensatz zu anderen Krediten ohne aufwändige Formalitäten gewährt. Zudem genügt dem Lieferanten i. d. R. der gesetzlich fixierte Eigentumsvorbehalt (§ 455 BGB) als Sicherheit. Sollen die hohen Zinsaufwendungen des Lieferantenkredits vermieden werden, greifen Unternehmen häufig auf Kontokorrentkredite zurück.

Eine jüngere Finanzierungsform ist das sog. Crowdfunding. Dabei werden über eine Internetplattform, wie z. B. Kickstarter oder Startnext, von einer großen Zahl an Investoren Finanzierungsbeiträge eingesammelt und gebündelt. Als Gegenleistung gibt es für die Investoren z. B. auch Sachleistungen, wie die Teilnahme an einem Drehtag oder eine Gastrolle im Abspann. Für den Kinofilm Stromberg wurde so eine Million Euro gesammelt.

Eine ältere Variante der externen Finanzierung für wissenschaftliche Zeitschriften ist die Pränumeration, bei der Bestellungen bereits akquiriert und bezahlt waren, bevor die Zeitschrift gedruckt wurde.

4.2.3   Investitionsrechnung

Unter einer *Investition* versteht man eine betriebliche Handlung, die den Erwerb von materiellen oder immateriellen Objekten zum Inhalt hat. Das folgende Kapitel behandelt vorwiegend Lösungsmodelle für das Problem der Entscheidung über einzelne *Investitionsobjekte*. Darüber hinaus wird auch eine Methode zur simultanen Auswahl unterschiedlicher Investitionsobjekte (sog. *Investitionsprogrammentscheidungen*) vorgestellt, die sowohl in der Praxis als auch in der Theorie weit verbreitet ist (vgl. Götze und Bloech 2008, Kruschwitz 2009, S. 217 ff.).

Im Rahmen der Investitionsrechnung lautet die Fragestellung grundsätzlich, ob

- ein Investitionsobjekt absolut vorteilhaft ist (Entscheidung über Investition oder Nicht-Investition in ein Objekt) und ob
- ein Investitionsobjekt relativ vorteilhaft ist (Entscheidung für ein Investitionsobjekt aus einer Menge von mindestens zwei voneinander unabhängigen Alternativen).

Investitionen lassen sich – ausgehend von der Bilanzgliederung – in *Sachinvestitionen* (z. B. Kauf von Druckmaschinen) und *Finanzinvestitionen* (z. B. Erwerb einer Beteiligung an einem anderen Verlag) unterscheiden. Die folgende Betrachtung legt einen Schwerpunkt auf Sachinvestitionen.

Ursächlich für Sachinvestitionen ist die Notwendigkeit, die Leistungsbereitschaft des Unternehmens herzustellen, aufrechtzuerhalten und ggf. auszubauen. In diesem Zusammenhang differenziert man grundsätzlich zwischen Erst- bzw. Errichtungsinvestitionen (Gründung, Aufbau neuer Standorte etc.), Ersatzinvestitionen (z. B. Kauf einer neuen PC-Ausstattung) sowie Erweiterungsinvestitionen (z. B. Ausbau vorhandener Kapazitäten in der Druckerei).

In den folgenden Abschnitten werden ausgewählte Verfahren der Investitionsrechnung dargestellt. Je nachdem, ob die Verfahren nur eine Periode oder mehrere Perioden bzw. Zeitabschnitte einer Investition explizit berücksichtigen, unterscheidet man zwischen statischen und dynamischen Verfahren.

4.2.3.1 Statische Verfahren

Die statischen Rechenverfahren werden auch als kalkulatorische Verfahren bezeichnet. Sie bilden Investitionen zwar nicht auf der Grundlage von Zahlungsströmen ab und geben daher keine Auskunft über Auszahlungen und Einzahlungen im Zusammenhang mit Investitionen. Kalkulatorische Verfahren sind jedoch in der betrieblichen Praxis aufgrund der relativ einfachen Datenbeschaffung aus der Kostenrechnung weit verbreitet. Im Folgenden werden statische Verfahren vorgestellt, die als Kriterien zur Beurteilung der Vorteilhaftigkeit Kosten, Gewinne und Rentabilität einer Investition verwenden.

Die *Kostenvergleichsrechnung* beurteilt Investitionsobjekte anhand der von ihnen verursachten Kosten. Dabei werden mindestens zwei funktionsgleiche Objekte (z. B. Filmschnittplätze verschiedener Hersteller) verglichen. Es wird unterstellt, dass die Leistungen der Investitionsalternativen identisch oder nicht entscheidungsrelevant sind. Neben den Kosten für die Anschaffung der Objekte werden Zinsen auf das durchschnittlich im Investitionsobjekt gebundene Kapital, Abschreibungen (vgl. Kap. 4.1.3.2) und Betriebskosten (z. B. für Wartung und Reparatur) berücksichtigt.

Zur Illustration sei angenommen, dass ein Unternehmen vor der Wahl zwischen zwei neuen Filmkamera-Ausstattungen (FC1 und FC2) steht. Beide Ausstattungen haben eine Nutzungsdauer n von 5 Jahren. Der Zinssatz i beträgt 5 % p. a. Für FC1 fallen 120.000 €, für FC2 150.000 € Anschaffungskosten AK an. Man rechnet für FC1 mit Betriebskosten BK in Höhe von 10.000 € pro Jahr, für FC2 in Höhe von 6.000 € pro Jahr. Ferner geht man davon aus, dass sich FC1 und FC2 über die gesamte Nutzungsdauer gleichmäßig abnutzen. Ein Liquidationserlös wird nicht erwartet.

Die Kosten (in Euro) für die Investitionsobjekte pro Jahr lassen sich mit Hilfe folgender Formel vereinfachend bestimmen:

$$K = \underbrace{\frac{AK}{n}}_{\text{Nutzungsdauer}} + \underbrace{\frac{AK}{2}*i}_{\text{Zinsen}} + BK$$

Damit ergibt sich im Beispiel:

$$K_{FC1} = \frac{120.000}{5} + \frac{120.000}{2}*0,05 + 10.000 = 37.000$$

$$K_{FC2} = \frac{150.000}{5} + \frac{150.000}{2} * 0,05 + 6.000 = 39.750$$

Der Vergleich der Gesamtkosten K_{FC1} und K_{FC2} zeigt, dass die Investitionsalternative FC1 relativ vorteilhaft ist und daher der Alternative FC2 vorzuziehen ist.

Der Vorteil dieses Verfahrens liegt in seiner einfachen Durchführbarkeit. An diesem Verfahren ist jedoch zunächst zu kritisieren, dass viele Daten (z. B. bezüglich der in Zukunft anfallenden Betriebskosten) mit Unsicherheit behaftet sind, d. h. die Realität nicht ausreichend berücksichtigt wird. Es handelt sich dabei jedoch um ein generelles Problem der Investitionsrechenverfahren, auf das an späterer Stelle noch einmal eingegangen wird. Darüber hinaus ist fraglich, ob das Beschränken auf die Zielgröße „Kosten" für die Einschätzung der Vorteilhaftigkeit ausreichend ist, d. h. ob alle relevanten Auswirkungen der Investition auf die Leistungserstellung (z. B. auf die Bearbeitungszeiten) mit Hilfe einer Größe erfasst werden können. Ferner ist der Umstand zu kritisieren, dass zeitliche bzw. periodische Unterschiede der Kosten nicht berücksichtigt werden.

Die *Gewinnvergleichsrechnung* bezieht neben den Kosten auch die mit einer Investition verbundenen Leistungen in das Kalkül mit ein. Die Zielgröße stellt der jährlich durchschnittliche Gewinn dar, der voraussichtlich mit der Investition erwirtschaftet wird. Üblicherweise werden die Leistungen einer Investition mit den daraus resultierenden Erlösen gleichgesetzt. Dies soll auch hier so geschehen.

Ein Medienunternehmen steht vor der Entscheidung, entweder ein neues Kochmagazin (KM) oder ein Gartenmagazin (GM) herauszugeben. Abbildung 4.17 zeigt die jährlichen Daten in Zusammenhang mit den Investitionsobjekten in Euro.

Der jährliche Gewinn G ergibt sich aus der Differenz von Umsatz und Kosten, d. h. $G = U - K$. Die jährlichen Umsätze (in Euro) ergeben sich wie folgt:

$$U_{KM} = x_{KM} * (p_{KM} + a_{KM}) = 100.000 * (4,00 + 4,00) = 800.000$$

$$U_{GM} = x_{GM} * (p_{GM} + a_{GM}) = 100.000 * (5,00 + 3,30) = 830.000$$

Hinsichtlich der Kosten (in Euro) ergibt sich:

$$\begin{aligned}
K_{KM} &= K_{KM,1} + K_{KM,2} + K_{KM,3} + x_{KM} * k_{KM,v} \\
&= 300.000 + 70.000 + 10.000 + 100.000 * 2,00 \\
&= 580.000
\end{aligned}$$

$$\begin{aligned}
K_{GM} &= K_{GM,1} + K_{GM,2} + K_{GM,3} + x_{GM} * k_{GM,v} \\
&= 250.000 + 90.000 + 10.000 + 100.000 * 3,00 \\
&= 650.0000
\end{aligned}$$

Daten (in Euro)	Kochmagazin (KM)	Gartenmagazin (GM)
Personalkosten für Redakteure, Anzeigenverkauf und Herstellung (K_1)	300.000	250.000
Vertriebskosten (K_2)	70.000	90.000
Gebäudekosten (K_3)	10.000	10.000
Variable Kosten je Stück (k_v)	2,00	3,00
Vertriebserlöse je Stück (p)	4,00	5,00
Anzeigenerlöse je Stück (a)	4,00	3,30
Verkaufte Auflage pro Jahr (x)	100.000	100.000

Abb. 4.17 Basisdaten für eine Gewinnvergleichsrechnung

Daraus ergibt sich folgender jährlicher Gewinn (in Euro):

$$G_{KM} = U_{KM} - K_{KM} = 800.000 - 580.000 = 220.000$$
$$G_{GM} = U_{GM} - K_{GM} = 830.000 - 650.000 = 180.000$$

Sowohl die Produktion des Kochmagazins als auch des Gartenmagazins ist aufgrund ihres positiven jährlichen Gewinns absolut vorteilhaft. Für die Wahl zwischen beiden Alternativen gilt, dass die Alternative KM relativ vorteilhaft, d. h. der Alternative GM vorzuziehen ist.

Die Gewinnvergleichsrechnung ist ähnlich wie die Kostenvergleichsrechnung zu beurteilen. Ein Vorzug ergibt sich allerdings aus der Einbeziehung unterschiedlicher Leistungen der Investitionsalternativen.

Die *Rentabilitätsvergleichsrechnung* betrachtet als Vorteilhaftigkeitskriterium die Rentabilität von Investitionen, d. h. das Verhältnis des durchschnittlich jährlichen Gewinns zum durchschnittlichen Kapitaleinsatz (vgl. auch die Kostenvergleichsrechnung).

Auch mit Hilfe der Rentabilitätsvergleichsrechnung lässt sich sowohl die absolute als auch die relative Vorteilhaftigkeit einer Investition bestimmen. Um die absolute Vorteilhaftigkeit einer Investition beurteilen zu können, bedarf es der Vorgabe eines Grenzwertes. Die Festlegung des Grenzwertes liegt im Ermessen des Investors. Der Grenzwert sollte sich jedoch an den Rentabilitäten vergleichbarer Investitionsmöglichkeiten orientieren. Dabei kann es sich beispielsweise um einen am Kapitalmarkt erzielbaren Zinssatz handeln.

Zur Illustration sei angenommen, dass ein Medienunternehmen vor der Entscheidung steht, einen Betrag in Höhe von 200.000 € in Form eines Darlehens einem jungen Unternehmen der Internetbranche, der App-Content GmbH, zur Verfügung zu stellen oder aber den gleichen Betrag an der Börse in festverzinslichen Schuldverschreibungen anzulegen:

- Das Darlehen D beinhaltet ein Disagio in Höhe von 3 %, die Rückzahlung erfolgt am Laufzeitende, d. h. nach 5 Jahren. Der Zinssatz ist mit 6 % p. a. festgelegt. Die Zinszahlungen erfolgen jährlich. Während des Verlaufs der Kreditvergabe entstehen dem Gläubiger keine Kosten.
- Bei der Anlage in Schuldverschreibungen S mit gleicher Laufzeit kann ebenfalls ein Zinssatz in Höhe von 6 % auf den Nominalbetrag erzielt werden. Der Kurs der Schuldverschreibung beträgt 99 %. Die Bonität der Schuldner ist vergleichbar mit derjenigen der App Content GmbH. Dem Gläubiger entstehen im Verlauf der Anlage keine Kosten.

Der jährliche Gewinn G aus der möglichen Investition entspricht der jährlichen Zinszahlung und beträgt bei beiden Alternativen jeweils 12.000 €. Aufgrund des Disagios ist in der Alternative D Kapital A in Höhe von 194.000 € gebunden. Das durchschnittlich eingesetzte Kapital bei Alternative S beträgt 198.000 €.

Die Rentabilität R ergibt sich wie folgt:

$$R = \frac{G}{A} * 100$$

Daraus ergeben sich die folgenden Rentabilitäten R_D und R_S für die beiden in Frage kommenden Investitionen D und S:

$$R_D = \frac{12.000}{194.000} * 100 = 6,19 \% \qquad R_S = \frac{12.000}{198.000} * 100 = 6,06 \%$$

Die Rentabilität der Alternative D liegt knapp über derjenigen der Alternative S. Die Alternative D ist somit relativ vorteilhaft.

Das Verfahren des Rentabilitätsvergleichs ist mit den vorhergehenden statischen Verfahren vergleichbar. Insofern gilt für die Beurteilung des Verfahrens grundsätzlich das zu den vorherigen Verfahren Gesagte. An dieser Stelle sollen nur die Besonderheiten der Rentabilitätsvergleichsrechnung hervorgehoben werden.

Wie bei der Gewinnvergleichsrechnung auch, werden nicht nur die Kosten (im Beispiel sind die Kosten gleich Null), sondern auch die erzielbaren Leistungen (im Beispiel die Zinszahlungen) explizit berücksichtigt. Zusätzlich wird im Rahmen der Rentabilitätsvergleichsrechnung ein Ausgleich von Kapitaleinsatzdifferenzen vorgenommen.

4.2.3.2 Dynamische Verfahren

Wie das vorangehende Kapitel zeigte, verwenden statische Verfahren jährliche Durchschnittswerte aus dem Rechnungswesen. Zahlungsströme, die im Zusammenhang mit Investitionen anfallen, werden nicht betrachtet. Aus Sicht des Unternehmens ist jedoch die

Auskunft darüber, wann und in welcher Höhe Auszahlungen und Einzahlungen anfallen, bedeutsam. Die mit einer Investition zusammenhängenden Zahlungsströme sind im Zeitablauf nicht konstant und unterliegen teilweise sehr hohen Schwankungen. Der Wert von Einzahlungen und Auszahlungen für den Investor bzw. das Unternehmen hängt aber nicht nur von der Höhe, sondern auch vom Zahlungszeitpunkt ab.

Die dynamischen Rechenverfahren beruhen daher auf einer Grundregel: Eine Zahlung heute besitzt einen anderen Wert als eine Zahlung zu einem späteren Zeitpunkt (z. B. in einem Jahr).

Ein Investor, der heute am Geld- und Kapitalmarkt einen bestimmten Betrag N für eine bestimmte Dauer t anlegt, erhält einen Anspruch auf Zahlung zum Fälligkeitstermin in Höhe des Kapitalbetrags zuzüglich Zinsen i. Der Wert, den eine heutige Zahlung nach t Jahren besitzt, der sog. Endwert (EW), kommt in folgender Formel über die *Aufzinsung* zum Ausdruck:

$$EW = N * (1+i)^t$$

Angenommen, eine Person hätte heute einen Betrag von 1.000 € zur Verfügung, den sie für ein Jahr entbehren könnte. Die Bank bietet heute bei Anlage dieser Summe für ein Jahr einen Zinssatz von 4 % an. Dann hat die Person in einem Jahr einen Anspruch auf Zahlung in folgender Höhe (in Euro):

$$EW = 1.000 * (1,04)^1 = 1.040$$

Umgekehrt gilt, dass eine Einzahlung, die zu einem späteren Zeitpunkt erfolgt, der sog. Barwert (BW), mit Hilfe der Formel über die *Abzinsung* wie folgt bewertet wird:

$$BW = \frac{N}{(1+i)^t}$$

Das Vorgehen sei an einem Beispiel illustriert. Die obige Person wird in einem Jahr einen Betrag von 1.000 € aus einer Erbschaft erhalten. Da sie am Anfang ihres Studiums steht und die Lehrbücher und Diskobesuche so teuer sind, benötigt sie bereits heute liquide Mittel. Daher überlegt sie, einen Kredit aufzunehmen und die Zahlung aus der Erbschaft in einem Jahr für die Tilgung und die Zinszahlung zu nutzen. Von Interesse ist es nun, welcher Betrag bereits heute ausgezahlt würde. Die Bank bietet bei einem Zinssatz von 4 % den folgenden Kreditbetrag (in Euro) an:

$$BW = \frac{1.000}{(1,04)^1} = 961,54$$

Je weiter eine Zahlung in der Zukunft liegt, desto weniger Wert hat diese aus Sicht des Investors zum heutigen Zeitpunkt. Man spricht in diesem Zusammenhang auch von einer positiven Zeitpräferenz eines Investors.

Die dynamischen Verfahren verwenden die oben dargestellten Formeln, um Zahlungsströme aus Investitionen zu bewerten. Sie bilden Investitionen mit Hilfe von Einzahlungen und Auszahlungen ab und berücksichtigen damit die Zeitpräferenz des Investors bzw.
Unternehmens.

Der wichtigste Vertreter von dynamischen Verfahren ist die *Kapitalwertmethode*. Sie
sei nachfolgend vorgestellt.

Die Kapitalwertmethode beurteilt die Vorteilhaftigkeit von Investitionen anhand des
Kriteriums *Kapitalwert*. Der Kapitalwert KW stellt den heutigen Wert einer *Zahlungsreihe*, d. h. einer i. d. R. auf ein Jahr bezogenen Abfolge von Auszahlungen und Einzahlungen
dar. Dabei gilt, dass Investitionen stets mit einer Auszahlung beginnen. Zur Feststellung
des Kapitalwerts einer Investition werden zunächst alle von der Investition verursachten
Einzahlungs- bzw. Auszahlungsüberschüsse D_t der jeweiligen Periode t=1...T auf den
heutigen Zeitpunkt abgezinst. Schließlich ist die Anfangsauszahlung A_0 der Investition
von diesem Wert abzuziehen. Der sich daraus ergebende Kapitalwert einer Investition
lässt sich als Geldvermögenszuwachs interpretieren, den die Investition zu Beginn des In-
vestitionszeitraumes unter Berücksichtigung von Zinsen und Anfangsauszahlung erbringt.

Eine Investition ist absolut vorteilhaft, falls ihr Kapitalwert größer als Null ist. Eine
Investition ist relativ vorteilhaft, falls ihr Kapitalwert größer als der einer jeden anderen
Investitionsalternative ist.

Der Kapitalwert einer Investition lässt sich mit folgender Formel bestimmen, wobei D_t
die Differenz aus Einzahlungen und Auszahlungen zum Zeitpunkt t bestimmt:

$$KW = -A_0 + \sum_{t=1}^{T} D_t * (1+i)^{-t}$$

Zur Verdeutlichung sei angenommen, dass ein Medienunternehmen einen Lehrfilm produzieren möchte. Dazu stehen ihm die Alternativen A und B zur Verfügung.

Die Produktion von Film A wird voraussichtlich ein Jahr dauern. Vor Beginn der Dreharbeiten fallen Auszahlungen für die technische Ausrüstung in Höhe von 300.000 € an. Für
die Produktion fallen für Regisseur, Darsteller etc. Auszahlungen in Höhe von 400.000 €
an. Danach rechnet das Unternehmen mit Auszahlungen für den Vertrieb etc. in Höhe von
20.000 € pro Jahr. Das Unternehmen geht davon aus, dass der Film drei Jahre lang erfolgreich vermarktet werden kann. Aus dem Absatz von Videokassetten rechnet der Vertrieb
mit Einzahlungen in Höhe von 450.000 € im ersten, 270.000 € im zweiten und 130.000 €
im dritten Jahr. Damit ergibt sich ein erwarteter Überschuss von Auszahlungen über die
Einzahlungen im ersten Jahr in Höhe von 30.000 €. Im zweiten Jahr übersteigen die Einzahlungen die Auszahlungen um 250.000 €, im dritten Jahr um 110.000 €.

Für Film B fallen vor Beginn der Dreharbeiten Auszahlungen für die technische Ausrüstung in Höhe von 320.000 € an. Die Produktionszeit wird ebenfalls voraussichtlich ein
Jahr betragen. Die Produktion von Film B verursacht für den Regisseur, den Sprecher und
den Tonmeister Auszahlungen in Höhe von 420.000 €. Das Unternehmen geht davon aus,
dass auch Film B 3 Jahre lang erfolgreich vermarktet werden kann. Das Unternehmen

Tab. 4.3 Zahlungsreihen für die Alternativen der Filmproduktion im Beispiel. (In Euro)

	t_0	t_1	t_2	t_3
Film A	-300.000	$+30.000$	$+250.000$	$+110.000$
Film B	-320.000	-40.000	$+270.000$	$+190.000$

rechnet mit Auszahlungen im Vertriebsbereich für den Absatz von Film B ebenfalls in Höhe von 20.000 € pro Jahr. Film B wird aus dem Absatz von Videokassetten im ersten Jahr 400.000 €, im folgenden Jahr 290.000 und im letzten Jahr 210.000 € Einzahlungen verursachen. Damit ergeben sich die in Tabelle 4.3 dargestellten Zahlungsreihen.

Zur Entscheidung darüber, welcher von den beiden Filmen produziert werden soll, wird die Kapitalwertmethode herangezogen. Zur Bewertung der Investition wird im folgenden Beispiel mit einem Zinssatz i in Höhe von 10 % gerechnet, der über alle Perioden konstant ist. Für die Filme lassen sich die Kapitalwerte (in Euro) wie folgt berechnen:

$$KW_A = -300.000 + \frac{30.000}{1,1^1} + \frac{250.000}{1,1^2} + \frac{110.000}{1,1^3} = 16.528,93$$

$$KW_B = -320.000 - \frac{40.000}{1,1^1} + \frac{270.000}{1,1^2} + \frac{190.000}{1,1^3} = 9.526,67$$

Da beide Filme einen positiven Kapitalwert aufweisen, sind sie jeweils absolut vorteilhaft. Da Film A jedoch einen höheren Kapitalwert mit sich bringt als Film B, ist Film A relativ vorteilhaft. Aus heutiger Sicht bewirkt Film A einen Geldvermögenszuwachs in Höhe des Kapitalwerts von 16.528,93 €.

Gegenüber den statischen Verfahren besitzt die Kapitalwertmethode den Vorteil, dass sie mehrere Perioden explizit berücksichtigt und ein realitätsnäheres Verfahren darstellt. Die Kapitalwertmethode erlaubt das Einbeziehen der Zeitpräferenz von Investoren. Nachteilig ist die damit einhergehende aufwändige Datenermittlung, verglichen mit den statischen Verfahren. Es müssen u. a. Prognosen zu Anfangsauszahlung(en) sowie den zukünftigen Einzahlungen und Auszahlungen durchgeführt werden. Darüber hinaus lassen sich Zahlungen nicht immer genau einem Investitionsobjekt zuordnen, wie das im Kapitalwertmodell unterstellt wird und es bleibt unberücksichtigt, dass Zahlungsschwankungen auch innerhalb eines Jahres bestehen können.

Problematisch ist ferner die Bestimmung eines geeigneten Kalkulationszinssatzes. Die Ausprägung des Zinssatzes hat einen erheblichen Einfluss auf die Höhe des Kapitalwerts. Der Zinssatz erfüllt im Wesentlichen die Funktion, Investitionsobjekte vergleichbar zu machen. Die Vergleichbarkeit kann jedoch nur hergestellt werden, wenn die Kosten der Finanzierung berücksichtigt werden. Sie sind in den Einzahlungs- bzw. Auszahlungsüberschüssen der Investitionsobjekte nicht enthalten. Es bietet sich z. B. an, den Kalkulationszinssatz aus den Kosten der Finanzierung abzuleiten. Bei einer Eigenkapitalfinanzierung wäre dies der erzielbare Zinssatz für die Anlage der eingesetzten Mittel (sog. *Eigenkapitalkostensatz*). Erfolgt eine Finanzierung mit Fremdkapital, wäre der Kreditzinssatz (sog. *Fremdkapitalkostensatz*) heranzuziehen. Bei einer gemischten Finanzierung könnte ein gewichteter Mittelwert aus Eigen- und Fremdkapitalkostensatz bestimmt werden. Bei allen genannten Lösungen besteht jedoch das Problem, dass die Finanzierung der Investitionen i. d. R. nicht bekannt ist. Eine Alternative stellt daher die Berücksichtigung eines adäquaten Zinssatzes dar.

4.2.3.3 Mehrdimensionale Verfahren

Alle bisher vorgestellten Verfahren der Investitionsrechnung gehen von der Sicherheit der zugrunde liegenden Daten (z. B. der Ein- und Auszahlungen) aus. Dieses Vorgehen entspricht allerdings nicht der Realität im Zusammenhang mit Investitionen. Die verfügbaren Alternativen wurden bzgl. ihrer Leistungsfähigkeit oder ihrer fachlichen Eignung stets als gleichwertig erachtet. Zudem wurden bislang nur Investitions*einzel*entscheidungen betrachtet. Im Folgenden werden Verfahren skizziert, welche die *Unsicherheit* zukünftiger Zahlungen berücksichtigen und eine Hilfe bei Investitions*programm*entscheidungen bieten.

Um Unsicherheiten besser abschätzen zu können, kann man z. B. mehrere Schätzungen zum finanziellen Erfolg, z. B. anhand von wahrscheinlichen, pessimistischen und optimistischen Schätzungen, abgeben, aus denen sich ein Erwartungswert und eine Standardabweichung (die für das Risiko der Ergebnisabweichung verwendet werden kann) bemisst. Beide geben nun eine differenzierte Aussage, da man nach Risikopräferenz durchaus Projekte gegenüber anderen vorziehen kann, bei denen z. B. die erwartete Rendite (als Quotient aus dem erwarteten Projektergebnis und Kapitaleinsatz) geringer ist, aber auch das Risiko aufgrund der Standardabweichung kleiner ist. Ebenso sind natürlich auch Entscheidungen für Projekte mit höherer Rendite und höherem Risiko möglich.

Wird ein gesamtes Investitionsprogramm entschieden, ist unter Risikogesichtspunkten auch die Abhängigkeit der Projekte, die sog. Korrelation zu berücksichtigen, wobei sich drei Fälle unterscheiden lassen:

- Fall 1: Ist die Korrelation stark und positiv, dann ist die Abhängigkeit der Ergebnisse beider Investitionen voneinander hoch und die Ergebnisse beider Investitionen bewegen sich in die gleiche Richtung. Im Extremfall ist das Gesamtrisiko so groß, wie die Summe der gewichteten Einzelrisiken. Beispiel hierfür ist die gleichzeitige Investition in zwei lokale Tageszeitungen durch Übernehmen eines großen Anbieters.
- Fall 2: Ist die Korrelation stark und negativ, dann ist die Abhängigkeit der Ergebnisse beider Investitionen voneinander hoch und die Ergebnisse beider Investitionen bewegen sich in die entgegengesetzte Richtung. Durch geschickte Kombination der Alternativen kann das Risiko reduziert oder sogar vollständig eliminiert werden. Ein Beispiel ist die Investition sowohl in eine konventionelle Paperbook-Buchproduktion als auch einen E-Book-Produktionsprozess.

- Fall 3: Ist die Korrelation schwach, sind die Ergebnisse beider Investitionen voneinander weitestgehend unabhängig. Das Gesamtrisiko ist kleiner als die Summe der gewichteten Einzelrisiken. Beispiel hierfür ist die gleichzeitige Investition in Printmedien
  und Fernsehen.
  Vollständig methodisch dargestellt wurde dieses als sog. „Portfolio Selection-Metho-
  de" (vgl. Kruschwitz 2009, S. 373–394) zur Auswahl geeigneter Finanzinvestionen
  (Aktien) bereits in den 1950er Jahren.

Eine weitere Voraussetzung für die Investitionen ist die Frage, wie gut diese zum strategischen Konzept des Unternehmens, den langfristigen Zielen, die man erreichen will,
passen. Dazu muss bei Neuinvestitionen mit denen nicht z. B. alte Filmproduktionsanla-
gen ersetzt oder erweitert werden, eine entsprechende Überprüfung und Einordnung erfolgen. Die auszuwählenden Investitionen können dann sowohl anhand ihres erwarteten
wirtschaftlichen Erfolgs als auch des sog. „strategischen Fits" bewertet werden.

4.3 Aufgaben zu Kap. 4

1. Grenzen Sie das externe und das interne Rechnungswesen voneinander ab.
2. Nennen und erläutern Sie die unterschiedlichen Bereiche der Kostenrechnung und
   ihre Zusammenhänge.
3. Welche Kostenarten werden in der Kostenartenrechnung unterschieden? Nennen
   Sie vier Kostenarten und geben Sie dazu je ein Beispiel aus der Herstellung einer
   Zeitschrift.
4. Welche grundsätzlichen Ansätze zum Systematisieren der Finanzierungsformen gibt
   es? Umreißen Sie kurz die jeweiligen Begriffe. Nennen Sie auch Beispiele.
5. Stellen Sie den Kontokorrentkredit dem Lieferantenkredit gegenüber und erläutern
   Sie Vor- und Nachteile.
6. Nennen und erläutern Sie typische klassische Bilanzstrukturkennzahlen.
7. Erläutern Sie den Begriff Wertorientierung und nennen Sie typische wertorientierte
   Kennzahlen.
8. Erläutern Sie den Unterschied zwischen Voll- und Teilkostenrechnung und begründen
   Sie, welches Rechnungssystem für welchen Zweck eingesetzt werden sollte.
9. Sie werden beauftragt, die nachfolgende Bilanz (alle Werte in Euro) etwas genauer zu
   betrachten:
   a. Ordnen Sie die einzelnen Bilanzpositionen den Begriffen Anlage- und Umlaufver-
      mögen sowie Eigen- und Fremdkapital zu.
   b. Ist die abgebildete Bilanz korrekt?
   c. Auf der Passivseite der Bilanz ist ersichtlich, dass die DruckFein AG vor einem
      großen Problem steht. Was fällt Ihnen bezüglich der Kapitalstruktur auf?

Aktiva		Passiva	
Verlagsgebäude	1.000.000	Gezeichnetes Kapital	10.000
Selbsterstelle Software	80.000	Rückstellungen	500.000
Grundstück	800.000	Verbindlichkeiten	5.000.000
Druck-, Layoutmaschinen	600.000		
Papier u. sonstige Vorräte	5.000		
	2.485.000		5.510.000

10. Für einen Zeitungsverlag ist eine Kostenstellenrechnung durchzuführen. Es wird vereinfacht davon ausgegangen, dass der Verlag nur eine Hilfskostenstelle, die Kostenstelle Fuhrpark und zwei Endkostenstellen, die Kostenstellen Redaktion und Vertrieb, hat. Der Controller des Zeitungsverlages hat den unten abgebildeten Betriebsabrechnungsbogen (BAB) erstellt.

    a. Ordnen Sie die Kostenstellenrechnung in die Kostenrechnung ein und erläutern Sie insbesondere die Aufgaben der Kostenstellenrechnung.

    b. Entwickeln und begründen Sie eine sinnvolle Alternative zu der im Plan-BAB vorgeschlagenen Verteilung der Kosten der Hilfskostenstelle Fuhrpark.

    c. Werden in der Kostenstellenrechnung auch dem einzelnen Kostenträger direkt zurechenbare Kosten, wie z. B. das Papier einer Zeitung verrechnet?

Plan-BAB (in Euro)		Hilfsko-stenstelle	Endkostenstellen	
	Verteilungs-grundlage	Fuhrpark	Redaktion	Vertrieb
Stelleneinzelkosten: Gehälter Hilfslöhne	Gehaltsliste Lohnscheine	12.000	100.000	30.000
Stellengemeinkosten: Abschreibungen	Gebundenes Kapital	24.000	44.000	4.000
Gesamte Primärkosten		**36.000**	**144.000**	**34.000**
Umlage Fuhrpark	Anzahl Mitarbeiter	-36.000	+12.000	+24.000
Gesamte Sekundär-kosten			**12.000**	**24.000**
Summe der Gemein-kosten			**156.000**	**58.000**

11. Ihnen sind die Zahlungsreihen (in Euro) der folgenden zwei Investitionsobjekte A und B gegeben:

	t_0	t_1	t_2
A	−200.000	+50.000	+200.000
B	−200.000	+180.000	+65.000

Sie sollen sich nun für die Investition in eines der beiden Objekte entscheiden.

a. Welches Investitionsobjekt ziehen Sie vor, wenn Sie die Summe der Einzahlungs-überschüsse der Alternativen bilden und miteinander vergleichen?

b. Welches Investitionsobjekt ziehen Sie vor, wenn Sie eine Entscheidung auf Grund-lage der Kapitalwertmethode treffen? Der Kalkulationszinssatz beträgt 10 %.

c. Erklären Sie, warum beide Methoden zu einer anderen Entscheidung führen. Dis-kutieren Sie Vor- und Nachteile der beiden Methoden.

12. Ein Fernsehsender beabsichtigt eine neue wöchentliche Quizshow zu produzieren. Es ist geplant, dass die Sendung vier Jahre lang mit 30 Sendungen pro Jahr produziert wird. Für die Studioausstattung entstehen im ersten Jahr einmalige Kosten in Höhe von 50.000 €. Für die Produktion einer einzelnen Folge entstehen im ersten Jahr fol-gende Kosten: 1.500 € für den Moderator, 1.000 € für Studiomiete sowie 8.000 € für Preisgelder. Zu berücksichtigen ist, dass sich der Betrag der Studiomiete jährlich um 10 % erhöht. Pro Sendung können Werbeerlöse in Höhe von 14.400 € erzielt werden. Daneben werden Erlöse aus dem Merchandising in Höhe von 50.000 € im ersten Jahr gerechnet. Dieser Betrag fällt in den Folgejahren jährlich um 20 %. Im Jahr nach der letzten Ausstrahlung werden die aufgezeichneten Folgen an einen Zweitverwerter für einen Betrag von 50.000 € verkauft.

a. Erläutern Sie kurz, was man unter absoluter bzw. relativer Vorteilhaftigkeit eines Investitionsobjekts versteht.

b. Ermitteln Sie aus den gegebenen Informationen eine Zahlungsreihe und stellen Sie diese in übersichtlicher Form dar.

c. Beurteilen Sie die Vorteilhaftigkeit des Vorhabens mit der Kapitalwertmethode. Legen Sie dabei einen Kalkulationszinssatz von 8 % zugrunde.

d. Beurteilen Sie die Kapitalwertmethode. Gehen Sie dabei insbesondere auf Gründe ein, warum es sinnvoll sein kann, eine Entscheidung nicht einzig auf Basis der Kapitalwertmethode zu treffen.

13. Welche Auswirkungen müsste die Mehrfachnutzung von Content auf das Kalkula-tionsverfahren in einem Buchverlag haben?

Literatur

Axel Springer. (2014). www.axelspringer.de/artikel/veroeffentlichung-des-geschaeftsberich ts-2013_19990879.html. Zugegriffen: 20. März 2014.

Bamme, K. (1996). *Kostenträgerrechnung in öffentlich-rechtlichen Rundfunkanstalten und ihr Aus-bau zu einer Erfolgsrechnung*. Köln.

Bauer, C. (2003). Systemgestütztes Marketingcontrolling am Beispiel von AOL Deutschland. In T. Hess (Hrsg.), *Anwendungssysteme im Controlling, Controlling & Management* (Sonderheft 2/2003, S. 67–72).

BDZV – Bundesverband Deutscher Zeitungsverleger e. V. (Hrsg.). (1986). *Kostenrechnung für Zeitungsverlage: BDZV-Richtlinien zur Kosten- und Ergebnisrechnung.* Bonn: Festland-Verlag.

Becker, W., Frey, B., & Geisler, R. (2001). Controlling deutscher TV-Sender: Aufgaben, Instrumente und Probleme in der Praxis. *Zeitschrift für betriebswirtschaftliche Forschung, 53* (8), (S. 531–550).

Coenenberg, A. G. (2012). *Kostenrechnung und Kostenanalyse* (8. Aufl.). Stuttgart: Schäffer-Poeschel.

Eisele, W., & Knobloch, P. (2011). *Technik des betrieblichen Rechnungswesens: Buchführung und Bilanzierung, Kosten- und Leistungsrechnung, Sonderbilanzen* (8. Aufl.). München: Franz Vahlen.

Gläser, M. (2010). Medienmanagement (2. Aufl.). München: Franz Vahlen.

Götze, U. (2010). *Kostenrechnung und Kostenmanagement* (5. Aufl.). Berlin: Springer.

Götze, U., & Bloech, J. (2008). *Investitionsrechnung: Modelle und Analysen zur Beurteilung von Investitionsvorhaben* (6. Aufl.). Berlin: Springer.

Günther, T. (2001). Trends und Entwicklungsperspektiven im wertorientierten Controlling. In A. G. Coenenberg & K. Pohle (Hrsg.), *Internationale Rechnungslegung: Konsequenzen für Unternehmensführung, Rechnungswesen, Standardsetting, Prüfung und Kapitalmarkt* (S. 181–212). Stuttgart: Gabler.

Häger, M., & Elkemann-Reusch, M. (2007). *Mezzanine Finanzierungsinstrumente: stille Gesellschaft – Nachrangdarlehen – Genussrechte – Wandelanleihen* (2. Aufl.). Berlin : Erich Schmidt Verlag.

Heinrich, J. (2010). *Medienökonomie Bd. 2: Hörfunk und Fernsehen* (2. Aufl.). Wiesbaden: VS Verlag für Sozialwissenschaften.

Kruschwitz, L. (2009). Investitionsrechnung (12. Aufl.). München: Oldenbourg Wissenschaftsverlag.

Ludwig, J. (1996). Preise, Kosten und Gewinne. Zur Betriebswirtschaft von Medienunternehmen: Das Beispiel DER SPIEGEL. In K.-D. Altmeppen (Hrsg.), *Ökonomie der Medien und des Mediensystems* (S. 81–99). Opladen.

North, K. (2011). *Wissensorientierte Unternehmensführung: Wertschöpfung durch Wissen* (5. Aufl.). Wiesbaden: Gabler.

Ortelbach, B., Borchert, J. E., & Hagenhoff, S., (2005). Erlösrechnung für verbundene TIME-Produkte. *Zeitschrift für Controlling & Management, 6*(Sonderheft 2), (S. 28–40).

Perridon, L., Steiner, M., & Rathgeber, A. W. (2012). *Finanzwirtschaft der Unternehmung* (16. Aufl.). München: Franz Vahlen.

Riezler, S. (1996). *Lebenszyklusrechnung.* Wiesbaden: Springer.

Schierenbeck, H., & Wöhle, C. B. (2012). *Grundzüge der Betriebswirtschaftslehre* (18. Aufl.). München: Oldenbourg Wissenschaftsverlag.

Schweitzer, M., & Küpper, H.-U. (2011). *Systeme der Kosten- und Erlösrechnung* (10. Aufl.). München: Franz Vahlen.

Schweitzer, M., & Trossmann, E. (1998). *Break-Even-Analysen: Methodik und Einsatz* (2. Aufl.). Berlin: Duncker & Humblot.

Wedell, H., & Dilling, A. A. (2010). *Grundlagen des Rechnungswesens, Buchführung und Jahresabschluß und Kosten- und Leistungsrechnung* (13. Aufl.). Herne: NWB Verlag.

Wöhe, G., & Döring, U. (2013). *Einführung in die Allgemeine Betriebswirtschaftslehre* (25. Aufl.). München: Franz Vahlen.

Wöhe, G., Bilstein, J., Ernst, D., & Häcker, J. (2013). *Grundzüge der Unternehmensfinanzierung* (11. Aufl.). München: Franz Vahlen.

Die managementorientierte Perspektive 5

5.1 Begriff und Merkmale des Managements

„Management" kann einerseits als Institution verstanden werden, andererseits aber auch als ein Komplex von Aufgaben, die zur Steuerung des Leistungsprozesses erforderlich sind. Entsprechend ist zwischen dem Management als Institution und dem Management als Funktion zu unterscheiden.

Als *Institution* beinhaltet das Management alle Positionen der Unternehmenshierarchie, die mit Anweisungsbefugnis betraut sind, also die Gruppe von Personen, die Führungsaufgaben wahrnimmt. In einem Unternehmen gibt es damit zahlreiche Führungspositionen (sog. Instanzen), angefangen vom Ressortleiter bis zum Vorstandsvorsitzenden. In kleinen und mittelständischen Medienunternehmen sind die Geschäftsführer häufig auch Gesellschafter (Eigentümer) des Unternehmens. Im Gegensatz zu den angestellten Vorständen haften sie damit auch mit ihrem Privatvermögen für ihre Entscheidungen.

Der Anteil an Managementaufgaben an der Gesamttätigkeit einer Führungskraft hängt von ihrer Positionierung in der Unternehmenshierarchie ab. In der Regel ist der Anteil der Managementaufgaben am Gesamtaufgabenbudget einer Instanz umso kleiner, je niedriger die Stelle in der Führungshierarchie angesiedelt ist. Gleichzeitig nimmt damit auch die Reichweite der Befugnisse zur Festlegung, Steuerung und Koordination der betrieblichen Aktivitäten ab. Zur Systematisierung der möglichen Ausprägungen von Leitungspositionen unterscheidet man drei Ebenen der Unternehmensführung:

- Top Management (Oberste Unternehmensleitung: z. B. Vorstand eines Medienkonzerns oder Geschäftsführer eines Verlages),
- Middle Management (Mittlere Führungsebene: z. B. Chefredakteur oder Werkleiter einer Druckerei) und
- Lower Management (Unterste Führungsebene: z. B. Leitender Redakteur oder Werkmeister).

© Springer-Verlag Berlin Heidelberg 2014
M. Schumann et al., *Grundfragen der Medienwirtschaft*, Springer-Lehrbuch,
DOI 10.1007/978-3-642-37864-5_5

Als *Funktion* umfasst das Management alle Aufgaben, die zur Initialisierung und Abstimmung von Leistungserstellungs- oder Veränderungsprozessen in einem Unternehmen anfallen. Damit grenzen sich Führungsaufgaben von den Sachaufgaben, also den rein ausführenden Tätigkeiten, ab. Inhaltlich lassen sich nach einem Vorschlag von Schierenbeck mit „Planung und Kontrolle", „Organisation und Disposition" sowie „Personalführung" drei Hauptfunktionen des Managements unterscheiden (vgl. Schierenbeck und Wöhle 2012, S. 113 ff.). Die Managementfunktion „Entscheidung und Durchsetzung", die oft in Systematisierungen Eingang findet, wird in diesem Konzept nicht als eigenständige, sondern als übergreifende Funktion angesehen, die Bestandteil jeder Planungs- und Kontroll-, Organisations- oder Führungsaufgabe ist (vgl. Abb. 5.1).

Diese Einteilung basiert auf dem Ansatz, Management aus unterschiedlichen Blickwinkeln zu charakterisieren. Das prozessuale Element des Managements betont dabei die Funktion „Planung und Kontrolle". Sie ist Voraussetzung dafür, dass Entscheidung und Durchführung darauf aufbauen kann, als Abfolge von Aufgaben, die insgesamt als Managementprozess oder Managementzyklus bezeichnet werden. „Organisation und Disposition" stellen demgegenüber auf das strukturelle Element der Unternehmensführung ab, das den Handlungsrahmen z. B. in der Aufbauorganisation des Unternehmens oder den Beziehungen zu den Geschäftspartnern, für den Wirtschaftsprozess vorgibt. Die Funktion „Personalführung" steht schließlich für die zwischenmenschliche Komponente des Managements. Sie beschreibt die Aufgabe des Vorgesetzten, den täglichen Arbeitsvollzug durch permanente, konkrete Anweisungen zu formen. Die folgende, allgemeine Charakterisierung des Managements nimmt auf diese Unterscheidung Bezug.

Abb. 5.1 Der
Management-Würfel

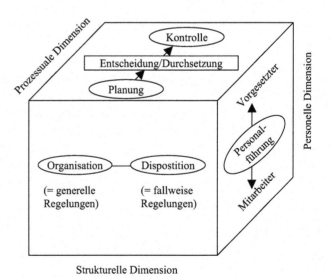

5.2 Wesentliche Dimensionen des Managements

5.2.1 Prozessuale Dimension

Der prozessualen Sichtweise des Managements liegt die Vorstellung zugrunde, dass Planung, Entscheidung, Durchsetzung und Kontrolle einen geschlossenen Regelkreis bilden, der durch vermaschte Vor- und Rückkopplungsbeziehungen gekennzeichnet ist (vgl. Pfohl und Stölzle 1997, S. 13–15). Diese, als kybernetisch bezeichneten Grundprinzipien, lassen sich vereinfachend am Beispiel eines Lagers verdeutlichen, in dem Bücher eines Verlages aufbewahrt werden. Der zu regelnde (gestaltende) Tatbestand, die sog. Regelstrecke, ist hier die Lagerhaltung von Büchern. Für diese Aufgabe wird aus den Unternehmenszielen eine Führungsgröße abgeleitet, die einen Soll-Zustand kennzeichnet. Im betrachteten Beispiel besteht eine sinnvolle Festlegung darin, dass der Bestand an Büchern eines bestimmten Exemplars im Lager stets größer sein muss als der sog. Bestellbestand, der sich aus dem Verkauf an Büchern während der Wiederbeschaffungszeit (Zeit für Nachdruck und Lieferung) und einem Mindestbestand zusammensetzt. Dieser Soll-Lagerbestand dient nun als Plan-Wert, mit dem der Ist-Lagerbestand, die sog. Regelgröße, ständig verglichen wird. Führt der Soll-Ist-Vergleich zu dem Ergebnis, dass durch den Verkauf von Büchern der Bestellpunkt erreicht ist, wird eine Bestellentscheidung ausgelöst, durch die die Anzahl wiederzubeschaffender Bücher festgelegt wird. Diese Regelfunktion, durch die bei einem Abweichen Maßnahmen zur Wiederherstellung des Soll-Zustandes ergriffen werden, heißt Rückkopplung (Feedback).

Unter Umständen kommt die vergangenheitsorientierte Feststellung von Soll-Ist-Abweichungen aber zu spät, um angemessen reagieren zu können. Hat die Druckerei beispielsweise massive Lieferschwierigkeiten, so kann der Bedarf des Verlages möglicherweise auch dann nicht rechtzeitig oder in der benötigten Menge gedeckt werden, wenn die Wiederbeschaffung zum „ordentlichen" Bestellzeitpunkt ausgelöst wurde. Deshalb sind auch zukunftsgerichtete Prüfungen und Prognosen erforderlich, durch die anhand geeigneter Indikatoren potenzielle Störungen frühzeitig erkannt werden. Darauf aufbauend können dann die Führungsgrößen (z. B. der Bestellzeitpunkt) entsprechend angepasst werden, um künftige Abweichungen zu kompensieren. Ein solcher Steuerungsvorgang wird als *Vorkopplung* (Feed-forward) bezeichnet.

Abbildung 5.2 zeigt den Managementprozess im Zusammenhang. Der Ablauf ist dabei – wie vereinfacht dargestellt – nicht unbedingt linear. Vielmehr können einzelne Prozessphasen in Form von Unterzyklen mehrfach durchlaufen werden und dazu führen, dass bis dahin ermittelte Phasenergebnisse revidiert werden. Im Folgenden sollen nun die einzelnen Phasen näher charakterisiert werden.

5.2.1.1 Planung

Als erstem Element des Managementprozesses kommt der Planung weitreichende Bedeutung für die Ausgestaltung der weiteren Führungsaufgaben zu. Sie steckt nicht nur den Rahmen für die eigentliche Entscheidung ab, sondern ist auch Vorbedingung für die Kon-

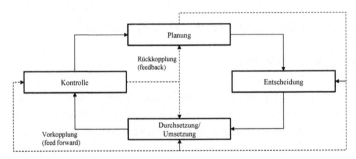

Abb. 5.2 Vereinfachter Managementzyklus

trolle, da die Zielerreichung nur durch einen Vergleich zwischen geplanten und tatsächlich erreichten Ergebnissen ermittelt werden kann.

Planung wird allgemein als ein systematischer, methodischer Prozess der Erkenntnis von Zukunftsproblemen definiert. Als Phase des Managementzyklus besteht sie selbst aus Teilprozessen und Regelkreisen. Nach der gebräuchlichen Systematik von Wild (vgl. Wild 1982) lassen sich diesbezüglich Zielplanung, Analyse und Definition des Planungsproblems, die Generierung von Handlungsalternativen zur Problemlösung, die Prognose von Zuständen sowie die Bewertung der Handlungsalternativen unterscheiden.

Zweck des ersten Planungsschrittes, der *Zielbildung*, ist es, ein präzises, strukturiertes und realisierbares System von Handlungsnormen zu erarbeiten. Dies ist erforderlich, da in der Praxis stets gleichzeitig mehrere Ziele verfolgt werden, wobei die Ziele zueinander in bestimmten Beziehungen stehen. Die Spezifikation der Ziele und ihrer Relationen stellen eine hoch komplexe Führungsaufgabe dar, die in der Literatur häufig in weitere, idealisierte Prozessstufen unterteilt wird. Es könnte für einen Wirtschaftsverlag z. B. darum gehen, personalisierbare Firmeninformationen internetbasiert anzubieten. Neben diesem Sachziel können weitere Vorgaben, z. B. erwartete Kundenzahlen sowie Umsatzentwicklungen oder Renditeerwartungen, gemacht werden.

Der Formulierung des Zielsystems nachgelagert ist die *Problemfeststellung*. Sie dient dazu, den eigentlichen Planungsgegenstand klar zu umreißen. Im Kern sind dazu drei Teilschritte erforderlich: Zunächst ist die gegenwärtige Situation zu analysieren und zu beschreiben (Lageanalyse). Danach wird vorausschauend festgestellt, welche Situationsänderung im betrachteten Planungszeitraum eintreten würde, wenn keine Maßnahmen zur Gestaltung des Geschehens in der Periode ergriffen werden (Lageprognose). Schließlich werden die Ergebnisse der Lageanalyse und -prognose miteinander verglichen und – im Falle einer Abweichung – der generelle Handlungsbedarf aufgezeigt (Feststellung der Problemlücke).

Die dritte Phase des Planungsprozesses ist die *Alternativensuche*, also das systematische Aufspüren, Formulieren und Analysieren von Vorgehensweisen zur Zielerreichung. Dabei handelt es sich um einen kreativen Suchprozess.

Der Alternativensuche folgt die *Prognose* der (zukünftigen) Wirkungen dieser Alternativen sowie der Entwicklung des Umweltzustandes während des Planungszeitraumes. Die

Wirkungsprognose liefert dabei Informationen über die voraussichtliche Zielerreichung bei der (beeinflussbaren) Entscheidung über Alternativen, während die Entwicklungsprognose den künftigen (durch das Unternehmen unbeeinflussbaren) Umweltzustand und die daraus resultierenden Einschränkungen für die Alternativenwahl vorhersagt.

Den Abschluss des Planungsprozesses bildet die *Bewertungsphase*, in der die Ergebnisse der Wirkungsprognose auf ihre Zielwirksamkeit verglichen werden. Als Ergebnis der Bewertung kann häufig eine Rangordnung aufgestellt werden.

Ein sog. Planungssystem eines Unternehmens verknüpft dabei alle Teilpläne eines Unternehmens, die nach einheitlichen Prinzipien aufgebaut sind.

Inhaltlich lassen sich die Teilpläne nach folgenden Merkmalen differenzieren (vgl. Thommen 2012):

- *Planungsbezug*: Nach Maßgabe des durch die Planung erfassten Gestaltungsbereiches kann unterschieden werden zwischen:
  - der *Unternehmensplanung*, die auf das Verhalten des Unternehmens als Ganzes ausgerichtet ist,
  - der *Teilbereichsplanung*, die sich auf organisatorisch abgegrenzte Verantwortungsbereiche (z. B. Abteilungen) bezieht, sowie
  - der *Projektplanung*, die Basis für die Durchführung einmaliger, zeitlich begrenzter und relativ neuartiger Vorhaben (z. B. bei Einführung eines neuen Informationssystems) ist.
- *Planungszeitraum:* Der Planungszeitraum beschreibt die zeitliche Reichweite der Pläne. Dementsprechend können Kurz-, Mittel- und Langfristpläne unterschieden werden. Während Langfristpläne oft fünf, aber auch 20 Jahre umfassen können, beschränken sich Kurzfristpläne i. d. R. auf Planungsperioden von bis zu einem Jahr. Von mittelfristigen Plänen wird erst ab einer zeitlichen Reichweite von mehr als einem Jahr gesprochen.

Durch Kombination dieser Kriterien und Hinzuziehung weiterer Beschreibungsmerkmale lassen sich als grundsätzliche Planungsebenen die strategische und die operative Planung unterscheiden (vgl. Tab. 5.1).

5.2.1.2   Entscheidung und Durchsetzung

Sind die Planungsgrundlagen erarbeitet, so ist eine endgültige Auswahl der zu realisierenden Handlungsmöglichkeiten zu treffen (= Entscheidung). Oftmals ist der Entscheidungsraum durch eine Reihe von Festlegungen, die schon in der Planungsphase getroffen wurden, stark eingeengt. Eine solche Vorentscheidung besteht beispielsweise im Aufstellen einer eindeutigen Rangordnung der Alternativen (vgl. Kap. 4.2.3.2 und 4.2.3.3). Dadurch kann sich der eigentliche Entscheidungsprozess auf den abschließenden Wahlakt und auf die Akzeptanz der zugrunde gelegten Entscheidungsprämissen reduzieren. Deshalb wird die Phase der Entscheidung oft nicht als eigenständige Hauptfunktion des Managements

Tab. 5.1 Abgrenzung strategischer und operativer Planung. (Vgl. Schierenbeck und Wöhle 2012, S. 150)

Merkmale	Strategische Planung	Operative Planung
Hierarchische Stufe	Schwerpunkt bei der obersten Führungsebene des Unternehmens	Involvierung aller Stufen mit Schwerpunkt auf mittleren Führungsstufen
Unsicherheit	Relativ groß	Relativ klein
Art der Probleme	Meistens unstrukturiert und relativ komplex	Relativ gut strukturiert und oft repetitiv
Zeithorizont	Langfristig	Kurz- bis mittelfristig
Informationsbedürfnisse	Primär außerbetrieblich (Umwelt)	Primär innerbetrieblich (Teilbereiche)
Alternativenauswahl	Spektrum der Alternativen grundsätzlich weit	Spektrum eingeschränkt
Umfang	Konzentration auf einzelne wichtige Problemstellungen	Umfasst alle funktionellen Bereiche
Grad der Detaillierung	Relativ tief, grobe Aussagen	Relativ hoch, konkrete Aussagen

begriffen, obwohl sie natürlich zusammen mit der Planung für den Abschluss der Willensbildung zwingend erforderlich ist.

Im Zusammenhang mit dem Managementzyklus werden unter Entscheidungen oft nur „echte Führungsentscheidungen" der obersten Führungsorgane des Unternehmens verstanden (z. B. neuer Markteintritt, neues Produkt, Übernahme eines Unternehmens, Verkauf eines Unternehmensteils). Gegenüber der Vielzahl von anderen Entscheidungen in der betrieblichen Praxis zeichnen sie sich dadurch aus, dass sie eine große Bedeutung für die Vermögens- und Ertragslage des Unternehmens haben, nur aus der Kenntnis der Gesamtzusammenhänge des Unternehmens heraus getroffen werden können und deshalb nicht delegierbar sind.

Auf die Entscheidung folgt die *Durchsetzung* der beschlossenen Maßnahme. Als Instrumente der Durchsetzung stehen etwa Anordnungen/Vorgaben, Verhandlungen, Stellenbildung/Stellenbesetzung sowie Information/Unterweisung zur Verfügung. Ein wichtiges Ziel bei der Übermittlung des Realisierungsentschlusses an die Aufgabenträger besteht darin, Widerstände möglichst gering zu halten bzw. für eine hohe Motivation zu sorgen. Eine besonders geeignete Maßnahme zur Minimierung von Durchsetzungsschwierigkeiten ist die frühzeitige Einbindung der durch die Entscheidung betroffenen Personen und Gruppen in den Planungs- und Entscheidungsprozess.

5.2.1.3 Kontrolle

Die letzte Phase des Managementzyklus ist die Kontrolle. Durch sie ist zu ermitteln, ob die Anordnungen plangemäß erfüllt bzw. die Planziele erreicht worden sind. Dies ist Gegenstand des Soll-Ist-Vergleichs. An ihn schließt sich die Abweichungsanalyse an, in der die Ursachen für etwaige Soll-Ist-Abweichungen untersucht werden. Mit diesen Informationen bildet die Kontrolle den Ausgangspunkt für Neuplanungen und damit den neu zu beginnenden Managementprozess. Darin zeigt sich die enge Verknüpfung zwischen Planung und Kontrolle: Planung ohne Kontrolle ist sinnlos (da Kontrollinformationen für den neuen Planungszyklus fehlen), Kontrolle ohne Planung ist unmöglich (da sie sonst keine Sollvorgaben hätte).

Häufig werden hinsichtlich der Bezugsobjekte drei unterschiedliche Kontrollformen differenziert:

- Verfahrens-/Verhaltenskontrollen: Mit ihnen wird analysiert, ob der Prozess dem geplanten Ablauf entsprochen hat oder entspricht, bzw. ob der Ausführende unter den eingetretenen Bedingungen die geeigneten Maßnahmen ergriffen hat.
- Ergebniskontrollen: Sie stehen für den Soll-Ist-Vergleich nach der Realisierung der Maßnahmen. Zu ihnen gehören auch die Planfortschrittskontrollen, welche abschnittsweise die bisherigen Handlungen und Ergebnisse den angestrebten Teilzielen gegenüberstellen.
- Prämissenkontrollen: Durch sie wird überprüft, ob und in welchem Umfang die in der Planung verwendeten Entscheidungsgrundlagen, Annahmen und Basisdaten noch zutreffen.

5.2.2 Strukturelle Dimension

Gegenüber der Prozesssicht erfolgt die strukturelle Betrachtung des Managements aus einem anderen Blickwinkel: Unternehmensführung wird hier als Gestaltungsfunktion begriffen, durch welche diejenigen Strukturen geschaffen werden, die zur Zweckerfüllung des Unternehmens notwendig sind. Management in diesem Sinne bedeutet Ordnen und Regeln der Aufgabenverteilung, der Koordination, der Verfahrensrichtlinien bei der Bearbeitung, der Weisungsrechte usw. in allen betrieblichen Teilbereichen. Grundsätzlich kann dieser Vorgang auf zwei unterschiedliche Arten erfolgen:

- Zum einen können die Arbeitsprozesse generell, d. h. dauerhaft geregelt werden. Diese Strukturierung, die typischerweise nur für Vorgänge mit Wiederholungscharakter sinnvoll ist, wird als *Organisation* (i. e. S.) bezeichnet. Als Ergebnis dieses Ordnungsprozesses ergibt sich ein Gebilde, das ebenfalls als Organisation (Ablauforganisation) bezeichnet wird.
- Zum anderen lassen sich die betrieblichen Leistungsprozesse auch durch fallweise Anordnungen regeln. Diese Art der Strukturierung heißt *Disposition* und bildet das Gegenstück zur Organisation (i. e. S.). Sie tritt immer dort an ihre Stelle, wo generelle Regelungen nicht realisiert werden können oder sollen. Individuelle Dispositionen ersetzen also stets eine fehlende Organisation (i. e. S.).

Zwischen Organisation und Disposition besteht folglich ein Zusammenhang, der als *„Substitutionsprinzip der Organisation"* bezeichnet wird: Je höher die Homogenität (Gleichartigkeit, Regelmäßigkeit, Wiederholbarkeit) eines betrieblichen Prozesses ist, desto eher können spezielle, einzelfallspezifische Regelungen durch generelle, einzelfallunspezifische ersetzt werden. Generelle Regelungen bedeuten für das Management eine Vereinfachung der laufenden Führungsaufgaben, da es, durch die Vereinheitlichungen in der Aufgabenerfüllung, um zeitraubende Einzelentscheidungen entlastet wird. Damit trägt die Organisation gleichzeitig zur Stabilität der Betriebsabläufe, aber auch zu ihrer Rationalisierung bei. Andererseits besteht die Gefahr, dass durch übermäßige Routine und Schematisierung die Anpassungsfähigkeit (die sog. Elastizität) des Unternehmens leidet (z. B. an veränderte Kundenbedürfnisse). Für das Management stellt sich deshalb die Aufgabe, ein ausgewogenes Verhältnis zwischen organisatorisch geregelten und fallweise zu entscheidenden Tatbeständen zu finden. Ein solcher Zustand, der sowohl Überorganisation (Bürokratisierung) als auch Unterorganisation vermeidet, heißt *organisatorisches Gleichgewicht*. Das ideale Mischungsverhältnis zwischen Stabilität und Flexibilität ist letztlich vom Kontext, d. h. von der Dynamik des organisatorischen Umfeldes abhängig.

Die Ausbildung organisatorischer Strukturen führt zu einer Teilung und Zuweisung von Aufgaben, die als organisatorische *Differenzierung* bezeichnet wird. Formal umfasst dieser Vorgang zwei Teilschritte: Durch die Aufgabenanalyse wird die Gesamtaufgabe eines Unternehmens, die sich aus ihren Sachzielen ableitet, stufenweise zunächst in Teilaufgaben (Elementaraufgaben) zerlegt, um sich einen vollständigen und systematischen Überblick über die zu organisierenden Tatbestände zu verschaffen. Dazu ist es erforderlich, Menschen, Sachmittel und Informationen als organisatorisch relevante Elemente zu erfassen und hinsichtlich ihrer Beziehungen untereinander sowie zur Umwelt zu untersuchen. Im zweiten Schritt, der *Aufgabensynthese*, werden die geschaffenen Elementarteile zu organisatorischen Einheiten zusammengefasst. Die kleinste zu bildende Einheit eines Unternehmens ist die Stelle. Sie beschreibt ein Bündel von Aufgaben, das einem Mitarbeiter zugewiesen ist. Werden mehrere Stellen unter der Leitung einer Instanz zusammengefasst, entsteht eine Abteilung, aus der wiederum Einheiten höherer Ordnung gebildet werden können (z. B. Hauptabteilungen), bis letztlich die organisatorische Struktur des Gesamtsystems des Unternehmens entsteht (vgl. Abb. 5.3). Dieses ergibt dann die Aufbauorganisation.

Mit dem Auffächern des Arbeitsprozesses und dem Bilden von leistungsfähigen Einheiten steigt jedoch die Notwendigkeit, die ausdifferenzierten Teile zur Erfüllung der Gesamtaufgabe des Unternehmens aufeinander abzustimmen. Diese zweite organisatorische Basisaufgabe neben der Differenzierung wird als *Integration* oder auch Koordination bezeichnet (z. B. der Zeitschriften- und Internet-Redaktion eines Verlags).

Die Aufbauorganisation bildet dabei das statische Gerüst der Verteilungsbeziehungen. Durch sie wird festgelegt, welche Aufgaben von welchen Personen und Sachmitteln zu erfüllen sind. Demgegenüber beschreibt die Ablauforganisation (Prozessorganisation) die Arbeits- und Informationsbeziehungen, die innerhalb des durch die Aufbauorganisation definierten Rahmens stattfinden. Sie regelt, wie die Arbeitsgänge bzw. Abläufe zeitlich

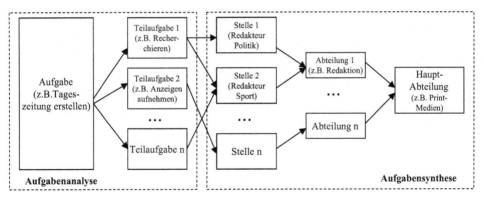

Abb. 5.3 Analyse-Synthese-Konzept nach Kosiol. (Vgl. Schreyögg 2008, S. 124)

und räumlich aufeinander abgestimmt werden. Die Ablauforganisation ist der wichtigste Bezugspunkt der Entwicklung von Informationssystemen. Aufbau- und Ablauforganisation stehen jedoch in enger Beziehung, da Veränderungen des strukturellen Aufbaus stets auch Konsequenzen für die Regelung der Ablaufbeziehungen haben können und umgekehrt.

Neben Organisation und Disposition wird auch der Unternehmenskultur eine identitätsstiftende und damit ordnende Rolle zugebilligt. Unter Unternehmenskultur sei an dieser Stelle die Gesamtheit aller expliziten und impliziten Einstellungen der Mitglieder des Unternehmens zu Produkten, zu Kollegen und zu anderen Aspekten des Unternehmens verstanden. Publizistische bzw. künstlerische Ziele, die zumindest in den klassischen Medien eine wichtige Rolle spielen, sind oft für die Kultur eines Medienunternehmens bzw. seiner Teile prägnant. Abbildung 5.4 zeigt exemplarisch die wichtigsten Merkmale der Unternehmenskultur eines belletristischen Buchverlages. Die Beschreibung orientiert sich an den Vorschlägen von Bleicher (vgl. Bleicher 2011, S. 222–262).

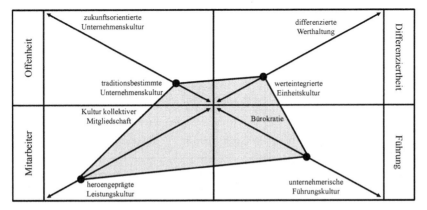

Abb. 5.4 Beispiel für die Beschreibung der Kultur eines Verlages

Der Verlag in Abbildung 5.4 ist in seinem Wertesystem durch die Werthaltung des Gründers und Geschäftsführers, eines publizistisch engagierten Verlegers, geprägt. Dieses Wertsystem überträgt sich auf viele Mitarbeiter und wird konsequent aufrechterhalten. Betriebswirtschaftliche Aspekte spielen bisher noch eine untergeordnete Rolle.

5.2.3 Personelle Dimension

Gegenüber den bisher behandelten Funktionen des Managements, der Planung, Organisation und Kontrolle, betont die personelle Komponente Führungsaspekte, die auf die zielgerichtete Ausführung der getroffenen Entscheidungen durch die dafür zuständigen bzw. beauftragten Mitarbeiter hinwirken. In diesem Sinne ist Management auch und gerade als eine Personalfunktion zu verstehen, die die betrieblichen Aktivitäten des „Produktionsfaktors Mensch" (vgl. Kap. 3.2.1.1) lenkt und steuert. Der Schwerpunkt dieser Führungsfunktion liegt damit vor allem in der Durchsetzungsphase. Allerdings überlagert sie auch alle übrigen Führungsprozesse, die ohne Berücksichtigung menschlichen Verhaltens kaum zielorientiert zu gestalten sind. Kurz: Menschen bilden einerseits das Gestaltungsobjekt der Führung, stellen andererseits aber auch Gestaltungsbedingungen der Managementaktivitäten dar.

Die Art und Weise, in der die Führung ausgeübt wird, lässt sich anhand der traditionellen *Führungsstilklassifikation* veranschaulichen (vgl. Steinmann und Schreyögg 2013, S. 666–682). Danach können die Verhaltensmuster von Vorgesetzten durch ein Kontinuum beschrieben werden, dessen Maximalausprägungen die autoritäre Führung auf der einen und die demokratische Führung auf der anderen Seite sind (vgl. Abb. 5.5).

Der in einem Unternehmen zu praktizierende Führungsstil wird dabei häufig aus dem zugrunde gelegten Menschenbild abgeleitet. Der autoritäre Stil folgt einem Menschenbild,

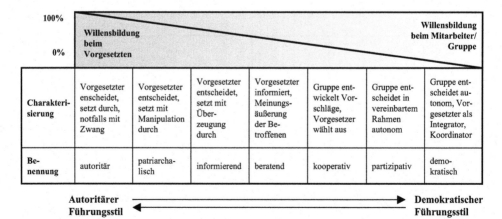

Abb. 5.5 Ausprägung verschiedener Führungsstile. (In Anlehnung an Steinmann und Schreyögg 2013, S. 665)

das den Mitarbeiter als eher arbeitsscheu, lenkungsbedürftig und sicherheitsfixiert umschreibt, der in der Arbeit keine Befriedigung sucht. Techniken dieser Menschenführung sind positive wie negative Sanktionen und vom Vorgesetzten gelenkte Kommunikationsprozesse. Der kooperative oder partizipative Führungsstil wird hingegen von einem Menschenbild geleitet, das den Mitarbeiter als verantwortungsorientiert, durch seine Arbeit Befriedigung empfindend und die Unternehmensziele mittragend charakterisiert. Der Vorgesetzte greift hier eher auf die Techniken der Delegation von Verantwortung, Entscheidungsbeteiligung und Selbstkontrolle zurück. Diese Sichtweise reduziert allerdings Führungsprobleme auf die persönlichen Wertvorstellungen des Vorgesetzten. Aus der Perspektive eines rationalen Managements muss sich der Führungsstil vielmehr an die im Einzelfall vorliegenden Rahmenbedingungen anpassen. Dazu zählen neben der Persönlichkeit des Mitarbeiters etwa die Komplexität bzw. Neuartigkeit der Aufgabenstellung oder die Organisationsstruktur.

In Abhängigkeit von ihrer konkreten Ausprägung hat der mehr autoritäre oder der mehr partizipative Führungsstil Vorteile. Der *autoritäre Führungsstil* weist vor allem dann Stärken auf, wenn:

- rasche Entscheidungen gefordert sind,
- eine klare und eindeutige Rollenverteilung vorliegt,
- die Koordination aller Aktivitäten einfach stattfinden soll,
- die Spezialkenntnisse und Fachbegabungen von Mitarbeitern optimal genutzt werden sollen und
- die Mitarbeiter überwiegend autoritäre Wertvorstellungen haben und stark sicherheitsorientiert denken.

Demgegenüber zählen zu den Vorteilen des eher *partizipativen Führungsstils*:

- die Nutzung und Weiterentwicklung des betrieblichen Kreativitäts- und Problemlösungspotenzials,
- qualifizierte Entscheidungen, da das Sachverständnis der Mitarbeiter explizit berücksichtigt wird,
- eine höhere Innovationsrate bei engagierten Mitarbeitern,
- eine höhere Zufriedenheit von Mitarbeitern, die nach produktiver Selbstentfaltung streben sowie
- die Förderung des Führungsnachwuchses.

Hohe Anforderungen an die Kreativität und die nicht selten publizistische Motivation von Mitarbeitern sprechen zumindest in den Kreativ-Bereichen der Medienunternehmen (Redaktion, Design usw.) tendenziell für einen eher partizipativen Führungsstil.

Diese Gegenüberstellung verdeutlicht zugleich das *Kernproblem der* Personalführung, das in der Harmonisierung zwischen Arbeitseffizienz und Zufriedenheit der Mitarbeiter besteht (Ist der Redakteur mit seinem Artikel inhaltlich zufrieden, für den ihm nur bestimmte Zeit eingeräumt wurde?). Führen heißt in diesem Sinne, nicht nur Einfluss auf die Mitarbeiter dergestalt zu nehmen, dass sie die von ihnen erwarteten Leistungsbeiträge erbringen, sondern auch die Bedingungen zu schaffen, unter denen eine individuelle Selbstverwirklichung möglich ist. Die Notwendigkeit zur Integration beider Aspekte resultiert zum einen aus der in der Motivationstheorie festgestellten Wechselbeziehung zwischen der Produktivität eines Mitarbeiters und seiner Zufriedenheit. Zum anderen reflektiert die Ausrichtung des Führungsverhaltens an den individuellen Interessen und Bedürfnissen auch die „ethisch-soziale" Verpflichtung des Unternehmens, ihre Mitarbeiter nicht nur als „Humanressource" zu behandeln, sondern sie auch als Individuen mit eigenen Wertvorstellungen, Motiven und Erwartungen zu begreifen. Ein allgemeines Ordnungsschema für die unterschiedlichen Kombinationsmöglichkeiten beider Aspekte ist das in Abbildung 5.6 dargestellte *Verhaltensgitter* (Managerial-Grid-Modell).

Dabei wird der Zusammenhang in einem zweidimensionalen Koordinatensystem schematisch dargestellt, wobei die Abstufungen auf den Koordinaten von 1 bis 9 die Intensität der Mitarbeiter- bzw. der Leistungsorientierung bezeichnen. Innerhalb dieser Abstufung

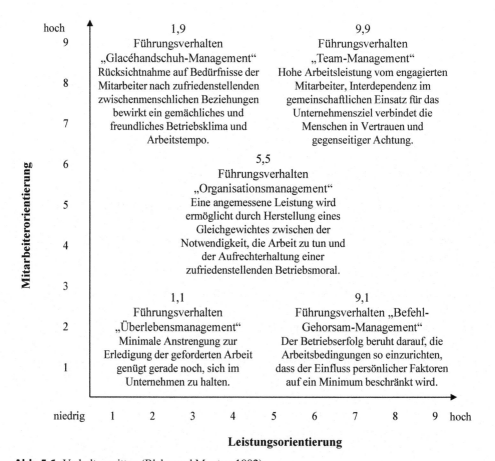

Abb. 5.6 Verhaltensgitter. (Blake und Mouton 1992)

kennzeichnet jeder Eckpunkt, sowie die Mitte des Gitters einen „reinen" Führungsstil. Als optimal wird dabei die Kombination (9,9) gesehen, da sie idealtypisch Personen- und Leistungsorientierung miteinander verknüpft. Alle anderen Varianten lassen entweder die Aufgabenstellung oder die Mitarbeiterbedürfnisse mehr oder weniger außer Acht.

Ergänzend sei noch auf die in der Praxis weit verbreiteten Management-by-Techniken eingegangen (vgl. Drumm 2008, S. 454). Allen diesen Techniken ist es gemeinsam, dass sie nur einen jeweils spezifischen Ausschnitt der Führungsproblematik beleuchten. Kennzeichnend ist entweder die Führung durch Delegation von Aufgaben oder die Führung durch die Vereinbarung von Zielen. Aus der Vielzahl der entstandenen Techniken sollen insbesondere vier Varianten diskutiert werden:

- Management by Exception,
- Management by Delegation,
- Management by Systems und
- Management by Objectives.

Die „Management by Exception"-Variante als „Prinzip des Ausnahmefalles" ist die am meisten kritisierte. Denn die starke Fokussierung auf klar abgegrenzte Vorgangsdefinitionen fördert eine bürokratische Einstellung des Gesamtsystems. Außerdem sollen „nach oben" nur negative Ausnahmen gemeldet werden, sodass der Informationsfluss zentral von der Motivation der Mitarbeiter, derartige „Fehler" zu melden, abhängt. Lob geht dabei vielfach verloren. Andererseits führen positive Ausnahmen nicht zwangsläufig zu einer Revision der Abläufe.

Durch das „Management by Delegation" soll der Mitarbeiter mittels Stellenbeschreibungen und Führungsanweisungen orientiert werden. Außerdem gibt es einen genauen „Dienstweg", der einzuhalten ist. Diese und andere Charakteristika haben der Management-by-Technik den Vorwurf eingebracht, versteckt autoritär zu sein und zu formalistisch auf menschliches Verhalten zu reagieren.

Das „Management by Systems" stellt ganz den computergestützten Aufbau und die Interaktion von Gruppen in den Vordergrund. Im Zuge der Transformation unserer Gesellschaft in Richtung auf eine Informations- und Wissensgesellschaft erlangt diese Technik heute neues Interesse. Häufig werden gruppenunterstützende Systeme eingesetzt, um die Geschäftsprozesse innerhalb eines Unternehmens und mit seiner (Wirtschafts-)Umwelt zu unterstützen. Workflow- und Groupwaresysteme können hier zentrale Aufgaben übernehmen.

Am häufigsten wird derzeit die „Management by Objectives"-Technik diskutiert. Dazu werden die drei Elemente Zielvereinbarung, Steuerung des Unternehmens durch Aufgabenzuteilung (Stellenbeschreibungen) und Kontrolle eingesetzt, sodass eine verstärkte Teamarbeit bei gleichzeitiger Leistungskontrolle durch Zwang zum Kostendenken erreicht werden kann.

5.3 Ausgewählte Elemente von Managementsystemen in Medienunternehmen

Dieser Abschnitt betrachtet Medienunternehmen aus managementorientierter Sicht. Um ein Unternehmen in seiner Komplexität zu erfassen, kann es gedanklich als System aufgefasst und in einzelne Bestandteile (Subsysteme bzw. Elemente) zergliedert werden, die durch Beziehungen miteinander verbunden sind. Grundsätzlich ist dabei eine Trennung zwischen dem Managementsystem und dem die operativen Tätigkeiten ausführenden Leistungssystem denkbar (vgl. Abb. 5.7). Zum Leistungssystem gehören alle Subsysteme (wie z. B. Produktion, Absatz, Finanzierung), die unmittelbar den Prozess der Leistungserstellung tangieren und sich somit mit dem Güter- und Geldfluss im Unternehmen direkt beschäftigen – siehe auch Abbildung 1.2.

Das Management-System übernimmt die Steuerung des Leistungssystems. Dazu sind die in Kap. 5.2 skizzierten Elemente zu einem System zusammengeführt. Als wichtigste Bestandteile eines solchen Managementsystems lassen sich unterscheiden:

- das Planungssystem,
- das Kontrollsystem,
- das Informationssystem,
- das Organisationssystem und
- das Personal-(Führungs-)System.

Nachfolgend werden Methoden und Ansätze gemäß der strategischen und operativen Planung (vgl. Kap. 5.2.1.1) differenziert.

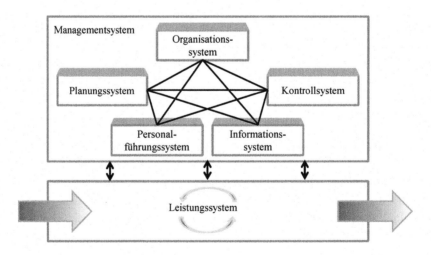

Abb. 5.7 Leistungs- und Managementsystem eines Unternehmens

5.3.1   Planungs- und Kontrollsysteme

Durch die enge Bindung der Kontrolle an die Planung (vgl. Kap. 5.2.1) werden die Elemente beider Funktionen oft zu einem Managementsubsystem zusammengefasst und vereinfachend als Planungssystem bezeichnet.

5.3.1.1   Methoden der strategischen Planung

Die strategische Planung fixiert grundlegende Vorstellungen über die zukünftige Entwicklung des Unternehmens für einen längerfristigen Zeitraum. Sie legt deshalb sowohl die allgemeinen Unternehmensziele (vgl. Kap. 1.4.1) als auch die zu ihrem Erreichen zu verfolgenden Strategien fest. Grundlage der strategischen Planung ist ein klares Verständnis der Ausgangsposition des Unternehmens, weshalb die Unternehmens- und Umweltanalyse am Anfang aller strategischen Planungs- und Kontrollprozesse steht. Durch sie soll eine möglichst umfassende Beurteilung des Unternehmens und seiner gegenwärtigen und zukünftigen Möglichkeiten im Wettbewerb unter besonderer Berücksichtigung der zu erwartenden Umweltentwicklung erfolgen. Daraus kann das Management in einem Folgeschritt ableiten, ob die gewünschte Zielposition mit den gegenwärtigen Strategien erreicht werden kann. Bei der Frage nach den Faktoren für den Wettbewerbserfolg des Unternehmens gibt es zwei Erklärungsmodelle:

- den marktorientierten Ansatz und
- den ressourcenorientierten (Kernkompetenzen)-Ansatz.

Der *marktorientierte Ansatz* (Market Based View) entstand während der 1980er Jahre. Sein Kerngedanke besteht darin, dass sowohl die Stärke des Wettbewerbs als auch der Umfang der Rentabilitätspotenziale weitgehend durch dauerhafte Merkmale der Branche und dem Wettbewerbsverhalten der in der Branche tätigen Unternehmen (d. h. externer Faktoren) bestimmt werden. Voraussetzung für die Realisierung von Wettbewerbsvorteilen ist deshalb eine dezidierte Analyse der Branchenstruktur und die Auswahl einer darauf angepassten Wettbewerbsstrategie. Eine erfolgreiche Position im Wettbewerb erlangen Unternehmen, wenn die gewählte Strategie unter Berücksichtigung der spezifischen Unternehmensstärken und -schwächen auf die Wettbewerbskräfte (im Sinne aktueller und potenzieller neuer Konkurrenten, Abnehmer und Lieferanten sowie potenzieller Ersatzprodukte) abgestimmt ist.

Um eine derartige Marktanalyse überhaupt durchführen zu können, ist der relevante Zielmarkt zunächst abzugrenzen (vgl. Meffert 2012, S. 51–54). Ziel jeder Marktabgrenzung ist es, verhaltenshomogene Käufergruppen zusammenzufassen. Eine Marktabgrenzung sollte sich am Produkt und am potenziellen Kunden orientieren. Hinsichtlich der Kunden sind folgende Kriterien besonders zu beachten:

- Geografische Kriterien (z. B. Sprachen, Regionen),
- Demografische Kriterien (z. B. Alter, Einkommen, Beruf),
- Soziopsychologische Kriterien (z. B. Lebensstil, Innovationsneigung) und
- Verhaltensbezogene Kriterien (z. B. Freizeitgestaltung, Kaufgewohnheiten).

Medienmärkte sind typischerweise an einen Sprachraum gebunden. So ist z. B. der Markt für belletristische Literatur im deutschsprachigen bzw. im englischsprachigen Raum recht homogen. Weltweite Märkte sind eher die Ausnahme. Derartige Ausnahmen finden sich in der Musik sowie in Teilen bei Filmen und bei ausgewählten Büchern und Zeitschriften.

Ist ein relevanter Zielmarkt abgegrenzt, muss ein Unternehmen eine Entscheidung über eine Erfolg versprechende Positionierung innerhalb des Marktes treffen. Wichtige Instrumente zur Unterstützung dieser Aufgabe bilden die Marktkräfteanalyse und die Portfolio-Analyse.

Die *Marktkräfteanalyse* hat ihren Ursprung in der Industrieökonomik, die den Einfluss der Markt- bzw. Branchenstruktur auf die Handlungsoptionen einzelner Unternehmen und somit auf deren wirtschaftlichen Erfolg untersucht. Der US-amerikanische Ökonom Joe Bain, der als Begründer der Industrieökonomik gilt, arbeitete die drei Parameter als Determinanten der Marktstruktur heraus (vgl. Bain 1968):

- Konzentration der Anbieter,
- Produktdifferenzierung sowie
- Höhe der Markteintrittsbarrieren.

Die volkswirtschaftlich orientierte Industrieökonomik wurde in den 80er Jahren erstmals von Michael E. Porter auf Einzelunternehmen bezogen (vgl. Porter 2013). Porter liefert Informationen im Rahmen der Entscheidung eines Unternehmens über die Art des Eintritts in einen bestimmten Markt. Danach sind fünf Wettbewerbskräfte von besonderer Bedeutung für die Attraktivität eines Marktes: die Rivalität unter etablierten Anbietern, die Bedrohung der erreichten Wettbewerbsposition durch neue Konkurrenten bzw. durch Ersatzprodukte sowie die Verhandlungsstärke von Abnehmern bzw. von Lieferanten (vgl. Abb. 5.8). Nach Porter bestimmt die Stärke dieser Wettbewerbskräfte das Gewinnpotenzial. Tendenziell sinken die Gewinnaussichten mit steigender Intensität der Wettbewerbskräfte.

Durch den *Markteintritt neuer Anbieter* werden die auf dem Markt erzielbaren Preise gedrückt und/oder die Kosten bisheriger Anbieter erhöht, sodass die Rentabilität sinkt. Dabei hängt der Markteintritt neuer Anbieter insbesondere von den Rahmenbedingungen des Marktes, möglichen Markteintrittsbarrieren und den Reaktionen bisheriger Anbieter ab. Einerseits ermöglichen die Digitalisierung und das Internet es bisher lokalen Anbietern ihre Mediengüter global anzubieten (z. B. ein lokaler Radiosender mit einem Internet-Angebot). Somit werden Markteintrittsbarrieren gesenkt. Andererseits finden sich aber auch Beispiele für erhöhte Markteintrittsbarrieren. Das breite Angebot digitaler Lesemedien

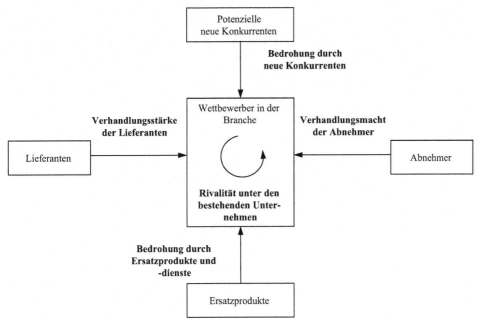

Abb. 5.8 Wettbewerbskräfte. (Vgl. Porter 2013, S. 35)

setzt zumeist den Einsatz von CMS voraus. Diese Investition ist oftmals für kleine Verlage finanziell nicht leistbar (vgl. Kap. 3.3.1.3).

Charakteristisch für einen starken *Wettbewerb unter bestehenden Anbietern* sind wechselseitige Veränderungen von Parametern (Preise, Werbung, Serviceangebote etc.) mit dem Ziel, die Zahl der Abnehmer zu erhöhen. Dieses kann man z. B. in der Boulevard-Presse verfolgen. Dabei ist die Wirkung dieser Parameterveränderungen auf die Gewinne der Branche differenziert zu betrachten. Ein intensiver Preiswettbewerb führt i. d. R. zu niedrigeren Gewinnen, Werbemaßnahmen und Zusatzangebote können die Gewinne durchaus erhöhen. Das Ausmaß der Rivalität zwischen den Wettbewerbern wird von bestimmten marktbezogenen Faktoren determiniert. Je größer beispielsweise die Anzahl der Wettbewerber auf dem Markt ist, desto stärker ist tendenziell die Konkurrenz.

Konkurrenz besteht auch zu Unternehmen, die *Ersatzprodukte* anbieten. Ersatzprodukte sind solche Produkte, die aus Sicht der Kunden gleiche oder ähnliche Funktionen erfüllen wie die Produkte der betrachteten Branche. Dabei sind solche Ersatzprodukte für den Abnehmer interessant, deren Preis-/Leistungsverhältnis besser ist als das des Branchenproduktes. So ist bei den Zeitungen der Anteil an Kleinanzeigen zurückgegangen, weil Kunden diese teilweise in spezielle Internet-Portale verlagert haben.

Die *Abnehmer* besitzen bei Verhandlungen über Preise, Produktqualität, Nebenleistungen etc. teilweise einen entscheidenden Einfluss auf die Rentabilität der Branche. Die Stärke ihres Einflusses hängt von verschiedenen Faktoren ab, wie z. B. davon, inwieweit sie am Umsatz des Anbieters beteiligt sind. Spiegelbildlich kann der Einfluss der *Liefe-*

ranten betrachtet werden. Deren Verhandlungsstärke liegt insbesondere in der Variation der Faktorpreise oder der Qualität. In Analogie zu den Abnehmern hängt das Ausmaß der Lieferantenmacht ebenfalls von verschiedenen Faktoren ab, die beschreiben, inwieweit ein Unternehmen von den Lieferanten abhängig ist. Einzelne Autoren führen zusätzlich das staatliche Umfeld mit Einflussnahme durch gesetzliche Regelungen an, das die Wettbewerbskräfte beeinflusst. Dieses ist aufgrund der Reglementierungen besonders in den Medienmärkten von Bedeutung (vgl. Porter 2010).

Ist eine geeignete Position im Wettbewerbsfeld des Zielmarktes identifiziert, muss ein Unternehmen entscheiden, wie seine Ressourcen in solche Geschäftsfelder gelenkt werden können, in denen die Marktaussichten günstig erscheinen und das Unternehmen relative Wettbewerbsvorteile nutzen kann. Für derartige Analysen werden Geschäftsfeld-Portfolios angewendet (vgl. zum Portfolio-Management in Medienunternehmen Achtenhagen 2005).

Planungseinheiten der Portfolioanalyse können die sog. strategischen Geschäftsfelder (SGF) des Unternehmens sein, d. h. jeweils Produkt-Markt-Kombinationen, für die sich eigenständige, abgrenzbare Strategien entwickeln lassen. Ist ein Radiosender in drei Ländern mit insgesamt fünf Programmen auf dem Markt vertreten, könnten diese fünf Programme die SGF des Senders sein. Diese werden in den meisten Portfolio-Konzeptionen in einen zweidimensionalen Beurteilungsraum in Form einer Matrix positioniert, um daraus strategische Tendenzaussagen abzuleiten. Die einzelnen Verfahrensvarianten unterscheiden sich zum Teil erheblich in den zugrunde liegenden Bewertungsdimensionen. Dabei wird eine Achsendimension typischerweise durch solche Faktoren bestimmt, die weitgehend durch die marktlichen Gegebenheiten determiniert sind und durch die Unternehmensführung nicht oder nur indirekt beeinflusst werden können (z. B. Marktwachstum). Die zweite Achsendimension wird demgegenüber oft durch Faktoren gebildet, die das Unternehmen beeinflussen kann, wie z. B. Marktanteile oder die Qualifikation der Führungskräfte.

Eine der bekanntesten Portfolio-Varianten ist das von der Boston Consulting Group entwickelte Marktwachstums-Marktanteils-Portfolio. Als Beurteilungskriterien werden der relative Marktanteil (gemessen als eigener Marktanteil im Verhältnis zu dem des größten Konkurrenten) und das Marktwachstum verwendet. Beide Faktoren werden jeweils in „niedrig" und „hoch" eingeteilt, sodass eine Matrix mit vier Feldern entsteht. Mit dem Portfolio wird der Einfluss beider Größen auf den Cashflow untersucht. Grundlage des Konzepts sind zwei zentrale Annahmen (vgl. Kreikebaum 1997, S. 76):

- Eine Marktanteilserhöhung infolge einer Erhöhung des Mengenabsatzes eines Unternehmens führt zu einer potenziellen Senkung der Stückkosten und damit zu einer Erhöhung der Gewinnspanne und des Cashflows. Der Marktanteil ist somit ein Ausdruck für das Cashflow-Generierungspotenzial. Durch den hohen Fixkostenblock in vielen Typen von Medienunternehmen ist dies sicherlich häufig gegeben.
- Damit ein Unternehmen am Marktwachstum teilhaben kann, sind Investitionen erforderlich. Stark expandierende Märkte stehen für Produkte in einer frühen Lebenszyk-

lusphase und sind durch einen hohen Investitionsbedarf gekennzeichnet, z. B. in den Ausbau von Redaktion und Markenname. Demgegenüber deuten stagnierende Märkte auf alternde Produkte hin, für die Erweiterungsinvestitionen überflüssig werden, mit der Folge positiver Auswirkungen auf die Liquidität. Das erwartete Marktwachstum ist somit ein Ausdruck für den Finanzmittelbedarf (also den Cashflow-Verbrauch).

In die Vier-Felder-Matrix werden die SGF eines Unternehmens in Form von Kreisen positioniert, wobei der auf ein SGF entfallende Umsatzanteil durch Variieren des Durchmessers zum Ausdruck gebracht wird. Entsprechend ihrer Lage können sie in vier Kategorien eingeteilt werden:

- „Stars" sind SGF mit hohem Marktanteil auf einem schnell wachsenden Markt. Sie beanspruchen meist sehr große finanzielle Ressourcen und erwirtschaften in der Zeit des starken Wachstums i. d. R. kaum Cashflow-Überschüsse.
- „Cash-Cows" nennt man SGF mit hohem relativen Marktanteil in einem kaum noch wachsenden oder gar stagnierenden Markt, auf dem das Unternehmen jedoch eine gute Marktposition aufbauen konnte. Aus diesem Grund, aber auch wegen des vergleichsweise niedrigen Investitionsbedarfs, liefern Cash-Cows hohe Erfolgsbeiträge und stellen die Hauptquelle für Gewinn und Liquidität eines Unternehmens dar.
- Als „Question Marks" gelten SGF mit einem geringen Marktanteil, die aber auf einem Markt mit hohen Wachstumsraten agieren. Sie sind durch einen hohen Bedarf an Erweiterungsinvestitionen gekennzeichnet, ohne dass dieser durch Kostenvorteile aufgrund von Erfahrungskurveneffekten kompensiert würde.
- „Poor Dogs" sind SGF mit einem niedrigen Marktanteil und Marktwachstum. Ihr Cashflow ist aufgrund ihrer ungünstigen Kostenposition meist negativ.

Den einzelnen Feldern zugeordnet sind „Normstrategien", durch die einerseits eine strategische Ausgewogenheit zwischen gegenwärtig und zukünftig ertragsstarken SGF sichergestellt wird. Andererseits sorgen sie aber auch für eine gleichgewichtige Mischung zwischen Cashflow-bindenden und Cashflow-freisetzenden SGF und gewährleisten damit dauerhaft das finanzielle Gleichgewicht des Unternehmens. In diesem Sinne werden für „Stars" Investitionsstrategien (Ziel: Marktführerschaft in einem stark wachsenden Markt), für „Question Marks" je nach Einzelfall eine Investitions- oder Deinvestitionsstrategie, für „Cash-Cows" eine Abschöpfungsstrategie und für „Poor Dogs" eine Deinvestitionsstrategie empfohlen. In Medienunternehmen findet man im Bereich der Question Marks häufig noch deren Online-Aktivitäten, z. B. die digitalen Buch- und Zeitschriftenangebote. Während oft viele ihrer Geschäftsbereiche Cash-Cows sind, sind im Bereich der Stars oft wenige Aktivitäten zu finden. Abbildung 5.9 zeigt den grundlegenden Ansatz im Überblick.

Der *ressourcenorientierte (Kernkompetenzen-)Ansatz* entstand als Gegenbewegung zum marktorientierten Ansatz Anfang der 1990er Jahre (vgl. Barney 1991; Grant 1991). Dieser Ansatz basiert auf der Annahme, dass der Erfolg eines Unternehmens sowie die

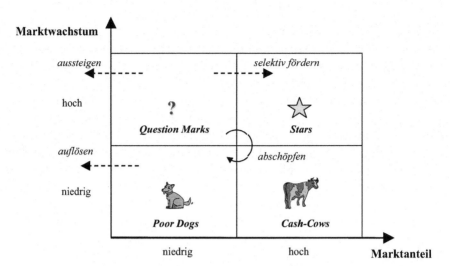

Abb. 5.9 Marktwachstums-Marktanteils-Portfolio

Ergebnisunterschiede zwischen Unternehmen einer Branche auf das Vorhandensein firmenspezifischer, einzigartiger Ressourcen zurückzuführen sind. Angesprochen sind damit weniger allgemein vorhandene und leicht zugängliche materielle oder personelle Ressourcen wie Kapitalausstattung, Produktionsanlagen, Rohstoffe oder ungelernte Arbeitnehmer, sondern zumeist immaterielle Ressourcen im Sinne personen- und organisationsgebundener Fähigkeiten, die ihren Niederschlag u. a. im Know-how, der Reputation oder der Kundenloyalität finden. Ressourcen, die als Basis von Wettbewerbsvorteilen dienen können, müssen die Merkmale Nicht-Imitierbarkeit, Unternehmensspezifität, Nicht-Substituierbarkeit sowie die Fähigkeit zur Generierung eines Kundennutzens besitzen. In der Medienbranche können solche Ressourcen z. B. auch durch bestimmte Rechte zur Inhalteverwertung entstehen.

Welche Ressourcen dies im Einzelfall genau sind, lässt sich nicht allgemein feststellen. Apple z. B. hat es hervorragend verstanden, durch Einfachheit der Gerätebedienung und ästhetischem Produktdesign Kundenbindung zu erzeugen. Dieses wird speziell bei iTunes und dem einfachen Musikdownload deutlich. Als besonderes Alleinstellungsmerkmal und Ressourcenstärke ist dabei zu nennen, dass Apple in der Lage gewesen ist, beim Musikangebot eine Kooperation mit den großen vier der Musikindustrie, Sony BMG (ursprünglich zwei Musiklabels), Warner, Universal und EMI, aufzubauen. Das breite Angebot und die damit gewonnene Kundenbasis war Grundlage für den Vertrieb weiterer Produkte (Filme, Lehrinhalte usw.). Das Beispiel zeigt auch, wie ein ursprünglich Marktfremder (Computerhersteller) in den Markt der Musikdistribution erfolgreich eingetreten ist (vgl. auch Kap. 3.3.2.1).

Um derart grundsätzliche Überlegungen auf den Einzelfall anwenden zu können, sind Instrumente erforderlich. Die *Wertkettenanalyse* als Aufgliederung der betrieblichen Aktivitäten in *strategisch relevante, unterscheidbare Wertschöpfungsstufen* stellt ein solches Instrument dar, das zur ressourcenorientierten Betrachtung von Unternehmen und der Ableitung von entsprechenden Strategien benutzt werden kann. Für die innerbetriebliche Analyse von Wertketten lassen sich sechs Schritte unterscheiden (vgl. Welge und Al-Laham 2008, S. 360–376):

1. Definition der Wertkette,
2. Abgrenzung von Wertkette und Organisationsstruktur,
3. Grobe Ermittlung aktueller Schwerpunkte,
4. Analyse der Verflechtungen der Wertschöpfungsstufen,
5. Analyse von Kostenschwerpunkten und
6. Analyse von Differenzierungsschwerpunkten.

Der erste Schritt der Analyse besteht in der Definition der Wertkette mit ihren verschiedenen Stufen. Bei einem Musikproduzenten, der die gesamte Wertschöpfungskette der Branche mit analysieren möchte, könnten dies die in Abbildung 5.10 oben dargestellten Stufen sein. Als grober Orientierungsrahmen lässt sich dabei auf die Gliederung der Wertschöpfung in der Medienbranche in die Stufen Erzeugen, Bündeln und Distribuieren zurückgreifen. In diesem Sinne sind die ersten beiden Stufen in der Musikwertschöpfungskette dem Erzeugen, die dritte Stufe dem Bündeln und die Stufen vier und fünf dem Distribuieren zuzuordnen.

Im zweiten Schritt geht es um die Abgrenzung der Wertkette und der Organisationsstruktur, d. h. es werden Wertschöpfungsstufen den ausführenden Organisationseinheiten gegenübergestellt. Durch diese Analyse kann zum einen sichtbar gemacht werden, welche

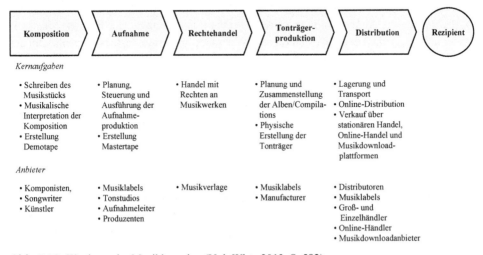

Abb. 5.10 Wertkette der Musikbranche. (Vgl. Wirtz 2013, S. 582)

Organisationseinheit an der eigentlichen Wertschöpfung beteiligt ist. Zum anderen kann aufgezeigt werden, zwischen welchen Organisationseinheiten Koordinationsbedarf besteht. Abbildung 5.10 zeigt ein entsprechendes Beispiel.

Die Ermittlung der gegenwärtigen Schwerpunktbildung als dritter Schritt zeigt auf, welche Wertschöpfungsstufen bisher stark ausgebaut und welche eher vernachlässigt wurden. Hinweise auf diese Bedeutung lassen sich z. B. aus der Verteilung von Investitionsmitteln oder dem zeitlichen Engagement der Führungskräfte ableiten. Bei Musikanbietern könnte z. B. festgestellt werden, dass viel Zeit und Geld in die Wertschöpfungsstufe Musikproduktion investiert wurde, da man moderne Produktionsverfahren in den Tonstudios eingeführt hat.

Die Verflechtungen und Verknüpfungen zwischen den Wertschöpfungsstufen unterschiedlicher Unternehmensteile sind Schwerpunkt des vierten Schrittes der Analyse. Porter sieht in der Optimierung und Koordination der Verknüpfungen innerhalb der Wertkette eine wichtige Quelle zum Erzielen von Wettbewerbsvorteilen. Damit wird es ermöglicht, Kosteneinsparpotenziale und Möglichkeiten zur Differenzierung von den Konkurrenten zu erkennen und Kernkompetenzen durch Zusammenarbeit aufzubauen. Beim Beispiel des Musikanbieters könnte dies bedeuten, dass z. B. eine Optimierung der Zusammenarbeit von Beschaffung und Rechtehandel zu einer besseren Ausnutzung der Möglichkeiten beim Rechtehandel führt. Schon bei der Beschaffung von Musikstücken werden die notwendigen vertraglichen Einzelheiten für einen umfassenden späteren Handel mit den Rechten geklärt.

Mit dem fünften Schritt erfolgt eine Kostenanalyse entlang der Wertkette. Dabei wird davon ausgegangen, dass jede Stufe ihre eigene Kostenstruktur aufweist und die Summe der einzelnen Kostenstrukturen über den Kostenvorsprung oder -nachteil des Unternehmens entscheidet. Zu diesem Zweck werden die Kosten nicht – wie im Rahmen der Kostenrechnung üblich – auf Kostenstellen, sondern auf die Wertaktivitäten umgelegt. Es schließt sich eine Analyse möglicher Kostenreduktionspotenziale an. Für den Musikanbieter heißt dies, dass er die Kosten für jede Wertschöpfungsstufe festzustellen hat. Bei der Analyse der Kostenreduktionspotenziale wird z. B. festgestellt, dass man im Bereich der Produktion stark einsparen kann, wenn man die CDs nicht mehr in eigenen Produktionsstätten herstellt, sondern auf die Kapazitäten spezialisierter Anbieter zurückgreift.

Im letzten Schritt steht die Identifikation von Differenzierungsquellen im Mittelpunkt. Zunächst wird mittels einer Analyse des Kundenwertes betrachtet, wie eine Differenzierung beim Kunden zur Steigerung seiner Zufriedenheit beitragen kann. Dies ist entweder möglich durch Senkung der Abnehmerkosten oder durch Steigerung des Abnehmernutzens. Sind die Faktoren des Kundennutzens bekannt, so ist im Weiteren zu erkunden, wie sich die einzelnen Wertaktivitäten auf die Kaufkriterien der Kunden auswirken. Die Bewertung der eigenen Vorteile erfolgt hierbei durch einen Vergleich mit den Angeboten der Konkurrenz. Eine anschließende Ermittlung der Differenzierungskosten dient einem Vergleich der Kosten für die Differenzierung und der Bereitschaft der Kunden, dafür zu zahlen. Der abschließende Teilschritt besteht in der Formulierung einer Strategie, mit der Differenzierungsquellen ausgebaut oder die Differenzierungskosten kontrolliert werden können. Für den Musikanbieter bedeutet dies z. B., dass er analysieren muss, ob die Kunden neben dem Online-Angebot von Musikdateien auch zu den Titeln Musikvideos nachfragen. Darüber hinaus ist zu analysieren, inwiefern die Kunden dies als Zusatznutzen ansehen, sodass sich für den Anbieter ein Differenzierungspotenzial gegenüber seiner Konkurrenz ergibt, die dieses Angebot nicht bietet und ob die Kosten für die Bereitstellung des Angebotes über zusätzliche Erlöse gedeckt werden.

Fallbeispiel 7: Strategische Musikforschung bei Star FM

Aus Sicht des Hörers ist das wichtigste Kriterium für die Auswahl eines Radiosenders die Musik (vgl. ifak-Institut 2012, S. 22). Als Star FM 1997 in Berlin und 2002 in Nürnberg auf Sendung ging, positionierte sich der Sender, indem er vorwiegend Rockmusik spielte. Die Programmgestaltung wurde hauptsächlich durch den Inhaber sowie den Programmdirektor bestimmt. Mit dieser Programmidee konnte Star FM in Berlin bis zum Jahr 2007 durchschnittlich 26.000 Hörer pro Stunde für sich gewinnen – zu wenig, um in dem umkämpften Markt langfristig bestehen zu können. Das Management des Senders entschied sich deshalb, vermehrt in Marktforschung zu investieren, um die Reichweite des Senders zu erhöhen ohne den Markenkern und das Profil als Rocksender zu verwässern.

Seitdem wurden alle Entscheidungen bezüglich des Programms auf ihren Erfolg im Markt hin überprüft. In einem ersten Schritt galt es, das Marktpotenzial zu bestimmen. Dabei stellte sich heraus, dass 40 % der Berliner Hörer zwischen 20 und 49 Jahren als rockaffin einzustufen waren. Darauf aufbauend sollte die Marktforschung herausfinden, mit welcher Musik möglichst viele dieser Hörer für Star FM gewonnen werden konnten. Dazu wurden im Rahmen von Musiktests gekürzte Musikstücke zu verschiedenen Collagen montiert und deren Beliebtheit anschließend in Telefoninterviews abgefragt. So lassen sich als Unterkategorien des Rock-Genres beispielsweise Oldies, 80-Rockhits, Recurrents (aus den Jahren 2000 bis 2012) und aktuelle Power Songs unterscheiden. Auf Basis der Marktforschungsergebnisse wurden dann die Gewichtungen der einzelnen Kategorien in der Musikauswahl von Star FM angepasst. Gleichzeitig wurde überprüft, ob der Slogan „Maximum Rock!" dem neuen Musikstil noch entsprach oder nicht auf bestimmte Hörergruppen sogar abschreckend wirkte. Mit einem postivem Ergebnis: für die meisten Hörer spiegelte sich der Markenkern in dem Slogan nach wie vor wider. Weiterhin fand die Marktforschung heraus, dass viele Hörer zwar die Musik des Senders mochten, dem Sender aber nur geringe Kompetenzen bezüglich der Informationsbeiträge zuschrieben. Dementsprechend wurde die Morningshow des Senders neu aufgesetzt sowie zusätzlich in Wortbeiträge investiert.

Die Maßnahmen zeigten Wirkung. Nach stetigem Wachstum verzeichnete der Sender im Jahr 2013 eine durchschnittliche Stundenreichweite von 97.000 Hörern.

5.3.1.2 Methoden der operativen Planung

Als zweite Ebene ist die operative Planung zu betrachten. Dabei stehen typischerweise einzelne Teilbereiche des Unternehmens (z. B. Vertrieb, Redaktion) im Vordergrund. Hierbei handelt es sich um eine kurz- bis mittelfristige Planung mit präzise definierten und quantifizierten Zielvorgaben. Dazu werden inhaltliche Vorgaben gemacht, eine zeitliche Einplanung vorgenommen und Vorgehensweisen zur Umsetzung der Maßnahmen festgelegt. Der Planungshorizont der operativen Planung liegt i. d. R. bei einem Jahr und wird meist durch einen Grobplan für die nächsten zwei bis drei Jahre ergänzt. Wichtige Instrumente auf operativer Ebene sind Kennzahlen, Kalkulationsverfahren und Wirtschaftlichkeitsrechnungen (vgl. Gentner und Andersen 2010, S. 18 ff.). Kalkulationsverfahren und Wirtschaftlichkeitsrechnungen wurden in den Kap. 4.1.3.4 bzw. 4.2.3 bereits vorgestellt.

Kennzahlen dienen dazu, schnell und prägnant über ein ökonomisches Aufgabenfeld zu informieren, für das prinzipiell eine Vielzahl von Einzelinformationen vorliegt, deren Auswertung aber für den Zweck zu zeit- und/oder kostenintensiv ist. Kennzahlen verdichten per Definition komplexe wirtschaftliche (oder technische) Zusammenhänge. Typische Kennzahlen für Medienunternehmen wurden bereits mehrfach vorgestellt. Exemplarisch sei auf Reichweitenkennzahlen in Kap. 2.1.1.2 oder Bilanzkennzahlen in Kap. 4.1.2.2 verwiesen. Nachfolgend werden daher Kennzahlen im Allgemeinen betrachtet. Im *Kennzahlensystem* werden einzelne Kennzahlen zusammengefasst, die in einer sachlich sinnvollen Beziehung zueinander stehen, einander ergänzen oder erklären und insgesamt auf ein gemeinsames, übergeordnetes Ziel ausgerichtet sind (vgl. Reichmann 2001, S. 23).

Bekanntestes Beispiel eines allgemeinen Kennzahlensystems ist das DuPont-System of Financial Control (vgl. Heigl 1989, S. 206). Ausgangspunkt des DuPont-Systems ist der Return on Investment, d. h. der Rückfluss auf die Investition. Durch eine schrittweise Zerlegung können – wie in Abbildung 5.11 dargestellt – die Haupteinflussfaktoren auf

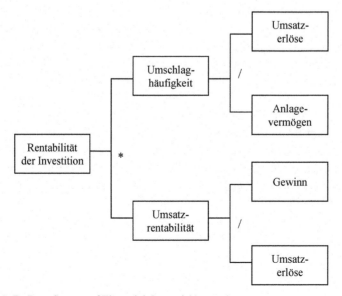

Abb. 5.11 DuPont-System of Financial Control (Auszug)

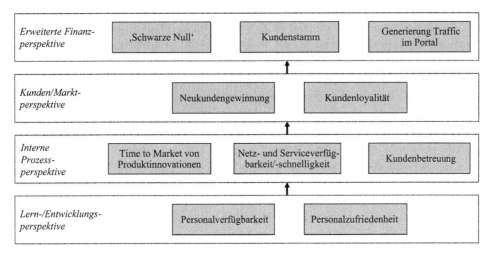

Abb. 5.12 Kennzahlenbereiche für die Balanced Scorecard eines Suchdienstanbieters. (Vgl. Böning-Spohr und Hess 2001, S. 42)

diese Kennzahl analysiert, durch Gegenüberstellung mit Vergleichswerten Schwachstellen erkannt und entsprechende Gegenmaßnahmen eingeleitet werden.

Die *Balanced Scorecard* als eine Form von Kennzahlensystemen kann als Instrument zur Kopplung von strategischer und operativer Planung eingesetzt werden (vgl. Kaplan und Norton 1992). Die grundlegende Idee der Balanced Scorecard ist es, den zu beschreibenden Unternehmensbereich in übersichtlicher Form mittels Kennzahlen darzustellen. Als Orientierungsrahmen für die Auswahl der Kennzahlen schlagen die Entwickler der Balanced Scorecard vier Perspektiven vor: die Lern- und Entwicklungssicht, die interne Sicht, die Kundensicht und die Erfolgssicht. Ebenfalls wird empfohlen, höchstens 15-20 Kennzahlen in eine Balanced Scorecard aufzunehmen. Abbildung 5.12 gibt einen Überblick über gewählte Perspektiven und Kennzahlenbereiche für eine Balanced Scorecard, die speziell für einen Suchdienstanbieter entwickelt wurde, dessen vorrangiges Ziel es ist, Besucher auf die angeschlossenen E-Commerce-Angebote weiterzuleiten (vgl. Böning-Spohr und Hess 2001). Insbesondere die klassische Finanzperspektive wurde dazu so modifiziert, dass die Weiterleitung des Traffics bzw. der Aufbau eines Kundenstammes ebenfalls abgebildet werden kann.

Die in einer Balanced Scorecard berücksichtigten Kennzahlen sind nicht direkt, sondern nur indirekt über Kausalketten verbunden. Dies ist ein wesentlicher Unterschied zu anderen Kennzahlensystemen wie z. B. dem DuPont-System. In diesem Sinne liegt der in Abbildung 5.12 dargestellten Balanced Scorecard die Annahme zugrunde, dass zufriedene Mitarbeiter zu effizienten Geschäftsprozessen und diese wiederum zu kundengerechten Leistungen führen, was sich schließlich im finanziellen Erfolg niederschlägt. Wegen dieser Kausalketten, die letztlich nur Ergebnis strategischer Planung sein können, ist die Balanced Scorecard ein mögliches Instrument zur Verbindung von strategischer und operativer Ebene.

Mit der Balanced Scorecard steht ein Instrument zur Verfügung, das Planung und Kontrolle der unterschiedlichen Ziele von Medienunternehmen effizient unterstützt. Bereits in Kap. 1.4.1 wurde darauf hingewiesen, dass Medienunternehmen alternativ zum Ziel der Gewinnmaximierung unter Umständen auch nur das Ziel der Kostenwirtschaftlichkeit verfolgen, mit oder ohne Ergänzung von publizistischen und/oder künstlerischen Nebenbedingungen. Diese unterschiedlichen Zieldimensionen lassen sich allgemein in der „Erfolgssicht" einer Balanced Scorecard, bzw. hier konkret im Rahmen der „Erweiterten Finanzperspektive", zum Ausdruck bringen.

Für den praktischen Einsatz solcher Kennzahlen ist mit entscheidend, dass die Kennzahlen eindeutig definiert und messbar sind. In Kap. 2 wurde bereits mehrfach auf die Bedeutung der Auflagenhöhe hingewiesen. Allerdings lässt sich die Kennzahl „Auflage" unterschiedlich definieren, von der gedruckten Auflage über die verbreitete und die verkaufte Auflage bis zu vielen anderen Varianten. Ein Konsens über die zugrunde gelegte Definition ist daher in jedem Fall erforderlich. Wichtig ist auch, dass Kennzahlen automatisiert erhoben und analysiert werden. Hierfür stehen auch moderne Instrumente zur Verfügung.

5.3.2   Organisationssysteme

Das Organisationssystem stellt das koordinierte Zusammenwirken seiner Mitglieder trotz Arbeitsteilung mit Hilfe struktureller Regelungen sicher. Der Schwerpunkt sei nachfolgend auf aufbauorganisatorische Aspekte gelegt. Das Themenfeld lässt sich aus innerbetrieblicher und auch aus zwischenbetrieblicher Perspektive betrachten. Beide Perspektiven sind nachfolgend skizziert.

5.3.2.1   Innerbetriebliche Perspektive

Aus der internen Perspektive lässt sich das Organisationssystem eines Unternehmens durch drei allgemeine Strukturierungsprinzipien beschreiben (vgl. auch Kieser und Walgenbach 2010):

- das Prinzip der Aufgabengliederung,
- das Leitungsprinzip (Prinzip der Weisungsstrukturen) sowie
- das Prinzip der Entscheidungsdelegation.

Das Prinzip der Aufgabengliederung zielt auf den Grad der Zentralisierung bzw. Dezentralisierung ab, mit dem die unterschiedlichen Teilaufgaben eines Unternehmens zusammengefasst und verschiedenen Organisationseinheiten (Stellen, Abteilungen, Kollegien etc.) zugeordnet werden. Bei Entscheidungen zu Aufgabengliederungen können verschiedene Aufgabenmerkmale eine Rolle spielen, etwa die Art der Verrichtung, die Objekte, an denen die Tätigkeit ausgeübt wird, die Arbeits- und Hilfsmittel oder der Ort bzw. der geografische Raum, innerhalb dessen sich die Verrichtungen vollziehen. Für die Praxis relevant sind vor allem zwei Organisationsstrukturen:

- *Funktionale* Organisationsstruktur: In diesem Fall erfolgt die Bildung von Organisationseinheiten unterhalb der obersten Leitungsinstanz nach dem Verrichtungsprinzip, d. h. gleichartige Verrichtungen werden zu Aufgabenkomplexen zusammengefasst (sog. Verrichtungszentralisation). Die entstehenden Hauptorganisationseinheiten heißen Funktionsbereiche. Die zentralen Vorteile dieser Organisationsform bestehen in einer Aufgabenspezialisierung, verbunden mit entsprechend großen Kenntnissen und Erfahrungen auf einem bestimmten Gebiet, Verhinderung von redundanten Prozessen und Kostenvorteilen, die sich durch den Einsatz spezialisierter Personen, Arbeitsmethoden und Maschinen realisieren lassen. Funktionale Organisationsstrukturen finden sich im Mediensektor nur noch in Unternehmen mit einem Hauptprodukt, so z. B. in regionalen Zeitungsverlagen.
- *Divisionale* Organisationsstruktur, auch *Spartenorganisation* genannt: Bei dieser Organisationsgestaltung erfolgt die Strukturbildung auf der ersten Ebene nach Objekten, d. h. es werden alle (unterschiedlichen) Verrichtungen, die bei der Bearbeitung eines Produktes oder einer Produktgruppe anfallen, zusammengefasst (sog. Objektzentralisation). Die Hauptorganisationseinheiten werden als Sparten oder Bereiche bezeichnet. Diese Sparten können weitgehend selbständig am Markt agieren und damit schnell auf Veränderungen reagieren. Hier liegt auch der zentrale Vorteil dieser Organisationsform. Divisionale Organisationsstrukturen sind typisch für Medienunternehmen mit mehr als einem Hauptprodukt.

Abbildung 5.13 zeigt die zwei Möglichkeiten, die Aufgaben in einem Unternehmen zu gliedern. Eine derartige Darstellung wird als Organigramm bezeichnet. Die *Leitungsprinzipien* stellen Grundsätze dar, nach denen die Kommunikationsbeziehungen zwischen Ins-

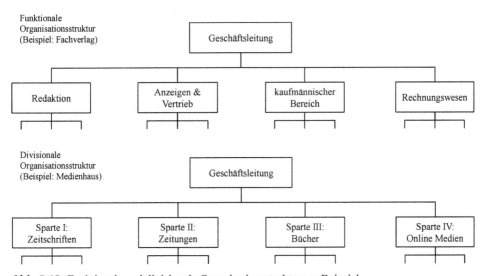

Abb. 5.13 Funktionale und divisionale Organisationsstruktur am Beispiel

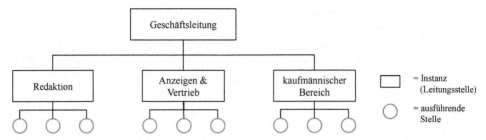

Abb. 5.14 Beispiel für ein Einliniensystem

tanzen und ausführenden Stellen geregelt sind. Im Vordergrund steht dabei die Frage nach der Struktur der Weisungsbeziehungen (bzw. der Verteilung von Entscheidungsbefugnissen, Aufsichtspflichten und Kontrollrechten). Zu unterscheiden sind hierbei das Einliniensystem, die Stab-Linien-Organisation und die Matrix-Organisation:

Das *Einliniensystem* ist dadurch gekennzeichnet, dass jeder Stelle genau eine Stelle übergeordnet ist, sodass nur eine Berichtslinie existiert (vgl. Abb. 5.14). Auf diese Weise ist das Prinzip der Einheit der Auftragserteilung gewahrt. Vorteile dieser Struktur bestehen in der klaren und übersichtlichen Regelung der Kommunikationsbeziehungen und einer eindeutigen Abgrenzung von Kompetenzen und Verantwortung.

Als nachteilig erweist sich die Länge und Umständlichkeit des hierarchischen Dienstweges sowie die dadurch bedingte starke Belastung der Zwischeninstanzen. Die *Stab-Linien-Organisation* ist ein Einliniensystem mit sog. Stabstellen (vgl. Abb. 5.15). Als Leitungsassistenzstellen beraten und unterstützen die Stabsmitarbeiter die Instanzen bei der Erfüllung ihrer Leitungsfunktion, haben aber selbst keine (originären) Entscheidungs- und Weisungsbefugnisse gegenüber den Linienstellen. Die Stab-Linien-Organisation versucht die Vorteile der klaren Kompetenz- und Verantwortungsabgrenzung des Einliniensystems mit den Vorteilen der funktionalen Spezialisierung zu verbinden. Es besteht allerdings die Gefahr, dass die Stäbe ihr Expertenwissen zum Ausbau informeller Macht nutzen und in Konkurrenz zur Linie treten.

Die *Matrix-Organisation* kombiniert die funktionale und die divisionale Organisationsstruktur, indem die traditionellen vertikalen Funktionssäulen mit einer horizontalen

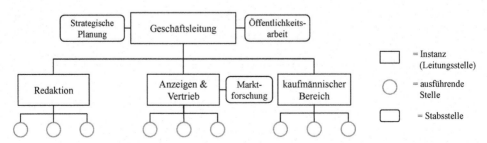

Abb. 5.15 Beispiel für eine Stab-Linien-Organisation

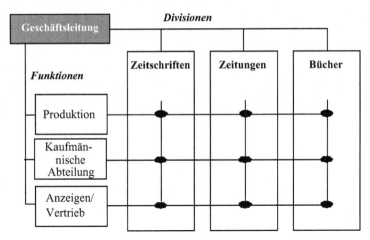

Abb. 5.16 Beispiel einer Matrix-Organisation. (Vgl. Wirtz 2013, S. 155)

produktorientierten Struktur überlagert werden. Dadurch entsteht die in Abbildung 5.16 dargestellte zweidimensionale Beziehungsstruktur. Die Matrixorganisation versucht die Vorteile beider Basiskonzepte zu nutzen, birgt aber die Gefahr, dass Kompetenzen und Verantwortlichkeiten nur unscharf abgegrenzt sind.

Matrix-Organisationen finden sich temporär bei der Einführung neuer Medien oder Technologien (vgl. z. B. Liedl 1999, S. 212–215), sonst aber eher selten. Typisch für die Medienbranche ist die Stab-Linien-Organisation.

Das *Prinzip der Entscheidungsdelegation* bezieht sich auf die Kompetenzabstufung innerhalb des Organisationssystems, d. h. auf die Ermessens- und Entfaltungsspielräume untergeordneter Stellen (vgl. Ulrich und Fluri 1995, S. 174). Eine Delegation beinhaltet neben der Zuweisung von Aufgaben und der Vorgabe der erwarteten Ergebnisse vor allem die Ausstattung mit den zur Aufgabenerfüllung notwendigen Rechten sowie die Zuweisung von (Handlungs- und Führungs-)Verantwortung. Sie verfolgt den Zweck,

- übergeordnete Stellen zu entlasten,
- die Handlungsfähigkeit untergeordneter Stellen zu gewährleisten,
- die Kommunikation zu vereinfachen und
- die Mitarbeiter zu motivieren.

Die Grundregel der Delegation besagt: „Keine Entscheidung soll von einer Stelle gefällt werden, wenn sie von einer ihr untergeordneten Stelle ebenso gut oder gar besser getroffen werden kann." Bei der Übertragung ist insbesondere darauf zu achten, dass sich Aufgaben, Kompetenzen und Verantwortungen decken, damit der Empfänger überhaupt in der Lage ist, aufgabenbezogene Teilvorgänge zu beeinflussen und damit Verantwortung zu übernehmen. Typischerweise liegt die Entscheidungsmacht in einer funktionalen Or-

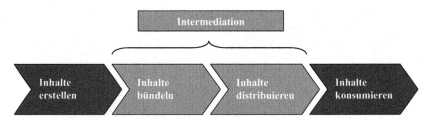

Abb. 5.17 Intermediäre zwischen Erstellung und Konsum. (Vgl. Hess und von Walter 2006, S. 4)

ganisation eher an der Spitze und in einer divisionalen Organisation eher bei der Leitung der Division. Im Medienbereich schränken gesetzliche Vorgaben die Möglichkeiten der Entscheidungsdelegation an mancher Stelle ein. So ist der Chefredakteur i. d. R. als verantwortlicher Redakteur im Sinne der Pressegesetze strafrechtlich haftbar. Diese Verantwortung kann er nicht delegieren. Zudem sind Medienunternehmen häufig in dezentralen eigenständigen Einheiten organisiert, welches eine Abstimmung untereinander erschwert. Dieses Problem kann z. B. im Rahmen der crossmedialen Verwendung von Inhalten (z. B. das Erscheinen eines Artikels in der Print- und in der Online-Ausgabe einer Zeitschrift) auftreten, da dort bspw. sowohl die Print- als auch die Online-Redaktion in die Koordination eingebunden sind.

5.3.2.2 Zwischenbetriebliche Perspektive

Erweitert man die Perspektive auf mehrere Unternehmen, ergeben sich zwei neue Gesichtspunkte: nach der Aufgabenverteilung zwischen Unternehmen sowie nach deren Zusammenwirken. Aus der Managementperspektive ist zu klären, welche Aufgaben im Unternehmen selbst ausgeführt und welche als Dienstleistung zugekauft werden (vgl. Kap. 3.3.2.2). Außerdem ist evtl. zu klären, mit welchen andern Unternehmen bei der Leistungserstellung kooperiert werden soll.

Bei der Frage nach der Aufgabenteilung zwischen Unternehmen ist die Verteilung von Aufgaben entlang der gesamten Wertschöpfungskette besonders interessant. Diese wird nachfolgend weiter vertieft. Von besonderer Bedeutung sind dabei die sog. *Intermediäre.*

Intermediäre sind Unternehmen, die zwischen dem Erzeuger und dem Konsumenten eines Gutes weder als Anbieter noch als Nachfrager auftreten, sondern zwischen dem Erzeuger und dem Konsumenten eines Gutes stehen. Sie erleichtern oder ermöglichen das Funktionieren eines Marktes (vgl. Picot et al. 2003). Im Sinne der Transaktionskostentheorie haben sie ihre Existenzberechtigung, wenn sie die Abwicklung einer Transaktion billiger machen als dieses beim direkten Kontakt zwischen Konsument und Erzeuger möglich wäre (vgl. Rose 1999).

In der Medienbranche wirken Intermediäre innerhalb der Wertschöpfungskette zwischen dem Ersteller und dem Rezipienten von Inhalten (vgl. Abb. 5.17). Dabei kann zwischen zwei Intermediärsstufen unterschieden werden:

1. Den Inhaltebündlern, die Medieninhalte für den Konsumenten zusammenstellen (z. B. RTL und Sony BMG).
2. Den Inhalte-Distributoren (z. B. Apple), die primär Inhalte an einzelne Konsumenten verteilen. Klassische Distributoren sind im Verlagsbreich Grossisten, insbesondere bei Publikumszeitschriften. Alle Unternehmen der zweiten und dritten Wertschöpfungsstufe der Medienbranche, d. h. Verlage, Sender, Druckereien, Telekommunikationsunternehmen usw., lassen sich als Intermediäre auffassen. Intermediäre in der Medienindustrie übernehmen insbesondere die in Abbildung 5.18 aufgelisteten sieben Funktionen, d. h. durch diese Funktionen können sie zur Reduktion von Transaktionskosten beitragen (vgl. Hess und von Walter 2006, S. 7).

Die aktuelle Diskussion zu Intermediären wird am Beispiel der Musikbranche illustriert. In der traditionellen Wertschöpfungsstruktur werden obige Funktionen durch Medienunternehmen ausgefüllt. Die Identifikation und Selektion neuer Musik kann beispielsweise durch Talentsucher erfolgen. Medienunternehmen sind auch an der Transformation beteiligt, indem sie die Musikaufzeichnungen bis zur professionellen Aufnahme begleiten. Sie übernehmen die Aggregation von Musikstücken auf CDs und ermöglichen eine qualitativ hochwertige Vervielfältigung. Außerdem realisieren sie die physische Distribution der Musik (z. B. über Download-Plattformen) und deren Präsentation in einem Musik-Shop. Für Individuen wären diese Aufgaben mit hohen Transaktionskosten verbunden, sodass es viel effizienter ist, dieses von großen Medienfirmen machen zu lassen.

Diese traditionelle Situation hat sich durch den Einfluss neuer Informations- und Kommunikationstechnologien verändert. Neue Intermediäre in der Form von Suchmaschinen oder Peer to Peer-Tauschbörsen erfüllen die Funktion der Identifikation und (schlagwort-

Funktion	Beitrag zur Transaktionskostenreduktion
Identifikation	Die Identifikation umfasst das Finden von Contentangebot und -nachfrage und ermöglicht einen Überblick.
Selektion	Die Selektion umfasst die Auswahl von Content aus den Grundgesamtheiten und stellt die Eignung des Contentangebots für die Contentnachfrage sicher.
Transformation	Die Transformation ist die Funktion, die die Verwendbarkeit des Content gewährleistet.
Aggregation	Die Aggregation stillt das Bedürfnis nach Anordnung der einzelnen Inhalte.
Reproduktion	Die Reproduktion umfasst die Vervielfältigung nach der First-Product-Copy und sichert so dessen Verfügbarkeit.
Distribution	Die Distribution ist die Funktion, die die Erreichbarkeit des Contents für die Nachfrage sicherstellt.
Präsentation	Die Präsentation ist die Darstellung des Contents gegenüber der Nachfrage und stellt den Zugang sicher.

Abb. 5.18 Funktionen von Intermediären. (Vgl. Hess und von Walter 2006, S. 7)

basiert) der Selektion von digitalen Medien nahezu transaktionskostenfrei. Die Aggregation von Musikinhalten ist durch Computer viel einfacher und transaktionskostenärmer
geworden (z. B. einfaches Zusammenstellen von Playlists am Computer, Ablage von Musikstücken auf Speichermedien im Gegensatz zum Kopieren von LPs auf Kassettenbän-
der). Wenn man die Transaktionskosten hinsichtlich der Distribution von Musik betrachtet, ist ebenfalls einsichtig, dass es deutlich günstiger ist, Musikdateien aus dem Internet
zu laden, als diese physisch zu verbreiten. Schließlich hat sich auch die Präsentation von
Musikinhalten verändert. Beispielsweise kann das Regal im Musikgeschäft, das die Musik
auf physischen Medien enthält, durch das Internet in Form einer grafischen Benutzungsoberfläche ersetzt werden.

**Fallbeispiel 8: Google ein crossmediales Werbenetzwerk – Von der Suchmaschine
zum Werbekonzern**
Das Unternehmen Google Inc. wurde im September 1998 gegründet und ist insbesondere durch die gleichnamige Suchmaschine bekannt geworden. Heute ist es
ein Konzern mit ca. 55.000 Mitarbeitern und über 50 Mrd. US-Dollar Umsatz, bei
einem Gewinn von mehr als 10 Mrd. US-Dollar (2012). Es wird geschätzt, dass die
Google Suchmaschine ca. 15 bis 20 Mrd. Indexeinträge für Zugriffe auf Internetseiten (URLs) enthält. Weltweit liegt der Marktanteil der Google-Suchmaschine bei ca.
70 %. Google beherrscht mittlerweile (2013) ein ganzes Spektrum an IT-basierten
Dienstleistungen, die zum Teil kostenlos bereitgestellt werden. Mit YouTube besitzt
es das größte Internet-Video-Portal, Gmail ist der weltweit größte Internetmaildienst,
mit Maps und Earth werden umfassende Kartendienste angeboten, der eigene Web-
browser Chrom hat inzwischen weltweit die meisten Nutzer und das Betriebssystem
Android für mobile Endgeräte ist ebenfalls Marktführer. Dieses Erschließen neuer
Geschäftsfelder und dieses Wachstum konnte Google auf Basis der hohen Qualität
ihrer Suchdienste erreichen. Dieses führte zu einer Kundenbindung auch bei weiteren Produkten und zu der Möglichkeit, vielfältige Internet-basierte Werbeformen
als Produkte zu kreieren, die heute nach wie vor Googles Hauptumsatzquelle darstellen. Für 2012 werden dafür ca. 43 Mrd. US-Dollar geschätzt, etwa so viel wie
der gesamte Werbeumsatz US-amerikanischer Printmedien.
    Zur Bearbeitung des Online-Werbemarktes verfügt Google über ein breites Pro-
duktportfolio. Basisprodukt ist dabei AdWords, mit dem Anzeigen im inhaltlichen
Zusammenhang mit den jeweiligen Suchmaschinenseiten präsentiert werden. Dabei
wird aber immer eine klare Trennung zu den Suchergebnissen sichergestellt. Der
inhaltliche Bezug wird über die Schlüsselbegriffe hergestellt. Bei den Werbeeinblendungen kann z. B. auch berücksichtigt werden, in welcher räumlichen Nähe der
Suchmaschinennutzer sich zum Werbetreibenden befindet. Die Abrechnung der präsentierten Anzeigen erfolgt nach dem Cost-per-Click-Verfahren, also wie häufig die
Anzeige wirklich angeklickt wird. Dabei kann der Werbende unterschiedliche Bud-
getschema nutzen (z. B. verfügbares Anzeigenbudget pro Tag). Mit AdSense bie-

tet Google daneben ein Produkt, mit dem Webseiten-Betreiber Werbeanzeigen von Dritten auf ihren eigenen Seiten schalten können. Google analysiert dazu die Webseiten, um jeweils passende Werbung kontextabhängig zuzuschalten. Dazu müssen die Internetseitenbetreiber entsprechende Standardschnittstellen von Google in ihre Webseiten einbinden. Im Gegenzug erhalten die Seitenanbieter Erlöse durch die präsentierten Anzeigen, Google erhält Provisionen. Diese Dienste sind mittlerweile für unterschiedliche Medienformen und Endgeräte (auch mobil) nutzbar. Mit Google Analytics wird ein Produkt angeboten, mit dem Unternehmen umfangreiche Webseiten-Nutzungsanalysen durchführen können, um ihren eigenen Internet-Auftritt zu optimieren. Die dabei gewonnenen Daten stehen auch Google für eigene Untersuchungen zur Verfügung, unter anderem, um das eigene Leistungsangebot zu optimieren. Mit DoubleClick bietet Google ein Produkt, mit dem Werbekäufer und -verkäufer ähnlich einer Börse zusammengebracht werden, um in Echtzeit Preise für Werbeplätze unterschiedlichster Medienformate auszuhandeln und die gesamte Administration dieses Aufgabengebiets zu vereinfachen. Viele weitere komplementäre Werkzeuge unterstützen die Google-Kunden. Google hat so eine Bindung der Werbetreibenden mit einer beherrschenden Stellung im Online-Markt geschaffen. Für die Kunden sind Lock In-Effekte entstanden, die zu hohen Kosten bei einem Anbieterwechsel führen würden, und daher eine hohe Bindung der Kunden schaffen.

Durch diesen Erfolg von Google ist es den Wettbewerbern wie Microsoft oder Yahoo bislang nicht gelungen, gerade im Bereich der Online-Werbung, den Abstand zu verkleinern. Einzig im wichtigen Chinesischen Markt ist die Suchmaschine Baidu Marktführer. Dieses lässt sich neben den nationalen Besonderheiten wohl auch auf die staatliche Zensur von Internetinhalten zurückführen. Googles Marktstellung hat zu einer Reihe von Klagen der Wettbewerber bzgl. unfairer Präsentation eigener Angebote durch die Google-Suchmaschine geführt, die zum Teil noch nicht entschieden sind.

Daneben hat Google schon mehrfach, bislang wenig erfolgreiche Ansätze unternommen, in den Fernsehmarkt einzusteigen (Google TV). Aufgrund der Rechtesituation will man sich dabei allerdings auf Film- und Videoangebote konzentrieren. In jüngerer Zeit versucht Google ebenfalls, sich im Markt der digitalen Haussteuerung strategisch gut zu positionieren, um auch hier in einem erwarteten Zukunftsmarkt für eine große Gruppe an Zielkunden präsent zu sein.

Im Extremfall wäre es dann sogar möglich, dass zwischen Produzent und Rezipient eine direkte Beziehung entsteht. Abbildung 5.19 zeigt dieses Szenario.

Als nächstes werden die Varianten zwischenbetrieblicher Kooperationen näher betrachtet. Dabei geht es einerseits darum, in welcher Kooperationsform Leistungen erstellt oder vertrieben werden. Andererseits sind sie häufig bei Internationalisierungsstrategien großer Medienkonzerne eine Variante, um sich neue Absatzmärkte zu erschließen. Dabei

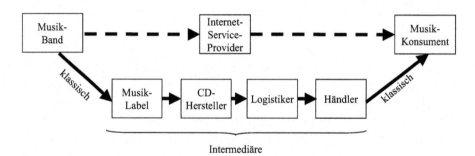

Abb. 5.19 Extremszenario eines Wandels der Wertschöpfungskette im Musiksektor

spielen auch Akquisititonen ausländischer Unternehmen, die Gründung von Auslands-
töchtern und die Rechtevergabe an andere Unternehmen eine Rolle (vgl. Sjurts und Strube
2010). Abbildung 5.20 gibt einen Überblick der Kooperationsvarianten, die nachfolgend
im Detail vorgestellt werden.

Kennzeichnend für *Kooperationen* ist die gemeinsame Aufgabenbearbeitung unter
Aufrechterhaltung der wirtschaftlichen Selbständigkeit der beteiligten Unternehmen. Zu
zwischenbetrieblichen Kooperationen zählen Joint Ventures, Strategische Allianzen sowie
Unternehmensnetzwerke. Zur Abgrenzung dieser Kooperationsformen eignen sich die Art
der Funktionsverknüpfung (Funktionszusammenlegung oder Funktionsabstimmung), der
zeitliche Horizont und die Anzahl der Partner (vgl. Hess 1999):

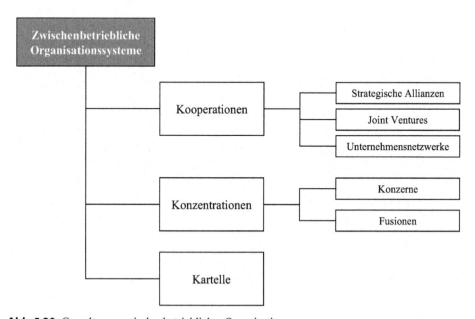

Abb. 5.20 Grundtypen zwischenbetrieblicher Organisation

- *Joint Ventures* sind auch unter dem Begriff Gemeinschaftsunternehmen bekannt. Sie werden i. d. R. unbefristet abgeschlossen und umfassen meist zwei, selten aber mehr als vier Partner. In dem zu gründenden Gemeinschaftsunternehmen werden die Aufgaben der Kooperationspartner zusammengelegt. Joint Ventures sind im Mediensektor nicht selten. Sie werden insbesondere gegründet, um Kostenvorteile zu nutzen, Kompetenzen zu ergänzen oder Risiken zu teilen. Ein Beispiel ist ein Joint Venture für Online-Portale, die Axel Springer Digital Classifieds GmbH, in die der Springer Verlag seine Online-Jobbörse Stepstone sowie die Immobilienportale Immonet und SeLoger eingebracht hat. Partner ist das amerikanische Private Equity-Unternehmen General Atlantic. Ziel ist es, mit dem Joint Ventrue in Online-Märkten international zu wachsen.
- *Unternehmensnetzwerke* sind gekennzeichnet durch die Abstimmung der betrieblichen Funktionen, eine größere Anzahl an Partnern (zehn oder mehr) sowie eine zeitlich unbefristete, projektbezogene Zusammenarbeit. Explizit beschränken die Unternehmen ihre Kooperation in einem Netzwerk nicht auf ein einzelnes Vorhaben, sondern schaffen vielmehr durch gemeinsame Investitionen (z. B. in sich ergänzende Ressourcen, in ein spezielles Managementsystem oder in ein spezifisches Anwendungssystem) die Basis für eine auftragsbezogene Zusammenarbeit. Unternehmensnetzwerke findet man im Medienbereich häufig. Bei Online-Portalen ist dieses ganz häufig zu beobachten. Bspw. kooperiert die Telekom bei ihrem reichweitestarken Internet-Portal T-Online, über das vielfältige eigene Produkte und sowie solche von Dritten angeboten werden, für bereitgestellte Nachrichten mit verschiedenen Informationsanbietern. Kern dieser Vernetzung bilden Datenstandards, die letztendlich einen effizienten Datenaustausch ermöglichen.
- *Strategische Allianzen* sind im Allgemeinen auf einzelne Projekte beschränkt und werden daher im Gegensatz zu den Joint Ventures zeitlich befristet abgeschlossen. Die Anzahl der Partner ist eng begrenzt und beträgt wie bei den Joint Ventures weniger als vier. Aufgrund des Projektcharakters erfolgt die Zusammenarbeit in Strategischen Allianzen auf Basis der Funktionsabstimmung. Strategische Allianzen sind im Medienbereich eher selten. Sie finden sich eher in angrenzenden Branchen, wie der Telekommunikation.

Fallbeispiel 9: Projektnetzwerke bei der Produktion von Fernsehserien
Fernsehserien werden in der Regel in Projektnetzwerken, als besondere Variante von Unternehmensnetzwerken, in der Form von Auftragsproduktionen, hergestellt (vgl. Windeler et al. 2000). Unternehmensnetzwerke zeichnen sich insbesondere durch die rechtliche Selbständigkeit der oft bis zu zehn und mehr Partnerunternehmen, deren Ziel in der Erstellung von marktlich verwertbaren Produkten und Dienstleistungen liegt, sowie durch ihre unbefristete Existenz aus (vgl. Hess 2002b). Projektnetzwerke als eine Variante von Unternehmensnetzwerken charakterisieren sich meist durch die dominante Stellung eines einzelnen Partnerunternehmens. Fer-

ner werden Projektnetzwerke meist für jeden Auftrag neu gebildet und sind damit relativ unstabil. Dennoch werden zwischen den Partnern von Projektnetzwerken mitunter Vereinbarungen über die grundlegende Zusammenarbeit getroffen. Damit können in Projektnetzwerken auch Erfahrungen aus Projektkooperationen der Vergangenheit genutzt werden, um projektübergreifend Aktivitäten und Beziehungen im Netzwerk zu steuern.

Sowohl auf dem deutschen als auch auf dem internationalen Markt produzieren Fernsehsender ihre Serien oder Filme in Projektnetzwerken. Der starke Partner ist zumeist die Produktionsfirma. Dabei wird häufig eine Tochterfirma oder eine externe Produktionsfirma beauftragt, die die Herstellung der Serie organisiert (vgl. Wirtz 2013, S. 316 ff.). Diese wiederum beauftragt Autoren, Regisseure und künstlerische sowie technische Mediendienstleister mit einzelnen Aufgaben der Serienproduktion.

Die üblicherweise an solch einem Projektnetzwerk für die Produktion von Fernsehserien beteiligten Akteure sind in der folgenden Abbildung im Überblick dargestellt.

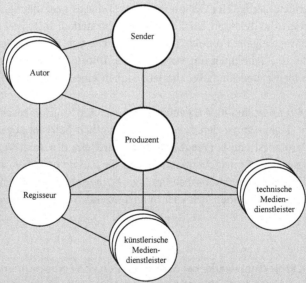

Akteure in einem Projektnetzwerk für die Produktion von Fernsehserien. (Vgl. Windeler et al. 2000, S. 181)

Vorteilhaft erscheint dabei, dass die einzelnen Unternehmen sich lediglich auf ihre Kernkompetenzen konzentrieren, sodass Sie die Qualität dadurch erheblich steigern können. Ferner bedarf es nicht des Aufbaus sämtlicher Ressourcen zum Erstellen einer Fernsehproduktion, was mit erheblichen Kosten verbunden wäre. Diese lassen sich je nach Bedarf einfach durch das Netzwerk von anderen Unternehmen buchen. Dies kann sich positiv auf die Kostenstruktur von Fernsehproduktionen auswirken.

Trotzdem kann jedoch auf etablierte Strukturen aus vergangenen Projekten zurückgegriffen werden, sodass sich die Koordination zukünftiger Projekte vereinfachen lässt.

Von Kooperationen abzugrenzen sind *Konzentrationen*, bei denen ein bestehendes Unternehmen an ein anderes angegliedert wird und das angegliederte Unternehmen seine wirtschaftliche Selbständigkeit verliert bzw. einschränkt. So haben 2013 die zum Bertelsmann-Konzern gehörende Verlagsgruppe Random House und die zum britischen Pearson-Medienkonzern gehörende Penguin Verlagsgruppe zur weltweit größten Publikumsverlagsgruppe Penguin Random House fusioniert.

Die bedeutendste Form der Konzentration ist der Konzern. Ein Konzern ist ein Zusammenschluss rechtlich selbständiger Unternehmen unter einheitlicher Leitung. Die Gründe liegen sowohl im ökonomischen Bereich (z. B. kleine, an Kulturräume gebundene Märkte), im publizistischen/künstlerischen Bereich (z. B. die verlegerische Idee als Ausgangspunkt) und im juristischen Bereich (z. B. die gesetzliche Restriktion für die Beteiligung an Fernsehsendern). Die durch einen Konzern verbundenen Unternehmen sind durch Kapitalbeteiligungen miteinander verflochten. Die Kapitalbeteiligung an einer AG erfolgt i. d. R. durch die Übernahme von Aktien. Von einer Beteiligung wird erst ab einem Anteil von mindestens 20 % am Gezeichneten Kapital einer Kapitalgesellschaft gesprochen. Je nach Beteiligungsanteil lassen sich die in Abbildung 5.21 abgebildeten Beteiligungsformen unterscheiden.

Abb. 5.21 Beteiligungsquoten.
(Vgl. Schierenbeck und Wöhle
2012, S. 60)

Fallbeispiel 10: Konzernstruktur der Bertelsmann SE & Co. KGaA

Die Bertelsmann SE & Co. KGaA mit Hauptsitz in Gütersloh ist einer der größten Medienkonzerne weltweit. Der Konzern ist seit 2012 eine nicht börsennotierte Komanditgesellschaft auf Aktien mit einer SE (Societas Europeana = Aktiengesellschaft in der EU) als geschäftsführende Gesellschafterin. Aktionäre sind die Bertelsmann Stiftung (77,6% Kapitalanteil), die Familie Mohn (19,1% Kapitalanteil) sowie zu einem kleinen Anteil (3,3% Kapitalanteil) die Reinhard Mohn Stiftung und die BVG-Stiftung. Im Geschäftsjahr 2012 konnte das Unternehmen mit über 104.000 Mitarbeitern einen Umsatz von rund 16,1 Mrd. € erzielen.

In der nachfolgenden Abbildung werden die fünf wesentlichen Unternehmensbereiche des Konzerns dargestellt. Es werden dabei die spezifischen Rechtsformen deutlich. Einzelne Gesellschaften firmieren wiederum als AGs (z. B. arvato), aufgrund ihres Firmensitzes zum Teil auch nach internationalem Recht (z. B. RTL Group).

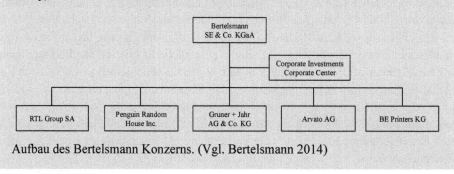

Aufbau des Bertelsmann Konzerns. (Vgl. Bertelsmann 2014)

Als weiterer Konzentrationsfall wird oft auch die Fusion durch Aufnahme eines Unternehmens bzw. durch Bildung eines neuen Unternehmens angesehen. Mehrere Einzelorganisationen verschmelzen auf diese Weise zu einer neuen rechtlichen Einheit.

Die dritte Form der Organisations-Kollektive sind Kartelle, bei denen rechtlich und wirtschaftlich selbständige Unternehmen eine gemeinsame Marktbeherrschung durch Einschränkung des Wettbewerbs anstreben. Oft handelt es sich dabei um Unternehmen derselben Produktions- bzw. Absatzstufe. Gesetzlich sind Kartelle mit bestimmten Ausnahmen verboten. Zu diesen Ausnahmen zählen u. a. Rabattkartelle, welche eine einheitliche Rabattpolitik regeln oder Mindestpreiskartelle zur Festsetzung bestimmter Mindestpreise.

5.4 Aufgaben zu Kap. 5

1. Was versteht man unter Management und unter einem Managementzyklus?
2. Welche beiden Hauptaufgaben umfasst die organisatorische Strukturierungstätigkeit?
3. Unter welchen Bedingungen besitzt

a. der autoritäre Führungsstil

b. der demokratisch-partizipative Führungsstil

Vorteile?

4. Was ist das Grundproblem der Personalführung?

5. Wodurch unterscheiden sich die strategische und die operative Managementebene?

6. Erläutern Sie die Grundidee der Balanced Scorecard.

7. Sie möchten eine Portfolio-Analyse bei einem Hörfunksender durchführen, der über die Musikprogramme Pop und Klassik sowie einen Nachrichtenkanal verfügt. Wie würden Sie vor diesem Hintergrund Marktwachstum und Marktanteil des Hörfunksenders bestimmen?

8. Welche Aufgaben übernehmen Radio-Stationen im Sinne eines Intermediärs?

9. Ist das DuPont-System of Financial Control zur Steuerung eines öffentlich-rechtlichen Fernsehsenders zweckmäßig? Welches alternative Steuerungsinstrument böte sich an?

10. Welche Nachteile besitzt ein zu hoher Grad an Delegation?

11. Welche Organisationsstruktur halten Sie am ehesten geeignet für

a. einen regionalen Zeitungsverlag, der in seinem Blatt auch noch einen Regionalteil anbietet?

b. einen TV-Sender mit nur einem Hauptprogramm?

12. Welche Auswirkungen könnte das digitale Fernsehen, das die Datennetze inkl. deren Rückkanäle und digitale Endgeräte nutzt, auf die Wertschöpfungskette im Fernsehsektor haben?

13. Um welche Form zwischenbetrieblicher Organisationssysteme handelt es sich beim regelmäßigen Austausch von regionalen Nachrichten zwischen einem Hörfunksender und einem Zeitungsverlag, wenn beide Unternehmen rechtlich selbständig sind?

Literatur

Achtenhagen, L. (2005). Media portfolio development: strategic and organizational challenges. In R. G. Picard (Hrsg.), Media product portfolios: issues in management of multiple products and services (S. 41–61). Mahwah: Lawrence Erlbaum Associates.

Bain, J. S. (1968). *Industrial organization* (2. Aufl.). New York: John Wiley & Sons Inc.

Barney, J. B. (1991). Firm resources and sustained competitive advantage. *Journal of Management, 17* (1), (S. 99–120).

Bertelsmann. (2014). Factsheet, Bertelsmann im Überblick. http://www.bertelsmann.de/media/investor-relations/factsheet/factsheet-de/04032014-bertelsmann-factsheet-de.pdf. Zugegriffen: 17. März 2014.

Blake, R. R., & Mouton, J. S. (1992). *Verhaltenspsychologie im Betrieb – Der Schlüssel zur Spitzenleistung* (4. Aufl.). Düsseldorf: Econ.

Bleicher, K. (2011). *Das Konzept integriertes Management* (8. Aufl.). Frankfurt a. M: Campus Verlag.

Böning-Spohr, P., & Hess, T. (2001). Balanced Scorecards für Online-Inhalteanbieter, Arbeitsbericht Nr. 8/2001 der Abteilung Wirtschaftsinformatik II der Universität Göttingen, Göttingen.

Drumm, H. J. (2008). *Personalwirtschaft* (6. Aufl.). Berlin: Springer.

Gentner, A., & Andersen, N. (2010). Event-driven Forecasting in der Medienindustrie. *Controlling: Zeitschrift für erfolgsorientierte Unternehmenssteuerung, 22* (1), (S. 18–25).

Grant, R. (1991). The resource-based theory of competitive advantage: Implication for strategy formulation. *California Management Review, 33* (3), (S. 114–135).

Heigl, A. (1989). *Controlling – Interne Revision* (2. Aufl.). Stuttgart: G. Fischer Verlag.

Hess, T. (1999). Unternehmensnetzwerke. *Zeitschrift für Planung, 10* (2), (S. 225–230).

Hess, T. (2002b). Netzwerkcontrolling. Instrumente und ihre Werkzeugunterstützung. Wiesbaden: Deutscher Universitäts-Verlag.

Hess, T., & von Walter, B. (2006). Toward content intermediation: Shedding new light on the media sector. *The International Journal on Media Management, 8* (1), (S. 2–8).

Ifak-Institut, BLM-Positionierungsstudie. (2012). http://www.medienpuls-bayern.de/uploads/tx_fnblm/BLM_Positionierungsstudie_Bayern_2012_Handout.pdf. Zugegriffen: 17. März 2014.

Kaplan, R. P., & Norton, D. P. (1992). The balanced scorecard – Measures that drive performance. *Harvard Business Review, 70* (1–2), (S. 71–79).

Kieser, A., & Walgenbach, P. (2010). *Organisation* (6. Aufl.). Berlin: Schäffer-Poeschel.

Kreikebaum, H. (1997). *Strategische Unternehmensplanung* (6. Aufl.). Stuttgart: Kohlhammer.

Liedl, R. (1999). Strategien und Aktivitäten von Bertelsmann im Multimediabereich. In M. Schumann & T. Hess (Hrsg.), *Medienunternehmen im digitalen Zeitalter: Neue Technologien – neue Märkte – neue Geschäftsansätze* (S. 203–128). Wiesbaden: Dr. Th. Gabler Verlag.

Meffert, H. (2012). *Marketing: Grundlagen marktorientierter Unternehmensführung* (11. Aufl.). Wiesbaden: Gabler Verlag.

Pfohl, H.-C., & Stölzle, W. (1997). *Planung und Kontrolle* (2. Aufl.). München: Vahlen.

Picot, A., Reichwald, R., & Wigand, R. (2003). *Die Grenzenlose Unternehmung* (5. Aufl.). Wiesbaden: Gabler.

Porter, M. E. (2010). *Wettbewerbsvorteile: Spitzenleistungen erreichen und behaupten* (7. Aufl.). Frankfurt a. M: Campus Verlag.

Porter, M. E. (2013). *Wettbewerbsstrategie: Methoden zur Analyse von Branchen und Konkurrenten* (12. Aufl.). Frankfurt a. M: Campus Verlag.

Reichmann, T. (2001). *Controlling mit Kennzahlen und Managementberichten: Grundlagen einer systemgestützten Controlling-Konzeption* (6. Aufl.). München: Vahlen.

Rose, F. (1999). *The economics, concept, and design of information intermediaries.* Heidelberg: Springer.

Schierenbeck, H., & Wöhle, C. B. (2012). *Grundzüge der Betriebswirtschaftslehre* (18. Aufl.). München: Oldenbourg Wissenschaftsverlag.

Schreyögg, G. (2008). *Organisation: Grundlagen moderner Organisationsgestaltung, mit Fallstudien* (4. Aufl.). Wiesbaden: Gabler.

Sjurts, I., & Strube, M. (2010). Internationalisierungsstrategien deutscher Medienkonzerne. *Medien-Wirtschaft: Zeitschrift für Medienmanagement und Medienökonomie, 7* (2), (S. 12–22).

Steinmann, H., & Schreyögg, G. (2013). *Management: Grundlagen der Unternehmensführung: Konzepte – Funktionen – Fallstudien* (7. Aufl.). Wiesbaden: Springer Gabler.

Thommen, J.-P. (2012). *Allgemeine Betriebswirtschaftslehre: Umfassende Einführung aus managementorientierter Sicht* (7. Aufl.). Wiesbaden: Gabler.

Ulrich, P., & Fluri, E. (1995). *Management: Eine konzentrierte Einführung* (7. Aufl.). Bern: UTB.

Welge, K. M., & Al-Laham, M. (2008). *Strategisches Management: Grundlagen-Prozess-Implementierung* (5. Aufl.). Wiesbaden: Gabler.

Wild, J. (1982). *Grundlagen der Unternehmensplanung* (4. Aufl.). Reinbeck bei Hamburg: VS Verlag für Sozialwissenschaften.

Windeler, A., Lutz, A., & Wirth, C. (2000). Netzwerksteuerung durch Selektion. Die Produktion von Fernsehserien in Projektnetzwerken. In J. Sydow & A. Windeler (Hrsg.), *Steuerung von Netzwerken – Konzepte und Praktiken* (S. 178–205). Opladen: VS Verlag für Sozialwissenschaften.

Wirtz, B. (2013). *Medien- und Internetmanagement* (8. Aufl.). Wiesbaden: Gabler.

Über die Autoren

Prof. Dr. Matthias Schumann Jahrgang 1959, ist seit 1991 Inhaber der Professur für Anwendungssysteme und E-Business an der Wirtschaftswissenschaftlichen Fakultät der Georg-August-Universität Göttingen. Daneben leitet er das Wirtschafts- und Sozialwissenschaftliche Rechenzentrum. Von 2001 bis 2005 war er Vizepräsident der Universität Göttingen. Seine Forschungsarbeiten konzentrieren sich auf Anwendungen der Informations- und Kommunikationstechnik, innerbetrieblich, zwischenbetrieblich sowie zwischen Unternehmen und privaten Haushalten. Daneben beschäftigt er sich mit konvergenten Märkten der Internet-Technologie sowie der IT-Unterstützung des Bildungs- und Wissensmanagements. Er ist Autor zahlreicher Lehr- und Fachbücher sowie Zeitschriftenartikel und Mitherausgeber verschiedener Zeitschriften.

Prof. Dr. Thomas Hess geboren 1967, ist seit 2001 Professor an der Ludwig-Maximilians-Universität München (LMU) und Direktor des dortigen Instituts für Wirtschaftsinformatik und Neue Medien. Zudem ist er Sprecher des Münchner Zentrums für Internetforschung und Medienintegration. Sein Forschungsfeld liegt im Wandel von Unternehmen durch Informations- und Kommunikationstechnologien mit einem Schwerpunkt auf der Digitalisierung der Medienbranche. Zu diesem Thema hat er in den letzten Jahren zahlreiche Artikel in renommierten Fachzeitschriften publiziert sowie auf Konferenzen vorgestellt. Auch ist Prof. Hess Autor von zahlreichen Lehr- und Fachbüchern zur Digitalisierung sowie Mitherausgeber von Fachzeitschriften zum Medienmanagement.

Prof. Dr. Svenja Hagenhoff geboren 1971, ist seit 2011 Professorin für Buchwissenschaft, insbesondere Elektronisches Publizieren und Digitale Märkte an der Friedrich-Alexander-Universität Erlangen-Nürnberg. Sie ist dort Mitglied des Vorstands des Interdisziplinären Zentrums für Digital Humanities and Social Sciences sowie Sprecherin der Kollegialen Leitung des Departments für Medienwissenschaften und Kunstgeschichte. Zuvor war sie Leiterin des Forschungsinstituts für Medienwirtschaft an der Fachhochschule St. Pölten in Österreich. Promotion und Habilitation stammen aus Gebieten der Wirtschaftsinformatik

© Springer-Verlag Berlin Heidelberg 2014

M. Schumann et al., *Grundfragen der Medienwirtschaft,* Springer-Lehrbuch,

DOI 10.1007/978-3-642-37864-5

und BWL. Ihre Kernarbeitsgebiete in Erlangen sind die Medienwirtschaft mit Fokus auf Schriftmedien sowie anwendungsbezogene Technologieaspekte in dieser Domäne. Sie ist Autorin zahlreicher Fachartikel sowie zusammen mit Matthias Schumann und weiteren Kollegen Herausgeberin der Göttinger Schriften zur Internetforschung.

Stichwortverzeichnis

A

Ablauforganisation *Siehe* Prozessorganisation, 170
Abschreibungen, 112, 128
Abweichungsanalyse, 168
Abzinsung, 154
AdClicks, 23
Aktie, 145
Aktivierungsfähigkeit, 116
Aktivierungsgebot, 115
Allianz, strategische, 197
Alternativenbewertung, 167
Alternativensuche, 166
Analoge Medien, 26
Analyse-Synthese-Konzept, 171
Angebotsfunktion, 3
Annuitätendarlehen, 148
Ansatz
    marktorientierter, 177
    ressourcenorientierter, 181
Ansatzvorschriften, 114
Anstalten des öffentlichen Rechts, 13
Anwendungssoftware, 86
Anwendungssystem, 87
Anzeigen-Auflagen-Spirale, 51
Application Service Providing, 97
Apps, 68
Äquivalenzziffernkalkulation, 134
Arbeitsrecht, 77
Architektur
    Client-Server, 88
    Peer-to-Peer, 88
Assesment-Center, 76
Assessment-Center, 80
Aufbauorganisation, 170
Aufgabenanalyse, 170
Aufgabensynthese, 170
Auflage, 23
Aufwendungen, 109
Aufzinsung, 154
Ausführungssystem, 176
Außenfinanzierung, 143
Auszahlung, 109

B

Balanced Scorecard, 187
Beteiligungsfinanzierung, 143, 144
betriebliches Rechnungswesen, 107
Betrieb, öffentlicher, 5
Betriebsabrechnungsbogen (BAB), 131
Betriebsmittelkredit, 148
Betriebswirtschaftslehre
    Allgemeine, 14
    Begriff, 13
    Besondere, 14
Bewertungsvorschrift, 116
Bewertungsvorschriften, 114, 116, 117
Bilanz, 108
    Aufbau, 113
    Begriff, 113
    Eröffnungs-, 108
    Schluss-, 108
Bilanzanalyse, 119
Bilanzierungshilfen, 116
Blu-Ray, 7
Break-Even-Analyse, 140
Break-Even-Punkt, 140
Breitband, 7
Broadcaster, 8
Broker, 20
Buch, 7, 137

© Springer-Verlag Berlin Heidelberg 2014
M. Schumann et al., *Grundfragen der Medienwirtschaft,* Springer-Lehrbuch,
DOI 10.1007/978-3-642-37864-5

Printed by Printforce, the Netherlands